한승연의
외환
전문역 II 종

한권으로 끝내기 + 무료동영상

시대에듀

한승연의
외환
전문역 II종

CERTIFIED FOREIGN
EXCHANGE SPECIALIST

Always with you

사람의 인연은 길에서 우연하게 만나거나 함께 살아가는 것만을 의미하지는 않습니다.
책을 펴내는 출판사와 그 책을 읽는 독자의 만남도 소중한 인연입니다.
시대에듀는 항상 독자의 마음을 헤아리기 위해 노력하고 있습니다. 늘 독자와 함께하겠습니다.

머리말

반갑습니다!

외환전문역 II종 자격시험에 대비한 여러 교재들이 있음에도 본 교재를 선택해 주셔서 감사합니다.

외환전문역 II종 자격시험은 금융기관에서 외환관련 기업금융업무를 담당하는 자 또는 담당예정자의 능력을 검정하는 시험으로서 무역과 관련된 수출입실무 및 무역결제시스템, 신용장 관련 서류점검을 위한 신용장통일규칙 등의 국제무역규칙, 무역금융과 관련한 외환관련여신 등의 이론과 실무지식 및 적용능력을 측정한다고 시험주관처는 밝히고 있습니다.

본 교재는 한국금융연수원에서 발간한 외환전문역 II종 기본서들을 참조하였으면서도 외환관련 기업금융업무를 담당하는 자 또는 담당예정자들이 실무를 함에 있어 접하는 빈도가 높은 핵심적인 내용들을 이해하기 쉽게 풀어서 전개하였습니다. 기본서에서는 적지 않은 분량을 차지하는 '외화지급보증' 부분 및 국제무역규칙 중 '신용장통일규칙과 국제표준은행관습'을 제외한 기타 규칙(URR 725, URDG 758, ISP 98)에 관해서는 거의 언급을 하지 않았으며 국제은행표준관습(ISBP 745)에 관한 내용도 최소한으로 제한하였습니다.
모든 것을 완벽하게 알면 더 바랄나위 없겠으나 실무에서의 활용도 및 공부시간 제약 등을 고려하여 과감히 생략한 것인바 너무 깊게 들어가지 않으시길 권하며, 추후 실무에서 다뤄야 할 기회가 오면 그때 적용될 부분을 찾아 공부하시면 좋을 듯 합니다.

외환전문역 II종 자격시험은 60점 이상을 얻으면 합격입니다. 시험을 고득점으로 합격하는 것 못지않게 중요한 것은 추후 활용할 수 있는 지식들을 탄탄하게 내 것으로 만드는 것이라 생각합니다. 당장은 시험에 합격해야 한다는 목표를 가지고 공부하는 것이지만 실무현장에서 활용할 지식을 하나 하나 충실히 쌓아가겠다는 자세로 임하신다면 합격은 덤으로 따라오리라 확신합니다.

본 교재를 이용하여 공부하시는 분들 모두에게 좋은 결과가 있기를 기원합니다.

2025년 4월
한 승 연 씀

시험안내

시험주관처

한국금융연수원(www.kbi.or.kr)

시험관련 세부 정보

응시자격	응시료	시험시간	문제형식
제한 없음	55,000원	13:00~15:00(120분)	객관식 4지선다형

합격기준

전체 시험과목에서 평균 60점 이상을 득점하고, 시험과목별 40점(100점 만점 기준) 이상 득점한 자

합격자 발표

한국금융연수원 자격시험 접수센터(www.kbi.or.kr) 접속 후 '합격자 발표'에서 확인

2025 시험일정

회 차	접수기간	시험일	합격발표일
52회	02.11(화)~02.18(화)	03.22(토)	04.04(금)
53회	05.27(화)~06.03(화)	07.05(토)	07.18(금)
54회	10.14(화)~10.21(화)	11.22(토)	12.05(금)

※ 상기 시험일정은 금융연수원(www.kbi.or.kr)에 따른 것으로 주최측의 사정에 따라 변동될 수 있습니다.

시험구성

시험과목		주요 내용	문항 수	배 점
제1과목	수출입 실무	수출입실무 기초	35	50
		수입실무		
		수출실무		
제2과목	국제무역 규칙	신용장통일규칙(UCP)	25	30
		국제표준은행관행(ISBP)		
		청구보증통일규칙(URDG)		
		보증신용장통일규칙(ISP)		
제3과목	외환관련 여신	무역금융 전반에 대한 이해	20	20
		일반 무역금융, 포괄금융 및 내국신용장의 세부 처리절차		
		무역금융 처리절차		
		무역어음제도의 이해		
		외화대출/외화지급보증		
		외환회계		
합 계			80	100

※ 제2과목 국제무역규칙은 문제지문과 보기가 모두 영어로 출제됨

유의사항

❶ 자격취득자는 자격 유지를 위하여 자격취득 년도 말일을 기준으로 매 3년 이내에 1회 이상 소정의 보수교육을 받아 자격을 갱신해야 함

❷ 보수교육을 이수하지 않을 경우에는 보수교육 이수 시까지 자격이 일시 정지되며, 보수교육 이수 후 자격이 부활됨

❸ 보수교육은 해당 자격 분야의 규정 및 법령의 변경 내용, 신 금융상품 및 금융기법, 최근 동향 및 향후 전망 등 자격소지자들이 업무를 수행하는데 필요한 새로운 지식과 기법을 중심으로 금융연수원 홈페이지의 '자격시험/보수교육/강의실'에서 동영상 강의로 진행됨

과목별 학습전략

외환전문역 Ⅱ종

외환전문역은 그 대상에 따라 외환전문역 Ⅰ종 및 Ⅱ종으로 구분되는데, 그렇다면 외환전문역 Ⅱ종 자격을 취득하기 위해서는 무엇을 공부해야 할까요? 외환전문역 Ⅱ종 과목별 구성과 학습전략에 대해 알아보도록 합시다.

제1과목
수출입실무
(35문제, 50점)

학습목표

수출입거래 전반에 대한 무역실무 기초의 이해와 은행의 신용장 개설 등 수입실무 및 무역대금의 서류심사, 매입 등 수출실무와 관련된 제반 업무절차의 이해를 통한 실무적용 능력을 측정한다(특히 교재내용뿐 아니라 실제 현업에서 적용되는 사례위주로 실무 판단을 하는 문제가 출제될 수 있다).

수출입실무 기초

- 수출입거래의 성립과 절차의 이해 : 무역거래조건, INCOTERMS 주요내용, 수출입거래의 형태와 개념, 대금결제방식, 국제상거래 통용규칙
- 무역관리제도 및 신용장 일반이론 : 신용장의 종류와 특성, 거래 당사자 등

수입실무

- 수입신용장의 개설T/R : 각종 신용장의 개설방법/조건변경과 취소/발생수수료 등의 이해
- 선적서류 인도(T/R 등)와 D/P, D/A 방식에 의한 수입(추심 결제방식 등)
- 보증신용장(내용 및 종류)과 요구불보증의 유형 등

수출실무

- 신용장의 통지 · 확인 및 양도
- 서류심사 및 매입관련 주의사항 등
- 수출대금의 사후관리 내용전반

제2과목
국제무역규칙
(25문제, 30점)

학습목표

무역결제시스템의 이해 및 여기에 수반되는 무역계약, 운송실무, 보험실무 등 신용장관련 서류검토를 위한 신용장통일규칙 등 국제무역규칙 각 조항의 이해를 통한 무역실무 적용 능력을 측정한다(2009년부터 모든 문제의 지문과 보기가 영어로 출제).

국제무역규칙 각 조문의 설명과 이해

- 신용장통일규칙(UCP)
- 국제표준은행관행(ISBP)
- 신용장대금상환통일규칙(URR)
- 추심통일규칙(URC)
- 청구보증통일규칙(URDG)
- 보증신용장통일규칙(ISP)

제3과목
외환관련여신
(20문제, 20점)

학습목표

무역금융제도 및 무역금융 제반 업무처리 절차 이해를 통한 실무적용 능력을 측정한다.

무역금융 전반에 대한 이해 : 무역금융의 융자대상

일반 무역금융, 포괄금융 및 내국신용장의 세부 처리절차

- 무역금융의 융자절차, 종류, 한도, 기간 등
- 포괄금융의 의의, 방법, 한도, 시기 등
- 구매확인서의 발급, 조건 등
- 내국신용장의 의의, 개설, 어음매입과 결제에 따른 유의사항 등

무역금융 처리절차

- 주요 검토사항
- 무역금융 및 관련 지급보증의 실행 등

무역어음제도의 이해

- 무역금융의 인수, 할인, 매출, 결제 등

외화대출 / 외화지급보증

외환회계

기출유형 파악하기

외환전문역 II종은 4지선다로 출제됩니다. 금융기관에서 외환관련 기업금융 업무를 담당하는 자 또는 담당 예정자의 능력을 검정하는 시험으로서, 무역과 관련된 은행의 수출입실무 및 무역결제시스템과 신용장관련 서류점검을 위한 신용장통일규칙 등 국제무역규칙, 무역금융과 관련한 외환관련여신 등의 이론과 실무지식 및 적용능력을 측정합니다. 아래의 기출유형을 통해 실제 출제되는 유형에 익숙해짐으로써 학습방향을 점검 하시기 바랍니다.

출처 : 한국금융연수원

제1과목
수출입실무

수출입거래의 증빙서류로서 인정되는 계약 관련 문서가 아닌 것은?

[제4회 출제]

① Sales Contract
② Purchase Order
③ Pro forma Invoice
④ Commercial Invoice

해설 Commercial Invoice는 계약이 체결된 이후에 Seller가 작성하는 대금청구서의 일종이며 이는 계약관련 문서에 해당하지 않는다.

정답 ④

계약에 의해 미리 정해진 방법대로 대금이 지급되지 않았을 때를 대비 하여, 당해 물품대금지급을 2차적으로 보장할 목적으로 OA거래 등에 사용되는 보증신용장의 유형은?

[제5회 출제]

① Financial Standby L/C
② Performance Standby L/C
③ Commercial Standby L/C
④ Direct Pay Standby L/C

해설 상업보증에 대한 개념 이해

정답 ③

제2과목
국제무역규칙

According to UCP 600, a requirement for a document to be presented in 3 copies means that the beneficiary is to present:　　　　　　　　　　　　　　　　　　[제10회 출제]

① 3 originals only
② 3 copies only
③ 1, 2 or 3 originals and any remainder in copies
④ 1 original only and 2 copies

해설 서류 3통을 요구한 경우 원본 1통 이상과 나머지 사본 서류를 제시하면 된다.

정답 ③

제3과목
외환관련여신

무역금융 융자대상기업에 해당되지 않는 것은?　　　　　　　[제7회 출제]

① 수출신용장(L/C), 수출계약서(D/P, D/A) 또는 수출관련계약서에 의하여 물품, 건설 및 용역을 수출하거나 국내 공급하고자 하는 자
② 내국신용장 또는 구매확인서에 의하여 수출용 완제품 또는 원자재를 공급 (수탁가공 포함)하고자 하는 자
③ 위탁가공무역방식 또는 중계무역방식으로 수출하고자 하는 자
④ 융자대상 수출실적(공급실적 포함)이 있는 자로서, 동 수출실적을 기준으로 융자받고자 하는 자

해설 중계무역방식 수출은 무역금융 융자대상에서 제외된다. 2006년 8월 17일 「한국 은행 총액한도대출관련 무역금융 취급세칙」 개정으로 구매확인서에 의한 수출물품 의 국내공급의 경우도 무역금융 융자대상에 포함된다.

정답 ③

한승연의 외환전문역 Ⅱ종

단기 합격플래너

CERTIFIED FOREIGN EXCHANGE SPECIALIST

학습내용	2주 완성!	SELF 완성!	성취도
PART 1 수출입실무 (국제무역규칙 포함)	DAY 1	DAY _____	☆ ☆ ☆ ☆ ☆
	DAY 2		☆ ☆ ☆ ☆ ☆
	DAY 3		☆ ☆ ☆ ☆ ☆
	DAY 4		☆ ☆ ☆ ☆ ☆
	DAY 5		☆ ☆ ☆ ☆ ☆
핵심정리 & 핵심문제	DAY 6	DAY _____	☆ ☆ ☆ ☆ ☆
PART 1 정리	DAY 7	DAY _____	☆ ☆ ☆ ☆ ☆
PART 2 외환관련여신	DAY 8	DAY _____	☆ ☆ ☆ ☆ ☆
	DAY 9		☆ ☆ ☆ ☆ ☆
	DAY 10		☆ ☆ ☆ ☆ ☆
	DAY 11		☆ ☆ ☆ ☆ ☆
핵심정리 & 핵심문제	DAY 12	DAY _____	☆ ☆ ☆ ☆ ☆
PART 2 정리	DAY 13	DAY _____	☆ ☆ ☆ ☆ ☆
최종모의고사 및 오답정리	DAY 14	DAY _____	☆ ☆ ☆ ☆ ☆

이 책의 구성

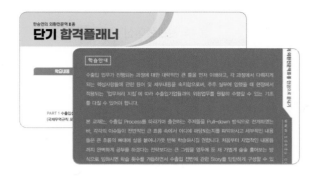

외환전문역 Ⅱ종 미리보기!

단기완성을 위한 2주 합격 플랜과 한승연 저자님이 알려주시는 학습방법으로 어떠한 내용을 중점적으로 학습하는 것이 좋을지 미리 확인하실 수 있습니다.

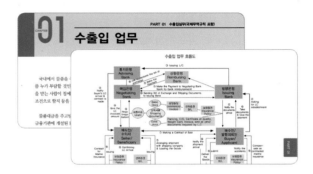

본격! 이론학습하기

한승연의 외환전문역 Ⅱ종만의 시험에 나올 내용만 요약한 이론으로 전략적으로 학습하실 수 있습니다.

이론 마무리!

핵심정리와 핵심문제

각 과목별 이론학습 후에는 핵심정리와 핵심문제로 복습하세요. 놓쳤던 내용을 되새기고 재정리할 수 있습니다.

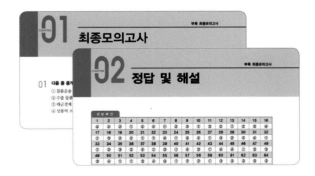

합격률 높이기!

최종모의고사

시험 직전 실력을 최종 점검할 수 있는 최종모의고사로 효율적인 마무리 학습을 할 수 있습니다.

CERTIFIED FOREIGN EXCHANGE SPECIALIST

한승연의

외환
전문역 II 종

한권으로 끝내기 + 무료동영상

시대에듀

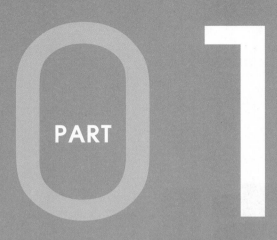

PART

01

수출입실무
(국제무역규칙 포함)

학습안내

수출입 업무가 진행되는 과정에 대한 대략적인 큰 틀을 먼저 이해하고, 각 과정에서 다뤄지게 되는 핵심사항들에 관한 용어 및 세부내용을 숙지함으로써, 추후 실무에 임했을 때 현장에서 적용되는 '업무처리 지침'에 따라 수출입기업들과의 외환업무를 원활히 수행할 수 있는 기초를 다질 수 있어야 합니다.

본 교재는, 수출입 Process를 따라가며 출현하는 주제들을 Pull-down 방식으로 전개하였는 바, 각각의 이슈들이 전반적인 큰 흐름 속에서 어디에 해당되는지를 파악하시고 세부적인 내용들은 큰 흐름의 뼈대에 살을 붙여나가듯 반복 학습하시길 권합니다. 처음부터 지엽적인 내용들까지 완벽하게 공부를 하겠다는 전략보다는 큰 그림을 염두에 둔 채 가볍게 술술 훑어보는 방식으로 임하시면 학습 횟수를 거듭하면서 수출입 전반에 관한 Story를 탄탄하게 구성할 수 있을 것입니다.

신용장통일규칙 및 국제표준 은행관습 등과 같은 국제무역규칙을 별도의 과목으로 구분하지 않고 수출입 Process를 설명하는 과정에서 각 주제에 관련되는 부분들을 발췌하여 소개하였습니다. 제한된 시간에 효율적인 학습을 도모하기 위한 것이기도 하지만 실제 실무현장에서도 이 정도의 학습만 거친다면 업무처리에 거의 지장이 없으리라 생각합니다. 본 교재에서 다뤄진 내용에 집중하여 학습해 주시고 추가적인 공부를 위해 국제무역규칙의 全文이 필요하다면 각 은행이 내부적으로 제공하는 e-Manual이나 관련 전문서적을 참고하시기 바랍니다.

CHAPTER 01 수출입 업무

국내에서 물품을 구입하고자 할 때는 물건을 판매하는 매도인을 물색해서, 가격을 흥정하고, 택배비를 누가 부담할 것인지, 물품대금은 물건을 받기 전에 먼저 지급해야 할지 또는 나중에 지급할지, 물건을 받는 사람이 집에 가만히 앉아서 받는 조건으로 할지 아니면 특정 화물집하장을 방문하여 찾아가는 조건으로 할지 등을 정해야 한다.

물품대금을 주고받을 때는 먼저 대금을 건네주고 원했던 물건을 받지 못할 수 있으므로 신뢰할 만한 금융기관에 개설된 Escrow 계정에 일단 넣었다가 물건을 수령하여 확인을 마친 다음 대금을 지급하는 경우도 있다. 옛날에는 시골에 계신 부모님이 서울에 사는 아들에게 쌀을 보낼 때 정기화물업소를 찾아가 쌀을 부치고, 해당 물표(화물증서)를 우편으로 아들에게 보내면, 아들은 자기 집 근처에 있는 정기화물 업소의 대리점에 가서 물표를 제시하고 쌀을 찾아오곤 했다.

국제무역거래에서도 비슷한 거래구조가 응용되고 있다. 다만, 국제 간의 거래이므로 서로 사용하는 언어와 상관습이 다르고 지리적으로도 멀리 떨어져 있어서 국내에서의 거래보다 더 큰 주의가 필요하며 국제무역거래 당사자 간에 적용할 규칙들에 대해서도 정확히 이해해야 한다. 특히, 물품의 대금결제와 관련하여 이용되는 조건부 지급확약서인 신용장(L/C ; Letter of Credit)은 지리적 · 시간적 요인으로 상충(물품인도 및 대금결제의 불일치)될 수 있는 수출입 당사자들의 이해관계를 절충하여 수출입거래의 원활화에 큰 역할을 하고 있는 바, 신용장의 순환과정 전반에 대해 충분한 공부가 필요하다.

수출입 업무절차는 다음과 같은 수출입 업무 흐름 하나로 요약할 수 있다. 이 그림에 등장하는 여러 가지 요소들을 뼈대로 하여 전체적인 구조를 개관(槪觀)하고 각 절차에 관해 범위를 넓혀가며 깊이 학습함으로써 수출입 실무에 관한 업무역량을 제고할 수 있다.

수출입 전 과정을 놓고 살펴보면 거래처 확보, 물품생산 및 구입, 통관, 운송, 해상보험, 관세환급, FTA와 관련된 원산지 관리 등도 중요한 주제가 되지만, 수출입 결제와 무역금융을 제외한 기타 부분은 은행원보다는 수출입 현장의 실무자들에게 더 필요한 분야인 바, 은행원의 외국환 업무역량 측정을 목표로 하는 외환전문역 과정에서는 비중있게 다루지 않고 있다(국제무역사 시험과 비교가 되는 부분이라 판단됨).

수출입 업무 흐름도

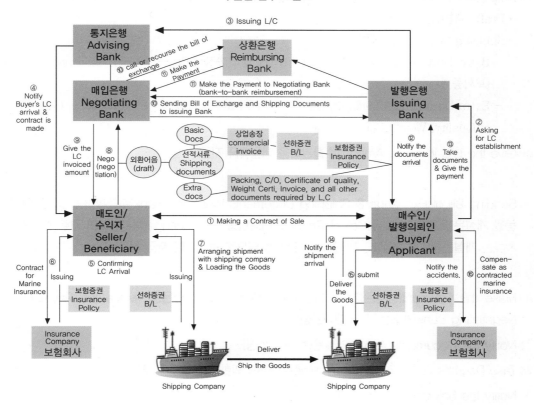

(출처 : http://www.lab-t.co.kr/152)

① Making a Contract of Sale(수출입 거래계약)

② Asking for L/C Establishment(신용장 개설신청)

③ Issuing L/C(신용장 발행 : 발행은행 → 통지은행)

④ Notify Buyer's L/C Arrival(신용장 통지 : 통지은행 → 수출상)

⑤ (필요 시) Confirmation 및 신용장 양도

⑥ Contract for Marine Insurance(해상보험 계약 : CIF 조건인 경우 수출상이 계약) & Insurance Policy Issuing(보험회사에 의한 보험증권 발행)

⑦ Arranging Shipment with Shipping Company & Loading the Goods(선적에 관해 선박회사와 계약을 하고 선적한 뒤) & B/L(Bill of Lading) Issuing(선하증권 발행)

⑧ Negotiation(수출자의 거래은행이 수출환어음을 매입하여 물품대금을 수출상에게 지급)
- Draft(화환어음)
- Shipping Documents(선적서류)
    - Basic Documents : Commercial Invoice(상업송장), B/L(선하증권), Insurance Policy (보험증권)
    - Extra Documents : Packing List, C/O(Certificate of Origin ; 원산지 증명서), Certificate of Quality, Weight Certificate 등

⑨ Give the L/C Invoiced Amount(수출환어음 매입대금 지급)

⑩ Sending Bill of Exchange & Shipping Documents to Issuing Bank(수출환어음 및 선적서류 등을 개설은행 앞으로 송부) Call or Recourse the Bill of Exchange(상환방식의 경우에는, 선적서류는 개설은행으로 보내고, 환어음은 상환은행 앞으로 보내 대금지급 청구)

⑪ Make the Payment(상환은행 → 매입은행, 개설은행 → 상환은행), Make the Payment to Negotiating Bank(개설은행 → 매입은행)

⑫ Notify the Documents Arrival(개설은행 → 수입상)

⑬ Take Documents & Give the Payment(수입상에 의한 수입결제 및 서류수취)

⑭ Notify the Shipment Arrival(운송회사 → 수입상)

⑮ B/L Submit(수입상 → 운송회사) & Deliver the Goods(운송회사 → 수입상)

⑯ Notify the Accident(보험사고가 발생한 경우 보험금 지급청구) & Compensate as Contracted Marine Insurance(부보 내용대로 보상)

01 | 수출입 계약(Making a Contract of Sale)

수출입 계약은 국제적 물품매매를 위해 매도인과 매수인 간에 체결되는 국제매매계약이다. 이러한 수출입 계약은 매도인이 매수인에게 매도청약(Selling Offer, Offer Sheet)를 제시하고, 매수인이 해당 청약을 승낙(Acceptance)하거나, 매수인이 매도인에게 구매주문서(P/O ; Purchase Order)를 보내고, 매도인이 이를 수락(Acknowledgement)하는 형식을 취하게 된다. 거래 일방이 상대방에 제시한 거래 요청이 그대로 받아들여지면 매매계약이 체결되는 것이지만, 대개의 경우 상대방의 제의에 대한 수정 제의(Counter-offer) 등을 주고 받으며 거래조건을 절충하는 단계를 거치게 된다.

수출입 계약 성립과정

	1. 해외시장조사 및 가망거래처 발굴	
청약자 (Offeror)	2. 거래권유(Circular Letter)	피청약자 (Offeree)
	3. 상품조회(Inquiry)	
	4. 조회에 대한 회신 및 거래처 신용조회	
	5. 청약(Offer)	
	6. 반대청약(Counter Offer)	
	7. 확정청약(Firm Offer)	
	8. 승낙(Acceptance)	
	9. 계약(Sales Contract)	

* 확정청약(Firm Offer) : Offer의 유효기간이 정해져 있거나, 유효기간이 없더라도 확정적(Firm) 또는 취소불능(Irrevocable)이라는 표시가 있는 청약(Offer)

수출입 계약은 당사자 간 합의만으로도 계약이 성립되는 낙성(諾成, Consensual)계약이며, 계약에 따라서 매도인은 상품을 인도할 의무를 지고 매수인은 대금지급 의무를 지는 쌍무(雙務, Bilateral)계약이다. 낙성계약인 수출입계약은 구두로 하더라도 효력이 발생하므로 계약내용을 반드시 문서로 작성할 필요는 없지만(Informal Contract), 국제적 거래에서 발생할 수 있는 다툼에 대비하기 위해서 청약과 승낙(수락) 내용을 문서화하여 계약서를 작성한다.

* 외국환의 대외 지급 및 영수를 위해서는 외국환 거래 관련 법규에 따라 증빙서류를 제시하여야 하므로 계약서 작성은 필수사항임(이메일 문서나 당사자들의 서명이 없는 서류는 증빙서류로 인정되지 않음)

계약서는 다음과 같은 방법 중 하나의 형태를 취하게 된다.

• 계약조건이 확정되면 계약서(Sales Contract, Purchase Contract)를 2통 작성하여 거래당사자가 서명한 후, 각각 1통씩 보관하는 방법

• 매도인이 발행한 Offer Sheet에 매수인이 승낙하는 서명을 하거나, 매수인이 발행한 구매주문서에 매도인이 수락하는 서명을 하여 각각 1통씩 보관하는 방법

• 매도인 또는 매수인이 확정청약(Firm Offer)을 서신(또는 전신)으로 상대방에게 보내고 이를 받은 상대방이 승낙 또는 수락한다는 답신을 보내는 방법

OFFER SHEET

We are pleased to offer the under-mentioned article(s) as per conditions and details described as follows

Items No.	Commodity & Description	Unit	Quantity	Unit price	Amount
	100% Nylon Blouse		CFR	European	Main Port
NB-1	19" length Blouse	doz	500	US$6.	US$ 3,000
NB-2	20" length Blouse	doz	500	US$7.	US$ 3,500
NB-3	25" length Blouse	doz	500	US$8.	US$ 4,000
NB-4	26" length Blouse	doz	500	US$9.	US$ 4,500
	100% Polyester Knitwear				
PK-1	Ladies s/s	doz	1,000doz	US$10	US$ 10,000
PK-2	Ladies s/s	doz	1,000doz	US$15	US$ 15,000

Origin   : Republic of Korea
Packing   : Export standard carton packing
Shipment   : With 1 month receipt L/C
Shipping port : Busan, Korea
Inspection   : Our governmental inspection to be final
Destination   : European main seaports
Payment   : By irrevocable & Transferable L/C in favor of GiL Dong Trading Co., Ltd
Validity   : Until end of May, 2000
Remarks   : Subject to Our Final confirmation

Looking forward to your valued order for the above offer, we are,

yours faithfully,

GiL Dong Trading Co,. LTD
159, samsung, Dong, Kangnam-ku,
Seoul, Korea

Y. S. KIM
Export Director

Accepted by:

Pro-forma Invoice(견적송장)

매도인이 물품을 보내주기 전에 최종 거래조건 등에 대해 매수인의 확인을 받기 위해 보내는 offer-sheet와 같은 것으로서 매수인의 서명이 있는 경우 약식계약서로 활용되며 수입대금 송금시 증빙서류로 인정된다. Commercial Invoice(상업송장)는 매도인이 매수인 앞으로 물품을 보내면서 물품내역 및 가격 등의 명세를 기록하여 송부하는 대금청구서 성격을 띠는데, 이는 계약 관련 문서는 아니며 신용장 거래 관련 필수 선적서류에 해당된다.

무역계약의 주요 거래조건

무역계약 시 확정해야 할 주요 조건들은 다음과 같다.

* 매매계약 5대 필수조건 : 품질, 수량, 가격, 선적, 결제

• 기본조건 : 당사자 및 서명, 계약확정 문언, 계약 체결일자, 유효기간

• 물품조건 : 품질조건, 수량조건, 가격조건, 포장조건

• 계약이행 조건 : 선적조건, 결제조건, 보험조건

• 계약불이행 조건 : 불가항력조항(Force Majeure), 클레임 조항, 중재조항

• 기타조건 : Governing Law(준거법) 등

품질조건(Terms of Quality)

① 품질결정 방법
• 견본에 의한 매매(Sales by Sample) : 대부분의 공산품 거래에 이용

• 상표에 의한 매매(Sales by Brand or Trade-mark) : 상품의 Brand 또는 상표가 국제적으로 인지도가 높은 경우에 이용

- 표준품에 의한 매매(Sales by Standard) : 미수확 농산물이나 임산물의 거래 시 그 계절의 표준품을 품질조건으로 이용

  * 평균중등품질(FAQ ; Fair Average Quality) : 곡물, 과일 등 농산물
    판매적격품질(GMQ ; Good Merchantable Quality) : 목재, 냉동어류 등
    보통품질조건(USQ ; Usual Standard Quality) : 원면(Raw Cotton) 등

- 명세서에 의한 매매(Sales by Specification) : 상품의 규격이나 구조 등을 설계도나 도해목록 등을 통해 자세히 규정하고 이러한 명세에 일치하는 조건으로 거래

- 점검 매매(Sales by Inspection) : 매수인이 물품을 직접 확인하는 조건으로 수입상이 지정한 검사기관의 검사증명서를 요구하거나 상업송장 등에 검사자(일반적으로 수입상의 대리인)의 확인을 요구

② 품질결정 시기
- 선적품질조건(Shipped Quality Terms) : 거래조건에 합당한 품질인지 여부를 선적 시에 결정하며 주로 공산품 거래에 이용, 곡물거래 시 이용되는 Tale Quale(= As it arrives so long as they were in good order at time of shipment)이 선적품질조건에 해당된다.
- 양륙품질조건(Landed Quality Terms) : 상품의 품질이 거래조건에 합당한지 여부를 양륙 시에 결정하며 농산물이나 광산물 등의 거래에 이용, 곡물거래 시의 Rye Terms(= Seller warrants the condition of the goods on arrival)가 양륙품질조건에 해당된다.

○ 수량조건(Quantity Terms)

물품의 개수, 용적, 중량 등에 관한 조건이며, 선적수량조건(Shipped Quantity Terms)과 양륙수량조건(Landed Quantity Terms)이 있다. 양륙수량조건은, 상품의 성질상 습도 및 온도 등의 변화에 따른 자연적 소모로 인해 중량의 차이가 발생할 수 있는 경우에 이용된다.

■ 과부족 용인조건(M/L Clause ; More or Less Clause)
포장단위 상품이나 개체물품의 경우와는 다르게 그 수량을 정확히 표시할 수 없는 상품의 거래에서 발생할 수 있는 과부족을 허용하는 것에 관한 조항이다.

신용장결제방식에서는 곡물, 유류, 광석 등과 같은 산적화물(散積, Bulk Cargo)의 경우
- 신용장에 수량의 과부족을 금지하는 조건이 없고,

- 수량이 별도의 포장단위(길이, 중량, 용적, 개수 등)로 명시되는 경우가 아니며,
- 환어음에 의한 청구금액이 신용장 금액을 초과하지 않는다면

비록 신용장에 과부족 허용조항이 명시되지 않았다 하더라도 5% 범위 이내의 수량 과부족을 허용하는 것으로 해석하고 있다(그렇지만 신용장결제방식이 아닌 경우에는 계약서에 과부족용인 조항이 포함된 경우에만 과부족을 인정).

Article 30(b) A tolerance not to exceed 5% more or 5% less than the quantity of the goods is allowed, provided the credit does not state the quantity in terms of a stipulated number of packing units or individual items and the total amount of the drawings does not exceed the amount of the credit.

about or approximately는 금액, 단가, 수량에 한정하여 사용되며 선적기한이나 유효기일 또는 운임·보험료에는 적용되지 아니한다. 또한, about 또는 approximately가 서술(to which they refer)하는 항목만 10% more or less가 적용된다.

Article 30(a) The words "about" or "approximately" used in connection with the amount of the credit or the quantity or the unit price stated in the credit are to be construed as allowing a tolerance not to exceed 10% more or 10% less than the amount, the quantity or the unit price to which they refer.

선적조건(Terms of Shipment)

① 분할선적(Partial Shipment)

물품을 수회로 나누어 선적하거나 물품을 두 개 이상의 단위로 나누어 서로 다른 운송수단에 적재하는 것을 말하며, 신용장에서 분할선적에 관해 언급이 없는 경우에는 분할선적을 허용하는 것으로 간주한다.

A presentation consisting of more than one set of transport documents evidencing shipment commencing on the same means of conveyance and for the same journey, provided they indicate the same destination, will not be regarded as covering a partial shipment, even if they indicate different dates of shipment or different ports of loading, places of taking in charge or dispatch.

If the presentation consists of more than one set of transport documents, the latest date of shipment as evidenced on any of the sets of transport documents will be regarded as the date of shipment.

선적일과 선적항이 서로 다른 운송서류가 여러 개 제시되었다 하더라도, 해당 서류에 기재된 운송 수단(선박), 항로, 목적지가 동일하다면 분할선적으로 보지 않는다. 이러한 경우, 여러 개의 운송서류의 선적일 중 가장 늦은 선적일을 기준으로 신용장에서 요구하는 선적일(the Date of Shipment) 경과여부를 판단한다.

  * Korean Ports에서 미국의 LA로 가는 특정 선박에 서로 다른 날짜에 인천과 부산에서 물품을 나눠 선적했다면, 분할선적으로 보지 않음(선적일자와 선적항이 다르더라도 same journey, same destination, same ship이기 때문)

A presentation consisting of more than one courier receipt, post receipt or certificate of posting will not be regarded as a partial shipment if the courier receipts, post receipts or certificates of posting appear to have been stamped or signed by the same courier or postal service at the same place and date and for the same destination.

특송화물이나 우편의 경우는 특정 배달업체가(여러 곳에서 물품을 수거했다 하더라도) 해당 물품들을 동일한 날짜에 동일한 장소로 집합시켜 消印을 한 뒤, 특정 목적지로 함께 보냈다면 분할선적으로 보지 않는다.

A presentation consisting of one or more sets of transport documents evidencing shipment on more than one means of conveyance within the same mode of transport will be regarded as covering a partial shipment, even if the means of conveyance leave on the same day for the same destination.

Shipment on more than one vessel is a partial shipment, even if each vessel leaves on the same day for the same destination.

물품을 나눠서 실으면서 서로 다른 운송수단(선박)을 이용한다면 그 두 선박이 같은 날에 동일한 목적지를 향해 간다 해도 분할선적이 된다.

  * means : 운송수단(선박), mode : 운송형태(해상운송)

② 할부선적(Installment Shipment)

할부선적이란 계약된 상품을 분할하여 선적하는 것으로 각 회차별 선적수량 및 선적일자가 별도의 할부일정에 따라 정해진 선적 방식이다. 수입상이 자국의 시장상황을 고려하여 특정기간에 맞춰 특정수량을 수입하고자 하는 경우에 이용된다.

따라서 수출상은 정해진 Schedule에 따라 정확히 선적을 이행해야 하며 만약 정해진 일정과 수량을 어기게 되면 해당 선적분은 물론 그 이후에 예정된 물량에 대해서도 신용장의 지급보증을 받을 수 없게 된다(다만, 이미 Schedule에 맞춰 선적한 부분에 대해서는 유효).

If a drawing or shipment by instalments within given periods is stipulated in the credit and any instalment is not drawn or shipped within the period allowed for that instalment, the credit ceases to be available for that and any subsequent instalment.

* drawing : 환어음 발행

When partial drawings or shipments are allowed, any number of drawings or shipments is permitted on or before each latest date for a drawing or shipment to occur.

신용장에서 분할선적을 명시적으로 금지하고 있지 않는 한, 각 할부일정에 의해 지정된 수량을 분할하여 선적하는 것은 허용되는 것으로 본다.

분할선적과 할부선적

구 분	분할(分割)선적	할부(割賦)선적
용 어	Partial Shipment	Installment Shipment
용어의 정의	최종선적일까지 정해진 물량을 수차례에 걸쳐 나누어 선적하거나, 서로 다른 운송수단에 나누어 선적하는 것을 말함	특정 Schedule에 따라, 여러 개의 정해진 기일에, 각 기일마다 정해진 수량을 선적하는 것을 말함
선적의 이행	최종선적일까지만 이행하면 무방함	각각 정해진 선적일에 정해진 수량을 선적해야 함(각각의 할부선적수량은 각각의 선적일 이내에서 분할하여 선적할 수는 있음)
기 타	신용장에서 특별히 언급이 없는 경우, 분할선적이 가능한 것으로 해석	Schedule에 따른 선적을 미이행 시 신용장의 보증효력 상실(이미 실행된 선적에 대해서는 보증 유효)

③ 환적(Transhipment)

환적이란 선적지로부터 도착지까지 가는 동안에 운송수단을 바꿔 싣는 것을 말하며 직항노선이 없
거나 복합운송에 의해 운송하는 경우에 발생하게 된다. 환적을 하게 되면 물건을 옮겨싣는 과정에
서 이런저런 손상이 발생할 수 있기 때문에 물건에 따라서는 예민한 사항이 될 수 있는 바, 신용장
에서 특별히 허락하지 않으면 환적은 금지된다.

선적항에서 도착항까지 전체의 해상운송 구간이 하나의 동일한 운송서류에 의해 커버되는 경우에
는 선적서류에(거래약정서에 이런저런 사항들을 인쇄해 두듯이) Goods may be transhipped라
든가 The carrier reserves the right to tranship과 같은 문구들이 기재되어 있다 하더라도 하자
로 보지 않는다.

Transhipment means unloading from one vessel and reloading to another vessel during
the carriage from the port of loading to the port of discharge stated in the credit.

A bill of lading may indicate that the goods will or may be transhipped provided that the
entire carriage is covered by one and the same bill of lading. (Article 19(c)-i)

또한, 신용장에서 환적을 금지하더라도 물품이 컨테이너, 트레일러, LASH Barge에 선적되었다
는 것이 선하증권에 나타나 있다면, 환적이 될 것이라든지 또는 환적이 될 수도 있다는 문구가 (거
래약정서의 일부로서) 표시되어 있는 선적서류도 수리될 수 있다(이는, 운송업계의 관행을 인정한
것임).

   * LASH(Lighter Aboard Ship) Barge : 짐을 실은 채로 본선에 실려 목적지까지 운반되는 거룻배

A bill of lading indicating that transhipment will or may take place is acceptable, even if
the credit prohibits transhipment, if the goods have been shipped in a container, trailer or
LASH barge as evidenced by the bill of lading. (Article 19(c)-ii)

Clauses in a bill of lading stating that the carrier reserves the right to transsship will be
disregarded

위와 같은 업계의 관행에도 불구하고, 신용장통일규칙 제20조 c항의 적용을 배제한다는 문구와
함께 환적을 금지한다는 문구를 명시하면 그 때는 어떠한 경우에도 환적이 금지되는 것으로 해석
한다.

복합운송은 기본적으로 환적을 전제로 하는 운송방식이므로 비록 신용장에서 환적을 금지하고 있다 하더라도 전체의 운송구간이 하나의 동일한 복합운송서류로 커버되는 경우라면 운송서류상에 환적될 수도 있다거나 환적될 것(will or may take place)이라는 조항이 있어도 수리할 수 있다.

④ 선적기일(Date of Shipment)

선적기간을 정하기 위해 사용되는 to, till, until, from, between이 사용된 경우에는 명시된 일자를 포함하는 것으로, before, after가 사용된 경우에는 명시된 일자를 제외하는 것으로 해석한다.

* 환어음의 만기일을 정할 때는 from도 명시된 일자를 제외하는 것으로 해석

The words "to", "until", "till", "from" and "between" when used to determine a period of shipment include the date or dates mentioned, and the words "before" and "after" exclude the date mentioned.

The words "from" and "after" when used to determine a maturity date exclude the date mentioned.

The terms "first half" and "second half" of a month shall be construed respectively as the 1st to the 15th and the 16th to the last day of the month, all dates inclusive.

The terms "beginning", "middle" and "end" of a month shall be construed respectively as the 1st to the 10th, the 11th to the 20th and the 21st to the last day of the month, all dates inclusive.

선적기일을 정하면서 On or about을 사용한 경우에는, 명시된 일자를 포함하여 전후 5일 사이를 의미한다. 따라서 On or about Aug. 20인 경우 선적해야 하는 일자는 총 11일간이다(8/20, 8/15~8/19, 8/21~8/25).

The expression "on or about" or similar will be interpreted as a stipulation that an event is to occur during a period of five calendar days before until five calendar days after the specified date, both start and end dates included.

선적과 관련하여 prompt, immediately, as soon as possible과 같은 모호한 용어가 사용된 경우에는 이를 무시한다.

■ 선적기일의 연장

신용장에 신용장 유효기일만 명시되고 선적기일이 별도로 명시되지 않은 경우에는 신용장 유효기일을 선적기일로 보며, 이러한 상황에서 조건변경에 의해 신용장 유효기간이 연장된 경우에는 선적기일도 연장된 것으로 본다. 신용장 유효기일이 은행의 통상적 휴무일인 경우에는 동 유효기일이 익영업일까지 자동연장되나 선적기한은 자동연장되지 않는다.

가격조건(Trade Terms)

상품의 단가, 결제통화, 운임 · 보험료 · 통관비 등 수출입 부대비용의 지급 등에 관한 조건을 말한다. 가격조건에서 중점적으로 살펴봐야 할 부분은 수출입 부대비용에 관한 것이다. 수출입 부대비용을 누가 부담할 것인가에 따라 판매가격이 달라지게 되므로(공장도 가격과 소비자에게 택배까지 해주는 가격이 다르듯이) 각 인수도 시점에 따른 비용부담 및 위험부담에 관한 명확한 합의가 이루어져야 한다.

국제적인 거래는 거래당사자 간 상관습의 차이로 인하여 합의에 대한 해석이 서로 다르게 나타날 수 있으므로, 국제상업회의소(ICC ; International Chamber of Commerce)는 별도의 정형화된 규칙을 제정하고 이를 무역거래에 사용토록 하고 있는 바, 이를 Incoterms라 하며, 최신개정판은 (국내 및 국제) 무역거래 조건의 적용에 관한 ICC 규칙(ICC Rules for the Use of Domestic and International Trade Terms, 2020 Revision)으로서, 통상 Incoterms 2010이라고 칭한다.

  * Incoterms ; International Commercial Terms

Incoterms는 임의규정이기 때문에 거래당사자를 구속하기 위해서는 계약서상에 Incoterms에 따른다는 조항을 기재하여야 하며, 당사자 간의 별도 합의가 있는 경우에는 당사자 간 합의가 Incoterms에 우선한다.

Incoterms 2010

무역거래조건의 해석에 관한 국제규칙을 제공하기 위해 프랑스 파리에 본부를 두고 있는 국제상업회의소(ICC)가 제정한 규칙으로서, Incoterms 2010은 2010년에 개정되어 2011년 1월부터 적용되고 있다.

Incoterms 2010은 11가지의 정형화된 거래조건으로 구분되며 운송방식에 관계없이 사용되는 거래조건과 해상(내수로 포함)운송에서만 사용되는 조건이 있다.

◯ 운송방식에 관계없이 사용되는 거래조건

■ 공장인도 조건(Ex Work, Loco 또는 On Spot Terms)

매도인(수출자)의 장소(공장 등)에서 매입자(수입자)가 가져갈 수 있는 상태로 인도하는 거래조건으로서 上車비용부터 운송비 및 보험료에 이르기까지 모든 비용을 매수인이 부담한다. 수출자가 무역거래에 익숙치 못한 경우라든가 국내거래에 적합한 거래조건이며, 무역업무에 능통한 수입자의 대리인이 수출국에 소재하는 경우에도 이용될 수 있다. 매도인의 위험과 비용부담이 가장 가벼운 조건이므로 가장 낮은 수준으로 가격이 제시된다.

■ 운송인 인도조건(FCA ; Free Carrier)

매도인이 물품의 수출통관 절차를 마친 후, 매수인에 의해 지정된 장소에서 매수인에 의해 지정된 운송인(또는 다른 당사자)에게 물품을 인도할 때까지 매도인이 위험과 비용을 부담하는 거래조건이다.

지정된 장소가 매도인의 구내(Premise)인 경우에는 매도인이 매수자가 지정한 운송수단에 적재해 주어야 하나(上車비용을 매도인이 부담), 지정된 장소가 매도인의 구내가 아닌 그 밖의 장소인 경우 매도인은 자신의 운송수단에서 물품을 양하하지 않은 상태로 매수인이 지정한 운송인에게 처분을 맡기면 된다(매도인의 구내가 아닌 장소에서 인도할 때는 운송수단에서 양하하는 비용 및 매수인에 의해 지정된 운송수단으로 옮겨 싣는 비용 모두를 매수인이 부담).

* FCA = EXW + 지정된 장소까지의 운송비용 + 수출통관 비용

■ 운송비 지급 인도조건(CPT ; Carriage Paid to)

CPT = FCA + 지정된 (최종)목적지까지의 운송비

운송계약은 매도인이 체결하며, 수출지에서 운송인에게 물품을 인도하는 시점이 매도인의 위험 분기점이지만, 최종목적지까지의 운송비는 매도인이 부담하므로 위험분기점(Risk passes)과 비용분기점(Costs are transferred)이 서로 다르다.

해상운송조건인 CFR 조건을 복합운송방식으로 바꿀 때 적용할 수 있다(CFR은 해상운송 거래조건으로서, 지정된 목적항까지의 운송비는 매도인이 부담하되, 운송수단인 본선에 물품이 적재되는 시점에서 모든 위험부담이 매수인에게 이전되는 거래조건임).

■ 운송비·보험료 지급 인도조건(CIP ; Carriage and Insurance Paid to)

$$CIP = CPT + 보험료$$

해상운송인 CIF조건을 복합운송방식으로 바꿀 때 적용할 수 있다.

■ 도착터미널 인도조건(DAT ; Delivered at Terminal)

수입지의 터미널에 물품을 양하(Unload)한 후(수입통관을 하지 아니하고) 매수인의 임의처분 상태로 둘 때 매도인의 위험과 비용의 의무가 종료된다. Incoterms 2010에서 유일하게 매도인이 물품의 양하 의무를 부담하는 거래조건이다. 도착터미널까지의 모든 비용(운임 및 보험료 등)은 매도인이 부담한다.

■ 도착장소 인도조건(DAP ; Delivered at Place)

지정된(최종)목적지에서 물품을 운송수단에서 양하하지 않은 채(또한, 수입통관도 하지 않고) 매수인의 임의처분 상태로 둘 때 매도인의 위험과 비용 부담이 종료된다. 도착장소까지의 운임 및 보험료는 매도인의 부담이라는 점에서 CIP조건과 유사해 보이나 CIP가 수출지에서 운송인에게 물품을 인도하는 시점에서 매도인의 위험부담이 종료되지만 DAP는 목적지에 도착한 운송수단에서 양하준비가 된 시점에 매도인의 위험부담이 종료되는 점이 다르다.

■ 관세지급 인도조건(DDP ; Delivered Duty Paid)

$$DDP = DAP + 수입관세 및 기타 세금$$

DDP는 수입통관된 물품이 지정된 (최종)목적지에서 운송수단에 실린 채 양하준비를 마친 상태로 매수인의 처분하에 놓이게 되는 때에 매도인의 위험부담이 종료되며 Incoterms 2010의 모든 거래조건 중 매도인의 위험 및 비용 부담이 가장 큰 거래조건이다. Courier Service를 통해 운송되는 소량의 물품거래에 주로 이용된다.

○ 해상(내수로 포함)운송에서만 사용되는 조건

　　* 따라서 선적지와 도착지는 반드시 항구가 소재하는 지명이어야 함

■ 선측 인도조건(FAS ; Free Alongside Ship)

물품의 수출통관을 마친 후, 지정된 선적항에서 매수인이 지명한 선박의 선측에 물품을 갖다놓기까지 위험 및 비용을 매도인이 부담하는 거래조건으로서 주로 산적화물(Bulk Cargo) 거래에 많이 이용되는 거래조건이다. 매도인이 선적항까지의 내륙운임 및 선측까지의 부두운임을 부담해야 하며, 선박운임 및 보험료는 매수인이 부담한다. 참고로 Commodity(1차 산업 물품) 거래의 경우에는 화물이 운송되는 도중에 전매(轉賣)되는 경우가 있다. 따라서 누군가에 의해 선측에 갖다놓은 물품을 그 상태로 구입(Procure)하여 인도할 수도 있다(내가 거기까지 갖다 놓으나 누군가 가져다 놓은 것을 구입하여 전달하나 결과는 같음).

The seller is required either to deliver the goods alongside the ship or to procure goods already so delivered for shipment.

FOB, CFR, CIF의 경우에도 이미 선적되어 있는 물품을 그 상태로 Procure(조달, 구입)하여 인도할 수 있다(물품을 가지고 가서 선적해 주는 거나, 이미 선적된 물품을 조달하여 주는 거나 결과는 같음).

■ 본선 인도조건(FOB ; Free on Board)

Free가 의미하는 것은 매도인의 부담이 끝난다는 것이라 이해하면 된다. FOB는 선박에 적재 해주는 것으로 매도자의 부담이 끝나는 것이므로 선박운임 및 보험료는 매수인이 부담해야 한다. 따라서 선박(해상운송인)의 지정 및 운송계약 체결권은 매수인에게 있다. 무역거래 시 CIF조건과 함께 가장 많이 쓰이는 거래조건이다.

　　* FOB 거래조건으로 신용장을 개설하는 경우, 개설은행은 채권보전을 위해 개설신청인(수입상)으로 하여금 수입물품을 부보하여 해당 보험관련 서류의 제출을 요구하게 됨

■ 운임포함 인도조건(CFR ; Cost and Freight)

　　* 'C&F'로 표기하는 것은 옛날 방식임. 사용하지 않도록 함

FOB 거래조건의 가격에다가 지정된 목적항까지의 운임을 매도인이 부담한다. 그러나 매도인의 위험부담은 본선에 적재해주는 순간에 종료된다. 따라서 위험과 비용 부담의 분기점이 다르다.

　　* 'C' 그룹 거래조건(즉, CFR, CIF, CPT, CIP)은 위험 및 비용의 분기점이 서로 다름

■ 운임 · 보험료 포함가격(CIF ; Cost, Insurance, and Freight)

$$\text{CIF} \;=\; \text{CFR} \;+\; \text{해상보험료}$$

CIF 거래조건에서는 수출자가 보험계약을 체결해야 하며 선적 후 Nego 시에는 수출자 자신의 명의 (보험계약자, 피보험자)로 되어있는 보험증권에 배서하여 매입은행에 제시하여야 한다.

  * 신용장에 보험서류를 제시하라는 요구가 있게 됨

매매 당사자의 의무 요약

• 수출통관 : EXW 조건 외에는 모두 매도인이 이행
• 수입통관 : DDP 조건 외에는 모두 매수인이 이행

• 매도인이 운송계약을 체결하고 목적지까지 운임을 부담 : CPT, CIP, CFR, CIF, DAT, DAP, DDP → 운송서류에 Freight Prepaid라 표기되어야 한다.

• 매수인이 운송계약을 체결하고 목적지까지 운임을 부담 : EXW, FCA, FAS, FOB → 운송서류에 Freight Collect라 표기되어야 한다.

• 위험과 비용의 분기점이 다른 거래조건 : 'C' 그룹 거래조건인 CFR, CIF, CPT, CIP

Incoterms(위험과 비용의 분기점)

(출처 : www.iitrade.ac.in)

Incoterms 2020

국제상업회의소(ICC)는 8번째 개정판인 Incoterms 2020을 발표하였고 이는 2020.1.1.부터 적용된다. Incoterms는 어디까지나 임의규칙이므로 계약당사자 간의 합의가 Incoterms에 우선할 뿐 아니라, Incoterms 2020이 아닌 Incoterms 2010을 적용하기로 합의해도 무방하다. Incoterms 2020이 Incoterms 2010과 달라진 주요내용은 다음과 같다.

① DAT를 DPU(Delivered at Place Unloaded)로 대체

Incoterms 2010의 가격조건 중 DAT가 유일하게 물품을 '양하된(Unloaded)' 상태에서 매수인에게 인도하는 것이었다. 이를 단지 Terminal뿐이 아닌 매수인이 지정하는 특정 장소(Place)에서 양하된 상태로 물품을 인도하는 것으로 바꾼 가격조건이다.

따라서 운송방식에 관계없이 사용하는 가격조건을 매도인의 비용부담이 적은 조건 순서로 나열하면 EXW - FCA - CIP - DAP - DPU - DDP가 된다.

② 보험 부보범위의 이원화

Incoterms 2010에서는 계약당사자 간의 특별히 정하지 않는 한 매도자가 가입하여야 할 보험의 부보를 최소한의 범위인 ICC(C)로 하면 무방하였으나, Incoterms 2020에서는 이를 이원화하였다. 주로 산적화물의 경우에 이용되는 CIF 조건에서는 종전처럼 ICC(C)를 최소 부보범위로 하고, CIP 조건의 경우에는 ICC(A)를 의무 부보범위로 변경하였다. 어떤 가격조건이든 계약당사자의 합의에 의해 부보범위를 특정할 수 있겠으나, 그러한 별도 합의가 없는 경우에 기본적으로 적용되는 부보범위를 이원화 한 것이다.

③ FCA 가격조건에서 '선적선하증권'의 매도인 앞 발행 요구 가능

신용장결제조건의 거래에서 요구되는 선하증권은 대부분 'Shipped B/L'이다. 그러나 FCA의 경우 매도인은 매수인이 지정하는 운송인에게 물품을 넘겨주면 의무를 다하는 것이어서(이러한 경우 Received B/L을 받을 수 있을 것임) 추후 본선적재 여부에 관여할 수 없게 되므로, 매수인이 지정한 운송인으로 하여금 매도인에게 Nego에 필요한 '본선적재 선하증권'을 발행해 줄 것을 요구할 수 있도록 하였으며, 매도인은 해당 선하증권을 거래은행을 통해 매수인에게 제공하도록 하는 의무규정을 두었다.

④ FCA 및 'D'계열 가격조건에서 매도인 및 매수인 자신의 운송수단 이용 가능

Incoterms 2010에서는 매도인 및 매수인이 아닌 별도의 독립된 운송인을 지정하여 운송하는 것을 상정하여 가격조건을 설명하였으나 Incoterms 2020에서는 해당 운송을 FCA는 매수인, 'D'계열 가격조건에서는 매도인이 각각 자신의 운송수단을 이용할 수 있다고 규정하였다.

━━━○ 결제조건

수출입대금을 어떻게 주고받을 것인가는 정말 중요한 문제이며 거래당사자가 멀리 떨어져 있는 국제 거래에서는 국내거래에서의 경우보다 더 민감한 문제가 될 수밖에 없다. 수출자의 입장에서는 물품대 금을 먼저 받고 물품을 선적해 주고자 할 것이나, 수입자의 입장에서는 물품을 먼저 받아본 다음 물품 대금을 지급하고자 할 것이다. 국제무역거래에서도 국내거래와 마찬가지로 공급자 우위 상황인가 수 요자 우위 상황인가에 따라 결제조건이 영향을 받을 수 있다.

수출자와 수입자의 입장이 서로 다른 상황에서 무역거래를 원활히 할 수 있게 하기 위해서 도입될 수 밖에 없었던 제도가 바로 신용장을 이용한 대금결제이다. 양 당사자 사이에서 은행이 개입하여 보증서 를 발행함으로써 수출상에게는 대금회수의 안정성을 제공해 주고, 수입상에게는 신용장의 제조건에 일치하는 선적서류를 입수한 후에 그 대금을 결제하게 되므로 상품인수에 대한 안정성을 확보할 수 있 게 해준다(그렇다고 하더라도 수출입계약서에 정한 상품이 확실하게 인수된다는 보장은 없다 : 신용장 의 한계성).

수출입 과정에서 외국환은행을 중심으로 일어나는 업무가 결제업무이기 때문에 은행원의 입장에서 볼 때 수출입업무의 가장 핵심적인 부분은 바로 결제에 관한 업무이다. 따라서 신용장에 관한 이해와 지 식습득을 위해 신용장통일규칙인 UCP 600과, 신용장 해석에 관한 국제표준은행관습인 ISBP 745를 숙지해야 한다.

① 송금방식 결제

■ 사전 송금(Advance Remittance)방식

단순 송금방식이라고도 부르며 수출상에게는 유리하나 수입상에게는 가장 불리한 결제방식이다. 따라서 대체로 소량·소액의 수출입거래에서 이용되지만, 수출상의 신뢰도가 높아 물품을 못받을 우려가 없는 고정거래처 간 또는 본지사 간의 거래라든가 공급자 우위의 시장상황 등에서 빈번히 이용되고 있다(CWO ; Cash With Order).

■ 사후 송금방식

수출상이 물품을 먼저 선적하여 보내고 물품대금은 사후에 수령하는 결제방식으로 수출상의 입장 에서는 물품만 건네주고 대금을 회수하지 못하거나 물품수령을 거절당할 수도 있으며 억지주장에 의한 클레임을 당할 수도 있는 불리한 결제조건이다.

COD, CAD와 같은 결제조건은 국내거래인 경우에는 동시 결제조건으로 볼 수 있지만 국제무역거래에서는 도착지(수입지)에서 물건을 주고 대금을 받거나(COD ; Cash On Delivery) 선적지에서 선적을 마친 후 해당 선적서류를 건네주며 대금을 받게(CAD ; Cash Against Document) 되므로 선적 후에 대금이 결제되는 사후 송금방식이라 할 수 있다. 다만, 선적서류를 건네줌과 동시에 대금을 받는다는 측면에서 보면 동시 결제조건으로 봐도 무방하며, 확실한 사후 송금 결제조건인 O/A(Open Account)와는 구분하여 이해해야 한다.

- COD(Cash On Delivery) : 수출상이 물품을 선적한 후, 해당 선적서류를 수입국에 있는 자신의 대리인(해외지사 등)에게 보내서, 수입상이 물품을 검수하여 이상이 없다고 확인하면 물품대금 수령과 동시에 해당 선적서류를 인도하는 결제방식으로서, 주로 귀금속 등의 고가품 거래 시 이용된다. 이러한 경우 선적서류의 Consignee(수하인)을 수출상의 대리인 또는 수출상의 대리인에 의한 지시식(to order of ~)으로 발행될 것이므로, 대금을 수령하면 선적서류(B/L)에 수출상의 대리인이 배서하여 수입상에게 양도하게 된다.

- CAD(Cash Against Document) : 수출상이 물품을 선적한 후, 수출국에 주재하는 수입상의 대리인에게 해당 선적서류를 인도함과 동시에 물품대금을 지급받는 결제방식이며 수입상은 해당 물품을 선적전에 미리 검사하여 품질 등을 확인하는 게 일반적이다.

- O/A(Open Account) : 수출입 당사자 간의 계약을 근거하여 지속적으로 발생하는 거래를 정기적으로 결제하는 방식으로서, 수출상이 물품을 선적하고 선적통지를 하면 매 선적통지일로부터 일정기간이 경과한 후에 해당 물품대금을 수출자의 계정(Account)으로 송금하여 결제하는 선적통지 조건의 기한부 사후 송금 결제방식이다.

O/A 결제조건의 거래는 수출상의 입장에서 볼 때 수입상의 신용에만 의존하는 불안한 방식의 거래이므로, 주로 대기업의 본지사 간에 발생하는 빈번한 거래의 결제나 대금회수의 위험이 없는 확실한 고정거래선과의 결제방식으로 이용된다. 수출자는 선적통지와 동시에 수출채권이 발생하므로 해당 채권을 외국환은행에 Nego(= 수출채권 매도)하여 수출대금을 회수할 수 있는데 이를 O/A Nego라 한다.

 * O/A 방식의 결제조건에서 수입자의 대금지급을 보증하기 위해 상업보증신용장(Commercial Stand-by L/C)을 이용하기도 함

② 추심방식 결제(無信用狀 방식)
수출자가 물품을 선적한 후, 해당 선적서류 등과 수입자를 지급인으로 한 환어음을 수출자의 거래은행을 통해 수입자의 거래은행으로 보내서 물품대금을 추심하는 방식으로서, 신용장이 수반되지

않는 거래이다. 추심방식의 결제는 은행의 지급보증이 없이 단지 수출입 당사자 간의 신용을 바탕으로 거래되며 수출자 및 수입자의 거래은행들은 대금추심 과정에서 수출입자의 중개인 또는 보조자 역할을 하게 된다(은행의 입장에서는 여신행위가 아니므로 여신거래약정서를 징구할 필요없이 외국환거래약정서만 징구함).

신용장 방식으로 거래를 하는 경우 신용장 개설에 따른 수수료 등이 지출되는 바, 본지사 간에 무역거래를 하는 경우라든가 신뢰도가 쌓인 고정거래처와의 거래시에는 신용장을 개설하지 않고 단지 계약서를 바탕으로 거래하는 추심방식 결제가 활용된다.

이러한 추심방식의 거래에서는, 거래당사자를 구속하는 법률 등의 규정에 위배되지 않는 한 국제상업회의소(ICC)에서 제정한 추심에 관한 통일규칙(URC 522 ; Uniform Rules for collections, 1995 Revision, ICC Publication No.522)을 적용하는 것이 일반적이다(단, 계약서에 반드시 준거문언을 표시해야 함).

추심방식의 거래는 대금결제 절차에 따라 D/P, D/A, D/P Usance로 구분할 수 있다.

■ D/P(Documents against Payment, 지급인도 조건)
D/P거래는 수입상의 거래은행인 추심은행(Collecting Bank)이 수출자의 거래은행인 추심의뢰은행(Remitting Bank)으로부터 선적서류와 환어음을 접수하면, 서류 도착사실을 즉시 수입상에게 통보하고 수입상이 물품대금을 결제하면 해당 서류들을 인도하는 일람불 거래이다.

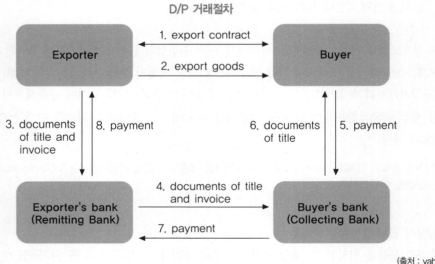

D/P 거래절차

(출처 : yahoo.com)

얼핏 보면 D/P거래는 수출상 입장에서 별로 위험이 없을 것으로 보이지만 수입상이 이런저런 이유를 대며 물품대금을 지급하지 않는 경우 당해 물품을 다시 운송해 와야 하는 문제가 발생할 수 있다. 이렇게 되면 운송비 등 비용지출이 발생하게 되는 것은 물론, 경우에 따라서는 물품의 품질이 시간의 경과에 따라 급속히 저하될 수도 있으므로 물품이 도착해 있는 수입지에서 수출가격보다 훨씬 저렴한 가격으로 매각해야 하는 상황이 초래될 수도 있다.

■ D/A(Documents against Acceptance, 인수인도 조건)

D/P거래는 수입상이 물품대금을 지급해야 선적서류를 인도받을 수 있지만 D/A거래는 해당 환어음을 특정기일 경과 후에 지급하겠다는 약속(어음표면에 인수의사를 표시하고 기명날인, 일람후 정기출급인 경우에는 인수일자도 필수적으로 기재)을 하면 선적서류를 인도받을 수 있는 기한부 거래이다.

선적서류를 건네주는 추심은행의 입장에서는 어음을 받고 물건을 건네주는 것과 같으므로 수입자로 하여금 어음법에 정하는대로 인수절차를 밟도록 해야 하며, 해당 어음은 만기일까지 중요증서에 준해 별도 보관하였다가(수입상에게 내주는 일이 없도록 해야 함) 만기일에 수입자에게 제시하여 결제토록 해야 한다.

D/A 거래절차

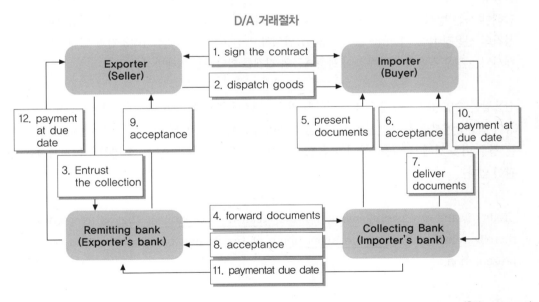

(출처 : yahoo.com)

25

■ D/P Usance(기한부 D/P)

수입상이 선적서류를 인도받음과 동시에 물품대금을 결제해야 한다는 점에서는 D/P와 같으나, 추심은행이 수입상에게 환어음과 선적서류를 제시하는 시기를 선적서류가 도착한 다음 명시된 기간이 경과한 후로 정하는 추심결제 방식이다.

> * 표시방법 : 'D/P 30 days after B/L date'

추심은행은 Usance 기간 동안 해당 서류를 보관하고 있다가 Usance 기간이 종료되는 날에 수입상에게 지급제시하여 대금을 받고 서류를 내주는 것이므로 D/A로 착각하여 서류를 접수하자마자 선적서류 등을 내주는 일이 없도록 주의해야 한다.

D/P Usance는 수출상이 D/A거래 시 떠안아야 하는(수입상이 물품을 먼저 찾아가고 대금을 나중에 받는) 신용위험도 덜어주고 수입상에게는 선적서류가 물품보다 먼저 도착하는 경우 발생할 수 있는 불필요한 자금부담(D/P로 하는 경우, 수입상은 추심은행으로부터 서류 도착통지를 받으면 바로 결제해야 하므로)을 덜어주는 결제방식이다.

③ 신용장 결제 방식

송금방식에 의한 결제나 추심방식에 의한 결제는 수출상 또는 수입상 일방이 부득이 결제위험을 부담해야 하는 방식인데, 이러한 문제를 해결하기 위해 거래당사자 사이에 은행이 개입하여 보증서 성격의 신용장(L/C ; Letter of Credit)을 발행하고 신용장에서 정한 거래조건과 일치하는 서류가 제시되는 경우 신용장 발행은행이 물품대금의 결제를 확약하는 거래방식이다.

신용장은 수입상의 요청에 의해 수입상의 거래은행(이를 신용장 개설은행이라 함)이 발행하며 수출상이 신용장에서 정한 조건대로 서류들을 갖추어서 일치하는 제시(Complying Presentation)를 하는 경우 이를 결제(Honor)하겠다는 취소가 불가능한 조건부 확약서로서 그 명칭을 어떻게 하든 상관이 없다.

Credit means any arrangement, however named or described, that is irrevocable and thereby constitutes a definite undertaking of the issuing bank to honour a complying presentation.

Complying Presentation / Honor

Complying Presentation

신용장의 제조건(Terms & Conditions)은 물론, UCP 600 및 국제은행 간 거래관행(ISBP 745만을 지칭하는 것은 아님)에 일치(in accordance with)하는 제시를 말함

Complying presentation means a presentation that is in accordance with the terms and conditions of the credit, the applicable provisions of these rules and international standard banking practice.

　* international standard banking practice가 모두 소문자로 표시된 점에 유의(ISBP 745를 의미하는 게 아니라 일반적인 은행관습을 의미함)

Honor

일람출급 신용장인 경우에는 제시되는 시점에 지급, 延支給신용장인 경우에는 연지급 확약 후 만기에 지급, 인수신용장인 경우에는 환어음을 인수하고 만기에 지급하는 것을 통칭

Honor means :
- to pay at sight if the credit is available by sight payment.
- to incur a deferred payment undertaking and pay at maturity if the credit is available by deferred payment.
- to accept a bill of exchange("draft") drawn by the beneficiary and pay at maturity if the credit is available by acceptance.

신용장에는 해당 신용장이 특정 은행에서만 이용가능한지 아니면 모든 은행(수익자가 소재한 국가는 물론 외국의 은행도 가능)에서 이용가능한지를 명시하여야 하며, 특정 은행으로 이용이 제한된 신용장은 개설은행에서도 이용할 수 있다(개설은행은 항상 신용장을 이용할 수 있는 은행이 됨). 신용장에는 신용장 사용방식에 관해서도 명시하여야 하고, 사용방식에는 일람지급 방식, 연지급 방식, 인수 방식, 매입 방식이 있다.

A credit must state the bank with which it is available or whether it is available with any bank. A credit available with a nominated bank is also available with the issuing bank.

Branches of a bank in different countries are considered to be separate banks.
서로 다른 국가에 위치한 같은 은행의 지점들은 다른 은행으로 본다.

A credit must state whether it is available by sight payment, deferred payment, acceptance or negotiation.

현재 국내 수출입기업의 무역거래 중 10~15% 정도가 신용장을 이용한 결제방식으로 거래되고 있다.

신용장 발생과 관련하여 적용되는 신용장통일규칙(UCP 600 ; The Uniform Customs and Practice for Documentary Credits, 2007 Revision, ICC Publication No.600)은 신용장 내용에 명시적으로 준거규칙이 UCP 600이라고 표시해야만 신용장 관련 당사자들을 구속하게 된다.

The Uniform Customs and Practice for Documentary Credits, 2007 Revision, ICC Publication No. 600("UCP") are rules that apply to any documentary credit ("credit")(including, to the extent to which they may be applicable, any standby letter of credit) when the text of the credit expressly indicates that it is subject to these rules. They are binding on all parties thereto unless expressly modified or excluded by the credit.

■ 신용장의 의의

수입상의 요청에 의해 수입상의 거래은행이 발행하는 신용장(L/C)은, 수익자인 수출상이 신용장에서 정한 조건대로 서류를 갖추어 제시하면 신용장에서 보증한 금액을 지급하겠다는 조건부 지급확약서이다. 이러한 지급보증의 결과 발행은행이 수익자에게 부담하게 되는 지급채무는, 수입상이 발행은행에 부담하게 될 지급채무와 별개로 독립적인 성격을 갖게 된다(수입상이 결제를 못해도 개설은행은 지급약속을 이행해야 한다).

신용장은 국제무역거래의 거래당사자 사이에서 물품인도 및 대금결제 시점 불일치로 인해 발생할 수도 있는 일방의 불이익을 방지하고 격지 간의 대금결제를 원활히 해결하기 위해 고안된 제도이다.

■ 신용장의 효용

수출상에게 유리한 점

• 수입상의 지급불능 또는 지급거절에 의해 대금을 회수할 수 없게 되는 신용위험이 제거되며, 일단 신용장이 발행되면 수입상이 임의로 취소할 수 없으므로 수출상은 안심하고 수출상품을 생산할 수 있다.
• 상품을 선적한 후, 신용장조건에 일치하는 서류를 매입은행에 제시하고 수출대금을 즉시 회수할 수 있다.
• 무역금융 등 금융상의 지원정책을 활용할 수 있다.

수입상에게 유리한 점

- 은행의 지급보증을 바탕으로 수출상과의 계약 시 계약조건을 유리하게 이끌어 낼 수 있다.
- 기한부신용장을 개설하는 경우, Usance 기간 동안 수입대금결제를 유예할 수 있는 금융상의 이점이 있다.
- 수입대금 결제 이전에 물품이 계약 내용대로 정확히 선적되었는지 여부에 대해 서류상 확인이 가능하며, 제시된 서류가 신용장 조건에 일치하지 않는 경우에는 대금지급을 거절할 수 있다.
- 신용장에 선적기일과 유효기일이 명시되어 있으므로 수입물품의 도착시기를 예측할 수 있다.

■ 신용장 거래의 한계

수입상이 서류에 의한 신용장거래의 특성을 악용하고자 하는 경우, 수출상이 계약조건을 성실히 이행하였음에도 불구하고 서류상의 사소한 오류를 트집잡아 지급을 거절하거나 가격할인을 요구할 가능성이 있으며, 수출상이 서류상 거래의 특성을 악용하여 계약조건과 다른 상품을 선적하고도 서류만 신용장 조건대로 작성하여 제시하면 은행은 대금을 지급해야 하므로 수출상에 의한 사기(Fraud)거래가 발생할 수 있는 바, 수입상 입장에서는 대금은 지급되었으나 상품이 계약내용대로 정확히 수입되지 않을 수 있는 위험이 있다.

> **Fraud Rule**
>
> 신용장 거래에서 제시된 서류가 신용장 조건에 엄격히 일치한다 하더라도 그것이 위조 또는 사기로 작성되었다는 것이 명백하다면 개설은행은 신용장의 대금지급을 중단할 수 있다는 해석으로서 신용장거래의 독립성 및 추상성 원칙에 예외를 인정한 이론이라 할 수 있다. 그러나 위변조 사실을 모른 채 선의로 대가를 매입한 은행이나 정당한 소지인(Bona Fide Holder)에게 이를 적용할 수는 없다(실무적으로는, 수입상으로 하여금 먼저 법원에 지급정지 가처분(Injunction)을 신청토록 한 후, 이를 근거로 대금지급을 거절함).

■ 신용장의 독립성 및 추상성

신용장은 수출입계약서 등을 기초로 하여 개설되지만 일단 신용장이 개설되면 당해 신용장은 그 기초가 되었던 계약들로부터 완전히 독립적인 지위를 갖게되어 해당 계약의 진정한 이행여부와 관계없이 신용장통일규칙에 따라 결제의무를 이행해야 하는데, 이를 신용장의 독립성의 원칙(Principle of Independence)이라 한다. 은행이 신용장업무를 수행함에 있어 관련되는 거래계약의 진정성을 일일이 확인한다는 것은 현실적으로 불가능하므로, 신용장의 독립성은 은행을 보호함과 동시에 신용장거래도 원활하게 하기 위한 기본전제가 된다.

■ 서류의 효력에 관한 면책(Disclaimer on Effectiveness of Documents)

은행은 어떤 서류의 방식, 충분성, 정확성, 진정성, 위조 여부 또는 법적 효력 또는 서류에 명시되거나 위에 추가된 일반 또는 특정조건에 대하여 어떠한 책임(liability or responsibility)도 지지 않는다. 또한 은행은 어떤 서류에 나타난 물품, 용역 또는 다른 이행의 기술, 수량, 무게, 품질, 상태, 포장, 인도, 가치 또는 존재 여부 또는 물품의 송하인, 운송인, 운송중개인, 수하인 또는 보험자 또는 다른 사람의 선의 또는 작위 또는 부작위, 지불능력, 이행 또는 지위(standing)에 대하여 어떠한 책임도 지지 않는다.

A bank assumes no liability or responsibility for the form, sufficiency, accuracy, genuineness, falsification or legal effect of any document, or for the general or particular conditions stipulated in a document or superimposed thereon; nor does it assume any liability or responsibility for the description, quantity, weight, quality, condition, packing, delivery, value or existence of the goods, services or other performance represented by any document, or for the good faith or acts or omissions, solvency, performance or standing of the consignor, the carrier, the forwarder, the consignee or the insurer of the goods or any other person.

따라서 신용장상에 신용장 발행의 기초가 되었던 계약에 관해 언급이 되어있다 하더라도 은행은 그러한 계약에 의해 아무런 구속도 받지 않으며 신용장 개설 시 원인계약이나 견적송장 등의 사본을 신용장의 주요내용으로 포함시키려는 개설의뢰인의 요청을 저지하여야 한다.

A credit by its nature is a separate transaction from the sale or other contract on which it may be based. Banks are in no way concerned with or bound by such contract, even if any reference whatsoever to it is included in the credit. Consequently, the undertaking of a bank to honour, to negotiate or to fulfil any other obligation under the credit is not subject to claims or defences by the applicant resulting from its relationships with the issuing bank or the beneficiary.

A beneficiary can in no case avail itself of the contractual relationships existing between banks or between the applicant and the issuing bank.

An issuing bank should discourage any attempt by the applicant to include, as an integral part of the credit, copies of the underlying contract, pro-forma invoice and the like.

신용장의 거래당사자들은 인수도 되는 물품의 진정성과 관계없이 해당 물품을 표창하는 서류(Documents)를 기준으로 거래한다는 것이 신용장의 추상성의 원칙(Principle of Abstraction)이다.

따라서 수출상이 계약된 내용과 전혀 다른 물건을 선적하여 보냈다 하더라도 매입은행에 Nego를 위해 제시하는 서류들이 신용장에서 제시된 조건과 일치한다면 신용장을 발행한 개설은행은 그 지급을 보증해야 한다.

Banks deal with documents and not with goods, services or performance to which the documents may relate.

A nominated bank acting on its nomination, a confirming bank, if any, and the issuing bank must examine a presentation to determine, <u>on the basis of the documents alone</u>, whether or not the documents <u>appear on their face</u> to constitute a complying presentation.

When a nominated bank acting on its nomination, a confirming bank, if any, or the issuing bank determines that a presentation does not comply, it may refuse to honour or negotiate.

추상성의 원칙도 독립성의 원칙처럼 신용장업무를 취급하는 은행을 보호함과 동시에 신용장거래를 원활하게 하기 위해 불가피한 전제조건이며 이러한 신용장의 특성들로 인해 선적된 물품이 품질불량 등의 사유로 거래당사자 간에 문제가 된다 할지라도 제시된 서류가 신용장의 조건에 일치하는 한 지급보증 의무를 이행해야 하며 다툼이 되는 사항에 대해서는 별도로 Claim을 제기하여 해결(조정, 중재, 소송 등)하여야 한다.

상당 일치의 원칙 및 서류일치성의 판단

상당 일치의 원칙이란 신용장 거래와 관련하여 제시되는 모든 서류는 신용장의 조건과 일치해야 하지만 그러한 일치가 마치 거울에 비춰 보는 것처럼 똑같아야(Identical) 한다(엄밀 일치의 원칙)는 것은 아니며, 제시된 서류가 신용장 내용과 충돌(Conflict)하지 않고 신용장 조건을 위반하는 사항이 아닌 사소한 오류라면(Typing Error 등) 신용장의 조건에 일치하는 것으로 보아야 한다는 견해를 말한다. 상업송장의 상품명세는 신용장의 상품명세와 엄격하게 일치(Must Correspond)해야 하나 상업송장 이외의 서류에 표시되는 상품명세는 신용장의 상품명세에 저촉(Conflict)되지 않는 일반적인 용어로 표시할 수 있다(예를 들면, pants를 garment로 표시 가능).

Data in a document, when read in context with the credit, the document itself and international standard banking practice, <u>need not be identical to, but must not conflict with</u>, data in that document, any other stipulated document or the credit.

A <u>misspelling or typing error</u> that does not affect the meaning of a word or the sentence in which it occurs does not make a document discrepant. For example, a description of the goods shown as "mashine" instead of "machine", "fountan pen" instead of "fountain pen" or "modle" instead of "model" <u>would not be regarded as a conflict of data</u> under UCP 600 sub-article 14(d).

사소한 Typing Error는 상충되지 않는 것으로 간주하므로 하자가 아니다.

However, a description shown as, for example, "model 123" instead of "model 321" will be regarded as a conflict of data under that sub-article.

그러나 model 123을 model 321로 표시하는 것(과 같은 명백한 실수)은 하자이다.

신용장 결제방식과 무신용장 결제방식(D/A 및 D/P)의 비교

구 분	신용장 결제방식	D/A 및 D/P
은행의 지급보증 유무	신용장 개설은행이 지급확약	은행의 지급확약 없음 (수입상의 신용에 의존)
환어음의 지급인	개설은행	수입상
수출대금 회수방식	대부분 추심 전 매입(Nego)에 의해 사전지급하나 하자가 있는 경우 추심 후 지급	추심 후 지급(Collection)이 원칙이지만 은행이 채권보전에 지장이 없다고 판단하는 경우 추심 전 매입도 가능함
서류심사 의무	은행은 서류를 면밀히 심사하여야 함	은행의 서류심사 의무 없음
적용하는 국제규범	UCP600, ISBP745	URC522
수출화물의 소유권	개설은행	수입상
환가료 발생여부	추심 전 매입 시 환가료 발생	추심 후 지급 시 환가료 없음
수입대금 즉시지급	At Sight : 개설은행이 서류를 검토한 후 수출상에게 즉시 지급	D/P : 수입상에게 선적서류를 인도함과 동시에 대금을 결제받아서 수출상에게 지급
수입대금 기한 후 지급	Usance : 정해진 만기에 은행이 수출상에게 지급	D/A : 수입상이 환어음을 인수한 후 만기에 결제하면, 동 대금을 수출상에게 지급
거래의 활용	거래당사자 상호 간에 대금결제에 관한 은행의 지급보증이 필요하다고 판단되는 경우에 이용	본지사 간이나 서로 신뢰할만한 거래처 간에 이용
거래 관련 수수료	다양하고 높음	단순하고 낮음
절차적 복잡성	복잡하고 엄격함	단순함

* UCP600 : 신용장통일규칙
  ISBP745 : 국제표준 은행관습
  URC22 : 추심에 관한 통일규칙

02 | 신용장 개설신청(Asking for L/C Establishment)

* Establish : Open, Issue

◯ 신용장의 순환

앞에서 소개하였던 수출입업무 흐름도 중에서 신용장의 순환에 관한 내용만을 들어내 살펴보면 다음 그림과 같다. 비록 무역거래에서 신용장 결제방식의 거래가 차지하는 비중이 10~15%로 낮은 수준이지만 수출입 업무를 담당하는 실무자나 은행의 외환담당 직원들은 반드시 이해해야 한다.

신용장의 거래과정

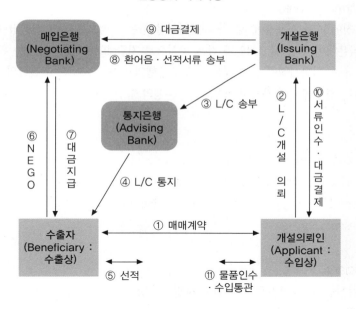

(출처 : www.cheonwoo.co.kr)

◯ 신용장 거래 당사자

① 개설의뢰인(Applicant)

신용장의 개설을 의뢰하는 수입상을 지칭한다.

② 개설은행(Issuing Bank)

개설의뢰인의 요청과 지시에 따라 신용장을 개설, 신용장 대금지급을 확약(지급보증서인 신용장을 발행)하는 개설의뢰인(수입자)의 거래은행을 말하며 Opening Bank라고도 한다.

An issuing bank is irrevocably bound to honour as of the time it issues the credit.

③ 통지은행(Advising Bank)

개설은행의 요청에 따라 신용장을 수출상에게 통지하는 은행을 말하며, 일반적으로 수출상이 지정하는 은행으로 신용장을 보내게 되므로 수출상의 거래은행이 통지은행이 된다. 수출상으로부터 통지은행에 관해 별도 요청이 없는 경우에는 개설은행의 본지점이나 환거래 약정(Correspondent Agreement)이 체결되어 있는 은행 중에서 개설은행이 임의로 선정하여 통지한다.

④ 확인은행(Confirming Bank)

개설은행의 요청에 따라 신용장에 제2차 지급확약을 하는 은행으로서 그 신용장에 의하여 발행되는 어음을 개설은행이 부담하는 책임과 같은 방식으로 지급 또는 인수하겠다는 확약을 한 은행을 확인은행이라 하며, 외환사정이 좋지 않은 국가나 은행의 신용도가 낮은 후진국의 은행의 신용장을 근거로 거래하는 경우에 수출자가 신용도 높은 은행의 확인(Confirm)을 요청하는 경우가 발생할 수 있다.

Confirming bank means the bank that adds its confirmation to a credit upon the issuing bank's authorization or request. (Confirmation means a definite undertaking of the confirming bank, in addition to that of the issuing bank, to honour or negotiate a complying presentation)

⑤ 수익자(Beneficiary)

신용장을 수취하는 수출업자로서 거래단계별로 Exporter, Seller, Drawer(어음발행인), Consignor(송하인) 역할을 한다.

⑥ 매입은행(Negotiating Bank)

수출상이 신용장의 조건대로 일치하는 선적서류를 제시할 경우 이를 매입하고 수출대금을 지급하는 수출자의 지정은행(지정은행이 Any Bank로 되어 있으면 모든 은행)이며, 매입이란 은행이 환어음과 운송서류를 수리(受理, Accept)하고 (개설은행이 결제할) 상환자금이 지정은행에 도착하기 이전(또는, 도착한 날)에 미리 수출자에게 대금을 지급하는 행위를 의미한다.

Negotiation means the purchase by the nominated bank of drafts(drawn on a bank other than the nominated bank) and/or documents under a complying presentation, <u>by advancing or agreeing to advance funds to the beneficiary</u> on or before the banking day on which reimbursement is due to the nominated bank.

⑦ 양도은행(Transferring Bank)

양도가능 신용장인 경우 최초에 신용장을 수취한 원수익자의 요청에 따라 제3자에게 신용장을 양도해주는 은행을 말한다. 신용장에 매입, 지급, 인수 등과 관련하여 특정 은행이 지정된 경우에는 해당 은행이 양도은행이 되며 자유매입신용장인 경우에는 특정 은행을 양도은행으로 지정한 후 이 은행을 통하여 양도되도록 한다.

⑧ 지급은행(Paying Bank)

지급신용장(무어음부 일람출급 신용장)의 조건과 일치하는 서류가 제시될 때 즉시 대금지급을 이행하는 은행을 말한다. 신용장 개설은행의 본지점 또는 예치환거래은행이 지급은행으로 지정된다.

⑨ 연지급은행(Deferred Payment Undertaking Bank)

연지급신용장(무어음부 기한부 신용장)의 조건에 일치하는 제시가 있을 경우 연지급확약서(Deferred Payment Undertaking)를 발급하고 만기에 그 대금을 지급하도록 수권된 은행을 말한다. 연지급확약서를 받으면 이를 근거로 만기일에 대금을 지급받을 수 있기 때문에 별도로 환어음을 작성하지 않는다.

⑩ 인수은행(Accepting Bank)

인수신용장의 조건에 일치하는 서류 및 환어음의 제시에 대하여 당해 환어음을 인수한 후 만기에 지급하도록 수권된 은행을 말하며, 인수은행이 자신 앞으로 발행된 환어음을 인수하면 당해 어음의 만기일에 반드시 그 대금을 지급하여야 할 의무를 부담하게 되는 바, 환어음의 만기일이 되면 인수은행은 곧 지급은행이 된다. 수익자가 선지급을 요청하는 경우 신용장 개설은행이 예치환거래은행(주로, 통지은행)으로부터 인수편의(Acceptance Facility, Usance 기간 동안의 신용공여)를 받을 때 이용된다(통상, 인수와 동시에 할인).

⑪ 상환은행(Reimbursing Bank)

개설은행을 대신하여 신용장 대금의 상환업무를 수행하는 은행을 말하며 개설은행은 신용장을 발행함과 동시에 해당 상환은행에게 '매입은행으로부터 환어음에 의해 자금이 청구되면 지급해 주라'는 상환수권(授權)(R/A ; Reimbursement Authorization) 통지를 해야 한다.

* 증액 조건변경의 경우에는 증액된 금액에 대해 추가로 상환수권해야 함

상환은행은 개설은행의 본지점이나 예치환거래은행 중에서 지정되며, 상환은행의 상환업무에 관해서는 신용장통일규칙 이외에도 ICC가 제정한 은행 간 신용장 대금상환에 관한 통일규칙(URR 725 : The Uniform Rules for Bank-to-Bank Reimbursements under Documentary Credits, ICC Publication No.725)을 적용 받는다(신용장에 준거문언을 명시해야 함).

Processing a reimbursement claim : A reimbursing bank shall have a maximum of three banking days following the day of receipt of the reimbursement claim to process the claim.

상환은행은(매입은행의) 상환청구를 받은 날로부터 최대 3영업일 이내에 해당 청구를 (상환)처리해야 한다.

A reimbursement bank assume no liability or responsibility if it honours a reimbursement claim indicating that a payment, acceptance or negotiation was made under reserve or against an indemnity, and shall disregard such indication.

상환은행은(매입은행 등이) 해당 지급, 인수, 매입이 유보조건(Under Reserve) 또는 손해보상조건(Against an Indemnity)으로 이행되었다는 것을 명시한 상환청구에 대해 결제한 경우에도 아무런 책임이나 부담을 지지 않으며, 그러한 명시내용은 무시한다.

신용장 개설절차

개설신청인이 개설은행과 여신거래약정 및 외국환거래 약정을 체결한 뒤, 개별 계약서로서 지급보증거래약정서, 양도담보 계약서, 신용장 개설 신청서와 개설신청의 근거가 되는 원인서류(Offer Sheet, 계약서 등)를 제출한다. 신용장 개설은 조건부 지급확약에 의한 미확정 우발채무가 발생하는 여신행위이므로, 은행은 개설의뢰인의 신용등급과 담보 등을 고려하여 여신등급을 결정한 후, 여신전결기준에 따라 신용장개설한도를 설정한다.

 * 양도담보계약 : 지급보증서인 신용장의 발행 시 채권보전을 위해 수입물품을 담보로 취득하는 계약임

수입하고자 하는 물품이 수출입공고, 통합공고, 전략물자 수출입고 시 등에 의해 수입이 제한되거나 사전승인이 요구되는 경우에는 개설신청인(수입자)으로 하여금 각각 필요한 조치를 취하도록 해야 한다. 또한, 은행은 개설신청인의 수입상 자격을 검토하기 위하여 신규 외환거래처와 거래약정 시 무역업 고유번호증을 제출받아 확인한다.

취소불능화환신용장발행신청서
(APPLICATION FOR IRREVOCABLE DOCUMENTARY CREDIT)
(Reopen 구분 : □ 1차발행 □ 2차발행)

To : XXX BANK   1. DATE:

※ Advising Bank

※ 2. Credit No.   (BIC CODE :

3. Applicant :   용도구분 :   (예시 : NS,ES,NU등)

4. Beneficiary :

5. Amount :   통화   금액   (Tolerance :   /   )

6. Expiry Date :

8. Tenor of Draft   7. Latest date of shipment :

                             □At Sight (□Reimburse   □Remittance)

9. For   %   □Usance   days

                             of the invoice   value (Usance L/C only : □ Banker's   □ Shipper's   □ Domestic)

DOCUMENTS REQUIRED (46A :)

10. □ Full set of clean on board ocean bills of lading made out to the order of XXX BANK

    "Freight_____and   notify   (□Accountee, □Other :

    Air Waybills   consigned to XXX BANK marked "Freight _____ and "notify Accountee"

11. □ Insurance Policy   or certificate in duplicate endorsed in blank for 110% of the invoice value,   stipulating that claims are payble in the

    currency of the draft and also   indicating a claim setting agent in Korea. Insurance must include :

    the institute Cargo Clause

12. □ Signed   commercial invoice in   13. □ Certificate of analysis in
14. □ Packing list in   15. □ Certificate of weight in
16. □ Certificate of origirn in   issued by
17. □ Inspection certificate in   issued by
18. □ Other documents(if any)
19. Description of goods and/or services(45A :)   (Price Term   )

Commodity Description	Quantity	Unit Price	Amount
(H,S CODE :)			
Country of Origin		Total	

20. Shipment From   Shipment To :
21. Partial Shipment :   □Allowed   □Prohibited   22. Transhipment :   □Allowed   □Prohibited
23. Confirmation   □
Confirmation   charges   □Beneficiary,   □Applicant
24. Transfer :   □Allowed(Transfering Bank   )
25. Documents   must be presented within   days after the date of shipment of B/L or   other transportation documents.

Additional Conditions(47A :)

□All banking   charges(including postage, advising and payment commission, negotiation and   reimbursement commission) outside Korea are

for account of   □Beneficiary   □Applicant
□Stale B/L AWB   acceptable   □Charter Party B/L is acceptable   □Third   party B/L acceptable
□Third party document acceptable   □Combined shipment B/L is acceptable
□T/T Reimbursement :   □Allowed   □Prohibited
□Bils of lading   should be issued by _____
□(House) Air Waybills should be issued by _____
□(   ) % More or   less in quantity and amount to be acceptable
□The number of   this credit must be indicated in all documents
□Other conditions :
※ Drawee Bank (42A) :
※ Reimbursement Bank(53A) :

Except so far as   otherwise expressly stated, This Documentary credit is subject to the Uniform   Customs and Practice for Documentary Credits

(Latest Revision) International   Chamber of Commerce Publication No. 600

위와같이 신용장 발행을 신청함에 있어서 따로 제출한 외국환거래약정서의 해당 조항을 따를 것을   확약하며, 아울러 위 수입물품에 관한 모든 권리를 귀행에 양도하

겠습니다.

		주 소		인감 및 원본확인
		신 청 인 (인)		

PART 01

신용장 발행신청서 작성

신용장 발행신청서(Application for Irrevocable Documentary Credit)는 수입상인 개설신청인이 신용장 개설 신청 시 작성하는 서류로서 신용장의 제 조건을 기재하는 중요한 문서인 바, 대체적으로 국제상업회의소에서 권고하는 표준양식을 사용하며 신청서의 주요내용은 다음과 같다.

① 개설용도
일반 내수용(N), 수출용 원자재(E), 가공무역(B), 기타 외화획득용(S), 중계무역(R), 정부(G), 군납용(A), 특수거래(X)

② 통지은행
개설신청인으로부터(수출자가 알려준) 통지은행의 SWIFT Code를 기재하며, SWIFT Code를 모르는 경우에는 은행명, 지점명, 국가, 주소를 기재한다. 특별히 요청되지 않은 경우에는 Any Bank를 선택하며, 이런 경우에는 개설은행 임의로 통지은행을 선정한다.

③ 양도(Transfer) 가능 여부
Transferable(양도 가능)로 지정해야만 양도 가능하며, 아무런 표시가 없으면 양도 불가하다. 양도 가능으로 지정하면 SWIFT Message MT700의 40A항목에 Irrevocable, Transferable이라고 표시된다.

④ 유효기일 및 서류제시 장소(Date and Place of Expiry)
신용장 유효기일은 서류가 매입, 지급, 인수를 위해 지정된 은행에 제시 되어야 하는 최종일을 말하며, 최종선적일의 약 10일 후쯤으로 정하는 것이 일반적 관례이다. 유효기일 해당일이 은행의 휴업일인 경우에는 다음 영업일까지 자동연장 된다(이런 경우, 매입은행은 동 사실을 선적서류를 개설은행 앞으로 송부할 때 작성하는 Covering Letter 상에 기재하여야 함). 서류제시 장소는 일반적으로 수출자의 국가(in the Beneficiary Country)로 한다. 신용장 유효기일이 은행의 휴업일과 겹치면 신용장의 유효기일은 자동연장 되지만 선적기일은 자동으로 연장되지 않는다.

Article 29(a) If the expiry date of a credit or the last day for presentation falls on a day when the bank(to which presentation is to be made) is closed for reasons other than those referred to in article 36, the expiry date or the last day for presentation, as the case may be, will be extended to the first following banking day.

Article 36(Force Majeure, 불가항력) : A bank assumes no liability or responsibility for the consequences arising out of the interruption of its business by Acts of God, riots, civil commotions, insurrections, wars, acts of terrorism, or by any strikes or lockouts or any other causes beyond its control. A bank will not, upon resumption of its business, honour or negotiate under a credit that expired during such interruption of its business(불가항력에 의해 영업을 못하는 동안 신용장의 유효기일이 경과한 경우 유효기일을 연장해 주는 것이 아니라 그러한 손실에 대한 어떠한 책임도 부담하지 않는다).

b. If presentation is made on the first following banking day, a nominated bank must provide the issuing bank or confirming bank with a statement on its <u>covering schedule(= Covering Letter)</u> that the presentation was made within the time limits extended in accordance with sub-article 29(a).

c. The latest date for shipment will not be extended as a result of sub-article 29(a).

⑤ 개설의뢰인(Applicant)

수입자의 성명을 기재하며, 수입대행계약에 의한 수입인 경우에는 수입대행인을 기재한다.

> * 수입대행계약에 의한 경우, 신용장개설은 실수요자 명의로 신청하되 수입신용장 발행신청서상의 Applicant 란에만 수입대행인을 기재함

⑥ 수출자(Beneficiary)

신용장의 신속하고 정확한 통지를 위해 수출자의 성명, 상호, 주소, 전화번호 등을 기재한다.

⑦ 신용장 금액

상품명세의 금액과 반드시 일치시켜야 하며, 과부족을 허용하는 경우에는 과부족의 상하한 허용편차(+/−, more or less)를 기재한다.

⑧ 신용장의 이용방법 및 지정은행

- Available with : 특정은행을 지정하거나, any bank로 표시
- 이용방법 : By Negotiation(매입신용장), By Sight Payment(지급신용장), By Deferred Payment(연지급신용장), By Acceptance(인수신용장)

⑨ 환어음의 기간(Draft Tenor)에 관한 사항

일람불 신용장은 At Sight로 표시하며 송금방식과 상환방식을 구분하여 표시한다. 기한부 신용장(Usance L/C)은 ( )days after Sight(일람 후 정기출급), ( )days after B/L date(일자 후 정기출급)과 같은 형식으로 표시하며, 수출자가 신용을 공여하면 Shipper's Usance, 해외(Overseas)은행이 신용을 공여하면 Banker's Usance, 국내은행이 신용을 공여하면 Domestic Usance라 한다.

Domestic Usance와 Shipper's Usance인 경우에는 송금방식 또는 상환방식 여부를 표시하고, Banker's Usance인 경우에는 인수 및 할인수수료(A/D Charge ; Acceptance Commission & Discount Charge)의 선급 또는 후급 여부를 표시한다.

Usance 기간 동안의 신용공여(= 자금제공)

Banker's Usance인 경우, 개설은행은 신용장의 Special Conditions 항목을 통해 매입은행으로 하여금 수출자에게 at sight로 대금을 지급하라고 지시하므로, Usance 기간 동안 은행(Banker)이 수입자에게 자금을 제공해야 하는 상황이 된다. 이때, 해외 환거래은행이 자금을 제공하면(Overseas) Banker's Usance가 되고, 국내은행이 자금을 제공하면 Domestic Usance가 된다.

자금을 제공하면서 수입상으로부터 이자를 받기 때문에 이것 또한 은행의 수익원이 되며, 개설은행의 입장에서는 가능하면 자신의 자금을 이용하게 하는 것이 좋다. 그러나 해외은행이 수입상에게 경쟁력 있는 금리로 자금을 제공하기로 했거나(이러한 경우에는 수입상이 자금을 제공할 은행을 지정할 것임), 국내은행들이 외화조달을 필요로 하는 경우에는 해외은행에 신용을 공여해 달라고 요청하게 된다.

⑩ Drawee

신용장 결제방식에서는 신용장발행은행(L/C 개설은행)이 환어음의 지급인이 된다.

A credit must not be issued available by a draft drawn on the applicant.
개설의뢰인을 지급인으로 하는 환어음에 의하여 이용가능 하도록 개설되어서는 안 된다.

송금방식(Remittance Base), 상환방식(Reimbursement Base)

수출환어음 매입은행(Nego은행)이 선적서류와 환어음을 신용장 개설은행으로 보내면서 수출환어음 매입대금인 환어음 금액을 수령할 계좌를 알려주고 개설은행은 매입은행이 지정한 계좌로 송금하여 결제하는 방식을 송금방식이라 하며, 개설은행의 입장에서는 선적서류 등을 먼저 확인한 후 대금을 송금해 주게 되므로 매입은행의 부당한 청구를 방지할 수 있다. Drawee (어음 지급인)는 개설은행이 되며, 개설은행은 신용장에 다음과 같이 표시한다.

'Upon receipt of documents in compliance with the terms of the credit, we will remit the proceeds as per your instructions.'

상환방식은 매입은행이 선적서류를 개설은행으로 송부함과 동시에 개설은행이 지정한 상환은행 (Reimbursement Bank) 앞으로 환어음을 보내 수출대금을 청구하는 결제방식이다. 개설은행의 입장에서는 선적서류 등을 확인하기도 전에 상환은행에 개설된 자신의 계좌에서 자금이 인출된다는 부담이 있으므로 개설은행이 청구은행(Claiming Bank)을 신뢰하는 경우에 이용되는 방식이다. 따라서, 추후 선적서류 검토결과 부도를 통보해야 되는 경우에 이미 빠져나간 자금의 Refund가 용이치 않은(신용도가 떨어지는 베트남, 인도, 인도네시아, 방글라데시, 캄보디아, 아프리카, 중남미, 중동 등) 국가에 소재하는 은행 앞으로의 신용장 개설은 일반적으로 송금방식을 선택한다. 또한, Usance기간 동안의 신용공여를 해외환거래은행의 B/A(Banker's Acceptance) Line을 이용해야 하는 경우 B/A Line을 제공하는 해외환거래은행을 상환은행으로 지정하여 운영하게 된다. Drawee는 개설은행으로부터 상환은행으로 지정된 예치환거래은행이 되며, 개설은행은 신용장에 다음과 같이 표시한다.

Please claim reimbursement by forwarding beneficiary's sight draft to the reimbursement bank(단, "T/T reimbursement claim is allowed"라 하여 전신 상환신청이 허락된 경우에는 환어음을 보내는 대신에 SWIFT message를 보내 청구할 수 있음).

* '은행 간 대금상환에 관한 통일규칙'에 의하면 전신상환을 금지하지 않는 한 전신상환 청구가 가능하도록 되어 있는 바, 전신상환을 금지하고자 하는 경우에는 신용장에 "T/T reim. is not allowed"라고 표시해야 함

⑪ 분할선적(Partial Shipment)

신용장에서 요구하는 상품을 2회 이상 나누어 선적하는 것을 말하며, 신용장에서 금지하지 않는 한 분할선적이 허용되므로 분할선적을 금지하고자 하는 경우에는 반드시 "Not allowed"를 선택한다.

⑫ 환적(Transhipment)

환적은 신용장에 명시된 선적항으로부터 도착항까지 운송하는 도중에 한 운송수단에서 다른 운송수단으로 상품을 다시 적재하는 것이며, 환적을 하게되면 물품이 파손되는 등의 위험이 따르므로 가능하면 환적을 금지하는 것이 바람직하지만, 목적항까지 직항선이 없는 경우이거나 복합운송 형태인 경우에는 허용한다. 환적에 관한 언급이 없는 경우에는 환적을 금지하는 것으로 해석한다.

⑬ 물품 수령 장소(Place of Receipt) 및 물품 인도 장소(Place of Delivery)

복합운송 및 기타의 경우에만 기재한다.

⑭ 선적항(Port of Loading) 및 도착항(Port of Discharge)

특정 항구를 지정하지 않고 수출국의 항구를 포괄적으로 인정하는 경우에는 'from Korean port(s)'처럼 표기한다. 통상, 분할선적을 금지하는 경우에는 단수를 사용하고, 분할선적을 허용하는 경우에는 복수를 사용한다.

둘 이상의 선적항 또는 도착항 중에서 하나를 선택하는 조건인 경우에는 'from A or B port', 'to A or B'와 같이 표기한다.

⑮ 선적기일(Latest Shipment Date)

물품이 선적되어야 하는 최종일이며 신용장의 유효기일 이내로 정해져야 한다. 선적기일을 별도로 명시하지 않은 경우에는 신용장의 유효기일을 선적기일로 간주한다. 선적기일은 신용장 유효기일과 달리 은행의 휴업일에 의한 자동연장이 적용되지 않는다.

⑯ 상품명세(Description of Goods/Services)

HS Code(상품 품목코드), 품명, 수량, 단가 등을 기재하고 합계금액과 환어음 발행금액의 일치 여부를 확인한다. 원산지 및 가격조건을 표시하며, 가격조건에 붙여서 매도인의 '운임부담 종료지점'을 표시한다(예 FOB New York).

과도한 상품명세를 기재하려 하는 경우에는 이를 적극 억제하고 대표적 상품만 언급하도록 하며, 자세한 내용은 다음과 같이 기재한다.

'Details are as per offer sheet No.xxx dated xxx issued by xxx co., Ltd.'

⑰ 수수료 부담

일반적으로 수출자가 부담하며, 신용장에서는 다음과 같이 표시된다.

'All banking charges including reimbursement charges and postage outside Korea are for account of beneficiary.'

⑱ 서류 제시기간

선적을 마치고 서류를 제시해야 하는 기간을 표시하는 것으로(UCP 600, 제19~25조에서 언급한) 운송서류의 원본을 1통 이상 요구하는 신용장에는 서류를 제시하여야 할 선적일 이후의 일정기간을 명시하여야 한다. 별도로 명시하지 않으면 선적일자 후 21일 이내에 제시되어야 하는 것으로 본다. 그러나 어떠한 경우에도 신용장의 유효기일 이내이어야 한다.

A presentation including <u>one or more original</u> transport documents subject to articles 19, 20, 21, 22, 23, 24 or 25 must be made by or on behalf of the beneficiary not later than 21 calendar days after the date of shipment as described in these rules, but in any event not later than the expiry date of the credit.

Documents to be presented within (   )days after the date of shipment, but in any event, within the validity of the credit.

　* Stale B/L(기간경과 선하증권) : 선적일자 후 21일이 경과되어 은행에 제시된 B/L

⑲ 확인(Confirmation)

개설은행의 신용장에 신뢰도가 높은 은행의 지급확약을 추가하는 것으로서 개설은행의 입장에서 볼 때는 바람직한(기분 좋은) 방법이 아니므로 대부분 without을 선택하게 되며 확인에 따른 수수료는 Beneficiary가 부담하는 것이 일반적이다.

⑳ 서류 요구조건(Documents Required)

　가. 운송서류 관련 사항
　　• 선하증권의 경우 전통(Full Set) 발행을 원칙으로 하며, 수하인은 개설은행을 지정함을 원칙으로 한다(Full set of clean on board ocean bill made out to the order of 개설은행).
　　• 가격조건이 운임 후불조건(FOB, FCA, FAS 등)인 경우에는 Freight Collect에 표시하고, 운임 포함가격 조건(CIF, CIP 등)인 경우에는 Freight Prepaid에 표시한다.
　　• 통지처(Notify)는 개설의뢰인을 기재한다(별도의 요청이 있으면 그에 따름).

PART 01

나. 보험서류 관련 사항

보험가입 책임이 수출자에게 있는 경우에는(예) CIF 거래조건 등) 필수적으로 표시되어야 하는 항목이다.

- 보험금액은 신용장 개설 인정금액(= 표면금액 + more or less 조항에 의한 초과금액)의 110% 이상이어야 한다.
- 보험금의 수령인은 개설은행으로 지정한다.
- 보험 가입일자는 선적일자와 같거나 그 이전 일자이어야 한다.
- 표시통화는 신용장 표시통화와 같아야 하며, 보험금 지급장소는 개설은행 소재국으로 지정한다.
- 보험조건은 The Institute Cargo Clause(ICC, 런던 보험자 협회의 협회 적하 약관) 문구 옆에 표시하며, 전손부담(A로 표시) 조건 이상으로 부보하는 것이 일반적이다(즉, ICC(A)+α).

다. 상업송장

라. 기타 서류

포장명세서, 원산지증명서, 검사증명서, 분석증명서 등

㉑ 부가조건(Additional Conditions)

부가조건은 SWIFT Message의 47A Field에 표시되는 항목으로서 수입자가 지시 또는 요구하는 특수사항들을 기재하며 신용장의 일반 조건들과 상호 모순되지 않아야 하며, 개설은행의 입장에서 볼 때 채권보전을 저해할 조항들이 포함되지 않도록 주의하여야 한다.

47A Field에는 대체로 All documents must bear our L/C number라든가 T/T reim. claim is prohibited와 같은 내용들이 포함된다.

금지되어야 할 부가조건 유형

- 신용장 통일규칙에 저촉될 소지가 있는 문구 등
  Payment of drafts drawn hereunder will be made only after the realization of the re-export process program(지급보증에 다른 조건을 달아서는 안 됨).

- 개설은행의 채권보전을 저해할 문구 등
  All discrepancies are acceptable.

03 | 신용장 발행(Issuing L/C)

신용장은 수입자(개설신청인)의 요청에 의해 수입자의 거래은행이 발행하며 이러한 신용장은 SWIFT(Society Worldwide Inter-bank Financial Telecommunication)라는 금융통신망을 이용하여 통지은행에게 거의 실시간으로 송신된다.

SWIFT는 종래의 Telex를 대체하는 것으로서 표준화된 전문내용을 각 회원은행의 전산망에 연결하여 업무를 자동화할 수 있을 뿐 아니라 Log-in Key 및 Select Key 등에 의한 보안장치와 전문내용의 진정성을 확인해 주는 암호인 SAK(SWIFT Authenticated Key)나 BKE(Bilateral Key Exchange)에 의해 안정성이 보장된 통신수단이다.

　* SWIFT 전문은 각 Field(Tag)별로 Field Name이 정해져 있어서 해당 Field에는 거기에 상응하는 내용이 표시되는 방식으로 표준화되어 있음(예 '50'에는 Applicant, '47A'에는 Special Conditions)

SWIFT에 의한 신용장 개설은 MT(Message Type) 700 또는 MT 701을 사용하는데 MT 700은 신용장 개설을 위한 SWIFT Message의 기본 Format이며, MT 701은 서류명세 및 물품명세 등의 내용이 많아 기본 Format인 MT 700으로 부족할 경우에 사용하게 된다.

━━━━━○ 통지은행의 선정

통지은행은 수출상이 거래하는 은행으로 지정하는 게 일반적이며(이러한 경우, 수출상으로부터 거래은행의 SWIFT Code를 통보받음) 그렇지 않은 경우에는 개설은행이 자신의 해외지점이나 해외환거래은행 중에서 임의로 선정하게 된다.

━━━━━○ 상환은행에 대한 상환授權(Reimbursement Authorization)

송금방식 신용장과는 달리 상환방식 신용장을 개설하는 경우에는 신용장 개설과 동시에 상환은행에 상환수권을 하여야 한다. 신용장금액을 증액하는 조건변경을 하는 경우에도 해당 신용장이 상환방식으로 개설되었다면 증액된 금액에 대해서도 반드시 상환수권을 해야 한다.

■ Bank-to-Bank Reimbursement Arrangements(은행 간 대금상환 약정)

If a credit states that reimbursement is to be obtained by a nominated bank("claiming bank") claiming on another party("reimbursing bank"), the credit must state if the reimbursement is subject to the ICC rules for bank-to-bank reimbursements in effect on the date of issuance of the credit. (Claiming Bank = Negotiating Bank)

상환방식의 신용장에는 ICC의 URR 725(The Uniform Rules for Bank-to-bank Reimbursement under Doumentray Credit, ICC Publication No. 725)가 적용됨을 표시한다.

If a credit does not state that reimbursement is subject to the ICC rules for bank-to-bank reimbursements, the following apply :

만약, 신용장상에 URR 725의 적용을 받는다는 언급을 안했다면 URR 725 대신에 다음의 내용이 적용된다.

i. An issuing bank must provide a reimbursing bank with a reimbursement authorization that conforms with the availability stated in the credit. The reimbursement authorization should not be subject to an expiry date.

신용장에서 언급한 내용대로(결제가) 이행될 수 있도록 상환수권 해야 하며, 상환수권은 유효기일의 적용을 받지 않는다(신용장 유효기일이 경과 후 발생할 수도 있는 부당한 상환청구를 방지하고자 하는 경우, 개설은행은 동 상환수권을 취소하는 방식을 취해야 함).

ii. A claiming bank shall not be required to supply a reimbursing bank with a certificate of compliance with the terms and conditions of the credit.

상환은행은 청구은행에게(자금 상환을 신청할 때, 해당 신청이) 신용장의 조건에 일치된다는 것을 뒷받침하는 증명서를 요구해서는 안 된다.

iii. An issuing bank will be responsible for any loss of interest, together with any expenses incurred, if reimbursement is not provided on first demand by a reimbursing bank in accordance with the terms and conditions of the credit.

(청구은행으로부터의 상환신청에) 상환은행이 상환을 이행하지 못하게 되는 경우(예금잔액이 부족하거나 상환수권을 안 주어서, 또는 법의 제한 등에 의해)에는 그에 따른 이자와 비용을 개설은행이 책임져야 한다.

iv. A reimbursing bank's charges are for the account of the issuing bank. However, if the charges are for the account of the beneficiary, it is the responsibility of an issuing bank to so indicate in the credit and in the reimbursement authorization. If a reimbursing bank's charges are for the account of the beneficiary, they shall be deducted from the amount due to a claiming bank when reimbursement is made. If no reimbursement is made, the reimbursing bank's charges remain the obligation of the issuing bank.

상환은행의(상환업무와 관련하여 발생하는) 비용은 개설은행 부담이다. 만약, 수익자가 비용을 부담해야 한다면 상환수권 시 동 내용을 상환은행에 알려주어야 하며, 상환은행은 해당 금액을 상환금액에서 차감한 후 수익자에게 지급한다. 상환이 이루어지지 않은 상태에서 발생한 비용도 개설은행이 책임진다.

04 | 통지은행에 의한 신용장 통지

통지은행의 선정은 개설은행의 선택에 의해 결정되나 통지를 요청받은 은행의 통지여부는 통지은행의 권한에 속한다. 따라서 신용장을 통지하지 않기로 결정한 경우에는 그 뜻을 지체없이 개설은행에 통보하여야 하며 신용장을 통지하기로 결정한 경우에는 '상당한 주의를 기울여서(with Reasonable Care) 신용장의 외견상 진정성(Apparent Authenticity)을 확인한 후, 개설은행으로부터 위임받은 대로 신용장을 신속하게 수익자에게 전달하여야 한다. 통지은행은 신용장의 통지 과정에서 발생할 수도 있는 지연, 훼손, 기타 오류에 대하여 책임을 지지 않으며, 기술적 용어의 해석오류에 대해서도 책임을 지지 않는다. 신용장상의 조건들에 대해서도 번역하지 않고 그대로 전달한다.

A bank assumes no liability or responsibility for errors in translation or interpretation of technical terms and may transmit credit terms without translating them.

추후 신용장의 조건변경(취소)도 통지은행을 통해 이루어지며 수익자가 조건변경(취소)에 대해 동의하지 않을 경우에는 개설은행에 그 내용을 즉시 통지해야 하고, 신용장의 취소에 관해 수익자가 동의할 때는 동의서를 징구함과 동시에 신용장 원본을 회수하여 개설은행의 지시에 따른다.

A credit and any amendment may be advised to a beneficiary through an advising bank. An advising bank(that is not a confirming bank) advises the credit and any amendment without any undertaking to honour or negotiate.

By advising the credit or amendment, the advising bank signifies that it has satisfied itself as to the apparent authenticity of the credit or amendment and that the advice accurately reflects the terms and conditions of the credit or amendment received.

A bank utilizing the services of an advising bank or second advising bank to advise a credit must use the same bank to advise any amendment thereto.

If a bank is requested to advise a credit or amendment but elects not to do so, it must so inform, without delay, the bank from which the credit, amendment or advice has been received.

If a bank is requested to advise a credit or amendment but cannot satisfy itself as to the apparent authenticity of the credit, the amendment or the advice, it must so inform, without delay, the bank from which the instructions appear to have been received. If the advising bank or second advising bank elects nonetheless to advise the credit or amendment, it must inform the beneficiary or second advising bank that it has not been able to satisfy itself as to the apparent authenticity of the credit, the amendment or the advice.

신용장 통지나 조건변경 통지를 요청받은 은행이 해당 신용장이나 조건변경의 외관상 진정성에 대해 만족할 수 없었다면 그 지시를 송부한 은행에 동 사실을 지체없이 알려야 하며, 외관상 진정성에 만족할 수 없음에도 불구하고 통지하기로 한 경우에는 수익자나 제2통지은행에 동 사실을 알려야 한다.

Except as otherwise provided by article 38, a credit can neither be amended nor cancelled without the agreement of the issuing bank, the confirming bank, if any, and the beneficiary.

신용장은 개설은행, (확인은행이 있을 경우) 확인은행, 수익자(전원)의 동의없이는 취소되거나 변경될 수 없다.

An issuing bank is irrevocably bound by an amendment as of the time it issues the amendment. A confirming bank <u>may</u> extend its confirmation to an amendment and will be irrevocably bound as of the time it advises the amendment. A confirming bank may, however, <u>choose to advise an amendment without extending its confirmation</u> and, if so, it must inform the issuing bank without delay and inform the beneficiary in its advice.

개설은행은 조건변경서를 발행한 시점부터 조건변경 내용에 구속된다. 확인은행은 조건변경에도 확인을 할 수 있으나 조건변경에는 확인을 하지 않을 수도 있으며, 그러한 경우에는 개설은행 및 수익자에게 동 사실을 알려야 한다.

The terms and conditions of the original credit(or a credit incorporating previously accepted amendments) will remain in force for the beneficiary until the beneficiary communicates its acceptance of the amendment to the bank that advised such amendment. The beneficiary should give notification of acceptance or rejection of an amendment.

If the beneficiary fails to give such notification, a presentation that complies with the credit and to any not yet accepted amendment will be deemed to be notification of acceptance by the beneficiary of such amendment. As of that moment the credit will be amended.

수익자는 조건변경에 대해 동의할 것인지 거부할 것인지 통지하여야 하며, 통지가 이루어지기 까지는 종전 신용장 조건이 유효하다. 만약 통지를 하지 않은 상태에서 조건변경 내용에 부합하는 제시를 한 경우에는 조건변경에 동의하여 수락통지를 한 것으로 간주된다.

A bank that advises an amendment should inform the bank from which it received the amendment of any notification of acceptance or rejection. Partial acceptance of an amendment is not allowed and will be deemed to be notification of rejection of the amendment.

조건변경의 부분적 수락은 허용되지 않고 조건변경에 대한 거절통지로 간주된다.

A provision in an amendment to the effect that the amendment shall enter into force unless rejected by the beneficiary within a certain time shall be disregarded.

만약 수익자가 특정기한 이내에 거절의사를 표시하지 않으면 조건변경 내용이 효력을 발휘하게 된다는 취지(to the effect)의 조항이 조건변경서에 포함된 경우 그 조항은 무시된다.

05 | 신용장 확인(Confirmation)

●━━○ 신용장 확인(Confirmation)

신용장의 확인(Confirmation)이란 개설은행의 취소불능신용장에 대하여, 개설은행의 요청 및 수권에 따라, 개설은행의 지급확약에 부가하여 별도로 지급, 연지급, 인수, 매입을 확약하는 것을 말하며, 확인은행은 신용장 대금지급에 대한 독립적 채무를 지게 된다. 따라서 확인은행은 신용장에서 명시한 서류들이 신용장의 조건 및 신용장통일규칙 등의 적용 가능한 규칙에 일치하여 제시되었을 때는 상환청구권 없이(without Recourse) 매입하거나 지급할 책임이 있다.

개설은행으로부터 '확인'을 요청받은 은행은 요청은행의 신용도 등을 고려하여 확인 여부를 결정하게 되며, 만약 확인요청을 거절하기로 결정한 경우에는 신용장상에 'without our Confirmation'이라는 표시를 하여 통지하고, 개설은행에는 확인 없이 통지하였음을 알려야 한다. 확인을 부가한 경우에는 신용장상에 'Confirmed'라는 표시를 하고 매입을 확인은행으로 제한(Negotiation under this credit is restricted to '확인은행')하여 통지하게 된다.

If a bank is authorized or requested by the issuing bank to confirm a credit but is not prepared to do so, it must inform the issuing bank without delay and may advise the credit without confirmation.

●━━○ 신용장의 양도(Transfer)

신용장의 양도는, 신용장의 수익자가 신용장 사용권의 전부 또는 일부를 제3자에게 양도하는 것을 말하며,

- 수출물품을 보유하고 있지 아니한 자가 신용장을 수취한 후 계약상품을 생산자로부터 구입하여 선적하는 대신 당해 물품 생산자로 하여금 직접 선적케 하거나, 다종의 물품을 수출하는 자가 수취한 신용장을 각 물품의 실공급자들에게 일부씩 양도하는 경우

– 글로벌기업이 해외물품공급을 위하여 각 나라에 있는 대리인을 수익자로 하여 양도가능 신용장을 개설해 주고, 각 대리인은 자신들이 소재한 국가에 소재하는 공급처를 찾아 양도차익 없이 신용장을 양도하는 경우와

– 중계무역상이 양도차익 취득을 목적으로 양도하는 경우로 대별할 수 있다.

① 양도의 요건

신용장상에 'Transferable' 이라는 문구가 명시되어 있어야 한다(다른 유사한 용어는 인정되지 않음).

양도신용장을 발행할 수 있는 양도은행은 지급, 연지급, 인수, 매입을 수권 받은 지정은행과 개설은행이다(지정된 은행이 양도업무를 반드시 수행해야 할 의무가 있는 것은 아님). 모든 은행에서 이용 가능한 신용장 (L/C available with any bank)인 경우에는 개설은행만이 양도를 할 수 있다.

분할선적 또는 분할청구가 허용되는 경우에는 둘 이상의 제2수익자에게 분할양도 될 수 있으며, 양도된 '양도신용장(Transferred L/C)' 은 원수익자에게 재양도 하는 경우를 제외하고는 다시 양도될 수 없다.

분할선적이 금지되었거나, 무역금융이 취급된 신용장은 양도할 수 없다.

양도신용장을 발행한 양도은행은 동 사실은 원신용장 뒷면에 기재하여야 하며, 신용장 개설은행 앞으로도 그 주요내용을 통보해 주어야 한다.

② 양도통지서(Advice of Total/Partial Transfer) 또는 양도신용장의 발행

국내에서 양도가 이루어지는 '국내양도' 와 신용장 조건의 변경이 없는 '단순양도' 의 경우에는 양도은행이 '양도통지서' 를 발행하여 제2수익자에게 교부한다. '국외양도' 및 '조건변경부 양도' 인 경우에는 제2수익자 앞으로 별도의 '양도신용장(Transferred L/C)' 을 발행한다.

양도은행은 제2수익자에게 직접적인 결제의무를 부담하지 않고 원신용장의 개설은행으로부터 결제가 이루어진 경우에만 양도신용장에 대한 지급책임을 지지만, 원신용장에 명시된 조건을 변경하여 양도하는 '조건변경부 양도' 인 경우에는 제2수익자에 대해 독립된 지급책임을 부담하여야 한다. 다만, 양도차익을 수취해야 하는 중계무역을 고려하여 다음의 항목에 대한 조건변경부 양도인 경우에는 독립된 지급책임을 부담하지 않고 변경할 수 있다.

- 신용장 금액 및 신용장에 명기된 단가의 감액
- 신용장 유효기일, 서류제시기간, 선적기일의 단축

- 부보비율의 증가 : 신용장 금액을 감액하여 양도한 경우에는 원신용장에서 요구되는 부보금액에 맞추기 위해 부보비율을 높여야 함

- 신용장 개설의뢰인 명의 변경 : 원신용장 개설의뢰인을 제2수익자에게 노출시키는 경우 제1 수익자를 배제하고 직접 거래를 하게 될 우려가 있음

■ 제1수익자(원신용장의 수익자)의 권리와 의무

- 제1수익자는 제2수익자가 발행한 어음을 자신의 어음으로 교체할 수도 있고, 아니면 제2수익자가 발행에 어음에 추가하여 원신용장의 금액과 제2수익자가 발행한 어음과의 차액에 대해 어음을 발행할 수 있다(제1수익자가 10만불의 신용장을 제2수익자에게 9만불로 양도한 경우, 제1수익자는 환어음을 10만불로 발행하여 대체하거나 차액인 1만불에 대해서만 환어음을 추가 발행할 수 있다).

- 향후 매입은행에 도래할 수도 있는 신용장 조건변경(Amend)을 제1수익자에게 통보할 것인지 제2수익자에게 통보할 것인지를 명확하게 지정해 주어야 한다. 신용장이 2명 이상의 제2수익자에게 양도되고, 그 신용장과 관련된 조건변경에 대하여 제2수익자는 해당 조건변경을 수락할 수도 있고 거절할 수도 있으며, 조건변경은 해당 조건변경을 수락한 제2수익자에게만 효력이 있다. 조건변경을 수락하지 제2수익자에게는 당초의 양도신용장 조건이 그대로 적용된다.

- 제1수익자의 송장 및 어음 교체권리는, 제2수익자로부터 서류를 제시받은 양도은행이 교체요구를 한 때 즉시 이행하여야 하며, 이에 응하지 않을 경우 양도은행은 제2수익자가 제시한 서류를 그대로 원신용장 개설은행에 인도할 권리를 갖는다.

※ 제1수익자의 교체권리를 보장하기 위해서, 양도신용장 하에서 작성된 서류 및 환어음은 반드시 양도은행 앞으로 제시되어야 함

■ 대금결제 관련 특별조항

양도은행이 독립된 지급책임을 부담하지 않는 '조건변경부 국외양도' 시 양도신용장에 다음과 같은 특별조항을 명기한다. 특히, 제2수익자로부터 제시된 서류에는 하자가 없었으나 제1수익자가 교체한 서류에 하자가 발견되는 경우 개설은행으로부터 결제를 거절당할 수도 있으므로 이러한 조항의 삽입이 필요하다.

The transferring bank will pay to the second beneficiary only when funds are received from the issuing bank.

대금의 양도(Assignment of Proceeds)

신용장의 수익자가 대금수령 권한을 제3자에게 양도하는 것으로서 신용장의 양도와 다른 개념이다. 대금의 양도는 신용장통일규칙 제38조(양도가능 신용장)의 영향을 받지 않고(Transferrable 기재여부와 무관) 대금양도가 일어나는 개별국가의 법률 등에 따른다. Forfaiting에서 수출상이 수출대금(채권)을 Forfaitor에게 양도하는 것이 대금양도의 좋은 예이다.

The fact that a credit is not stated to be transferable shall not affect the right of the beneficiary to assign any proceeds(to which it may be or may become entitled under the credit), in accordance with the provisions of applicable law. This article relates only to the assignment of proceeds and not to the assignment of the right to perform under the credit.

이 조항은 대금의 양도에만 관련되며 신용장과 관련하여 행사하는 권리의 양도와는 무관하다.

---

06 | 해상보험 계약(Contract for Marine Insurance)

거래조건을 FOB, FAS, CFR, CPT, EXW 조건으로 한 경우에는 보험계약을 수입상이 해야 하지만(이때 보험계약은 수입상이 필요하다고 느낄 경우 하게 되는 임의보험임), CIF(운임 및 보험료 포함) 및 CIP 조건으로 한 경우에는 수출상이 보험계약(판매가격에 이미 보험료를 포함하였으므로 이때의 보험계약은 반드시 해야 함)도 하고 보험료도 부담하여야 한다.

따라서 FOB 등의 계약조건으로 수입하고자 신용장 발행을 신청하면 보증서를 발행하는 개설은행은 자신의 채권보전을 위해 수입상으로 하여금 보험관련 서류를 제출토록 하며, CIF 등의 조건으로 수입하는 경우에는 수출상에게 보험계약을 하고 해당 보험관련 서류를 제시하도록 신용장에 명기하여야 한다.

부보위험(Coverage, 附保危險)

주요 보험용어

용 어	설 명
보험자	보험계약을 인수한 자로서 보험사고 발생 시 그 손해를 보상, 즉 보험금을 지급할 의무를 지는 자
보험계약자	보험계약의 청약자로서 보험료 지급의무, 중요사항의 고지의무 및 위험변경 증가 등의 통지업무 등을 부담하는 자
피보험자	피보험이익의 주체로서 보험사고의 발생으로 인하여 손해를 입은 경우 보상을 받을 권리를 갖는 자
보험가액	피보험이익의 평가액으로서 일정한 피보험이익에 대하여 발생할 수 있는 경제적 손해의 최고한도를 말하며, 일반적으로 상업송장가격의 110%가 국제상관례
보험료	보험자의 위험부담에 대해 보험계약자가 지급하는 보수
보험금	담보위험으로 피보험자가 입은 재산상의 손해에 대해 보험자가 지급하는 보상금
피보험이익	보험의 목적에 보험사고가 발생함으로써 피보험자에게 경제상의 손해를 입힐 우려가 있는 경우에 이러한 보험의 목적과 피보험자와의 이해관계를 말함
보험금액	실제로 보험에 가입한 금액을 말하며 보험자가 보험계약서상 부담하는 손해배상 책임의 최고한도액임

부보위험은 보험에 의해 Cover되는 즉 보험에 가입된 위험을 말하며 런던 보험자 협회의 협회 적하약관(ICC ; Institute Cargo Clauses)의 명칭으로 표시하는 것이 관례화되어 있다.

협회적하약관은 구약관(ICC 1963)과 신약관(ICC 2009)이 병행 사용되고 있는데, 구약관은 손해의 형태에 따라 보상하는 ICC(All Risks), ICC(WA), ICC(FPA), Institute Air Cargo Clauses(All Risks) 등이 있으며, 신약관은 약관상에서 열거한 위험에 의해 보상하며 ICC(A), ICC(B), ICC(C), ICC(Air) 등이 있다. 신약관과 구약관을 단순비교해서는 안 되지만 ICC(All Risks)는 ICC(A)와 거의 유사하고, W/A와 ICC(B)는 각각 FPA와 ICC(C)보다 부보범위가 넓다.

* W/A ; With Average(分損담보)
  Average ; 海損
  FPA ; Free from Particular Average(단독해손 不擔保)

- 물적 손해 = 전손(Total Loss) + 분손(Partial Loss, Partial Average)
- 전손 = 현실전손(Actual Total Loss) + 추정전손(Constructive Total Loss)
- 분손 = 단독해손(Particular Average) + 공동해손(General Average)

보험약관 담보조건

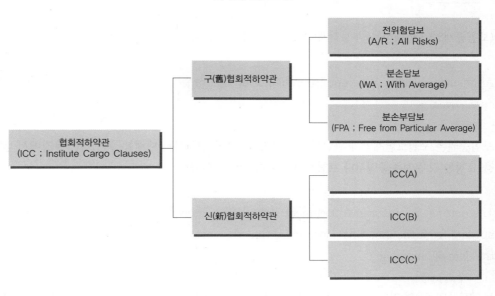

An insurance document, such as an insurance policy, an insurance certificate or a declaration under an open cover, must appear to be issued and <u>signed</u> by an insurance company, an underwriter or their agents or their proxies.

보험증권, 포괄보험계약과 관련한 증명서 또는 선언서와 같은 보험서류는 보험회사 및 보험인수업자 또는 그들의 대리인 및 수탁인이 발행하고 서명되어야 한다.

Any signature by an agent or proxy must indicate whether the agent or proxy has signed for(or on behalf of) the insurance company or underwriter.

대리인이나 수탁인에 의한 서명은 그것이 보험회사나 인수업자를 대신하여 서명하였다는 것을 표시하여야 한다(예 As an Agent for XXX Insurance Company).

When the insurance document indicates that it has been issued in more than one original, <u>all originals must be presented.</u>

보험서류는 원본 1부와 사본 1부가 발행되는 것이 국제 관행이며, 수익자가 제시한 보험서류에 원본이 2부 이상 발행되었다고 표시되어 있으면 원본 전통이 제시되어야 한다.

Cover notes will not be accepted.

(보험중개인이 발행하는) 부보각서(Cover Note)는 보험서류로 인정되지 않는다.

An insurance policy is acceptable in lieu of an insurance certificate or a declaration under an open cover.

보험증권은 포괄보험계약과 관련한 보험증명서나 보험선언서를 대체할 수 있다(신용장에서 보험증권을 요청한 경우 보증증명서나 보험선언서로 대체할 수 없다).

The date of the insurance document must be no later than the date of shipment, unless it appears(from the insurance document) that the cover is effective from a date not later than the date of shipment.

보험서류의 (발행)일자는 선적일 이전이어야 한다. 다만(보험서류의 일자가 선적일보다 늦더라도) 보험의 효력이 선적일 이전부터 발효한다는 표시가 있으면 수리가 가능하다.

The insurance document must indicate the amount of insurance coverage and be in the same currency as the credit.

보험서류에는 부보금액이 표시되어야 하고, 보험금액의 표시통화는 신용장 표시통화와 같아야 한다.

A requirement in the credit for insurance coverage to be for a percentage(of the value of the goods, of the invoice value or similar) is deemed to be the minimum amount of coverage required.

신용장에서 요청된 부보금액이 물품가액이나 송장금액(또는 송장금액과 유사한 금액)의 백분율(%)로 표시된다면, 그것은 부보되어야 할 최소한의 금액으로 간주된다(그 이상의 금액을 부보해도 됨).

If there is no indication in the credit of the insurance coverage required, the amount of insurance coverage must be at least 110% of the CIF or CIP value of the goods.

보험 부보범위에 관한 아무런 요구가 없으면 부보금액은 적어도 CIF 또는 CIP 금액의 110%가 되어야 한다.

When the CIF or CIP value cannot be determined from the documents, the amount of insurance coverage must be calculated on the basis of the amount for which honour or negotiation is requested or the gross value of the goods as shown on the invoice, whichever is greater.

서류로부터 CIF 또는 CIP 가격을 결정할 수 없는 때에는 매입(Nego) 요청된 금액 또는 상업송장상의 물품 총액 중 큰 금액을 기준하여 보험 부보금액을 산출한다.

> * 대금의 할인, 선지급 등이 있어 매입 요청된 금액이 상업송장의 금액에 못 미치는 경우에는 할인 및 선지급이 공제되기 전의 금액에 대해 부보하여야 한다.

The insurance document must indicate that risks are covered at least between the place of taking in charge or shipment and the place of discharge or final destination as stated in the credit.

보험서류는 신용장에서 명시된 선적지(또는, 물품수탁지)로부터 양륙지(또는, 최종목적지)까지의 위험이 cover된다고 표시되어야 한다(부보구간은 보험서류의 문면상 정보로만 판단하게 되므로 비록 실제 커버 범위가 지역적으로 더 넓다 하더라도 신용장에서 요구한 지명대로 표시되지 않으면 수리할 수 없음).

A credit should state the type of insurance required and, if any, the additional risks to be covered. An insurance document will be accepted(without regard to any risks that are not covered) if the credit uses imprecise terms such as "usual risks" or "customary risks".

신용장은 요구되는 보험의 종류는 물론, 부가적으로 커버되어야 할 위험이 있다면 그러한 내용도 명시 하여야 한다. 부보조건을 통상적인 위험이나 관습적인 위험과 같은 식으로 부정확하게 표시하면(부보 범위가 어떻게 되었든 따지지 않고) 수익자에 의해 제시된 그대로 수리한다.

When a credit requires insurance against "all risks" and an insurance document is presented containing any "all risks" notation or clause,(whether or not bearing the heading "all risks"), the insurance document will be accepted without regard to any risks stated to be excluded.

신용장에서 all risks에 대한 부보를 요청한 경우에는 제시된 보험서류에 all risks라는 문구가 있다면, 보험서류의 표제에 all risks라는 문구가 있든 없든 수리할 수 있으며, 어떤 특정위험에 대한 부보가 배제된다고 표시되었어도 문제가 되지 않는다(개설신청인이 특정 부보가 제외되는 위험을 피하려면, 필수적으로 부보되어야 할 특정조건을 신용장에 포함시켜야 한다).

An insurance document may contain reference to any exclusion clause.

보험서류는 면책조항을 포함할 수 있다.

An insurance document may indicate that the cover is subject to a franchise or excess(deductible).

보험서류는(신용장에서 특별히 금지하는 경우가 아니면) Franchise(소손해 면책) 또는 Excess에 의한 면책이 적용된다고 표시할 수 있다.

Franchise(小損害 면책)

작은 규모의 보험사고는 보상을 안하는 것을 말하며, 비공제 면책과 공제면책이 있다. 비공제 면책 (Non-deductible Franchise)이란 면책비율(예 5%) 이상의 손해(예 8%)가 발생하면 면책비율에 관계 없이 손해금액 전체를 보상하며, 공제면책(Excess = Deductible Franchise)이란 면책에 속하는 5%만 큼은 공제하고 3%만 보상한다. 만약, 손해규모가 5% 미만이면 두 경우 모두 보상하지 않는다. 소손해 면책비율이 없으면 소액이라도 보상하며 이를 WAIOP(With Average Irrespective of Percentage)라 한다.

▶ 보험서류의 배서(Endorsement)

보험서류의 배서란 보험서류에 보험금 수령인(피보험자, Assured)으로 지정된 자가 해당 수령권리를 다른 사람에게 양도하는 절차이다. CIF 거래조건의 무역거래에서 수출상이 보험을 계약한 경우에는 보험금 수령인이 수출상 명의로 되어있을 것이므로 이러한 보험금 수령권리를 매입은행 앞으로 배서(수출환어음 매입 시 백지배서 함)하여 양도하여야 하며 매입은행은 이를 개설은행 앞으로 배서 양도 하여야 한다.

수출보험(Export Insurance)

수출보험이란 무역거래 상에 수반되는 제 위험 가운데 해상위험 등 통상의 보험으로는 구제될 수 없는 위험 즉, 수입국에서의 전쟁, 내란, 환거래의 제한 및 금지 등의 수입자에게 책임 지울 수 없는 비상위험(Political Risk)과 수입자의 파산 또는 대금지불지급지연 및 거절 등의 수입자 귀책의 신용위험(Commercial Risk)으로 인하여 수출자, 또는 수출자금을 융자한 금융기관 등이 입는 손실을 보상해 줌으로써 수출 진흥을 도모하기 위한 비영리 정책보험이다. 우리나라에서는 정부출연금으로 조성된 무역보험기금을 활용하여 한국무역보험공사(K-Sure)에서 운영하고 있다.

07 | 화물선적(Arranging Shipment with Shipping Co. & Loading the Goods)

수출화물 운송 관련 주요 용어

① FCL(Full Container Load)
　하나의 수출商 화물만으로도 1개의 컨테이너가 모두 채워지는 만재(滿載)화물을 말하며, 일반적으로 운송회사가 수출상에게 빈 컨테이너를 가지고 가서(= Container Door) 화물을 적입(Stuffing)한 후 CY(Container Yard, 컨테이너 야적장)로 운송한다.

② LCL(Less than a Container Load)
　수출商 한 곳의 수출물품으로는 컨테이너 하나를 모두 채울 수 없는 경우 여러 명의 수출상으로부터 수출물품을 집하하여 1개의 컨테이너에 채워지는 혼재(混載)화물을 말하며, 일반적으로 운송주선인(Forwarder)이 수탁받은 화물을 CFS(Container Freight Station, 컨테이너 화물 작업장)으로 가져가서 다른 화물들과 함께 적입한 후(이를 Consolidation이라 함)에 해당 컨테이너를 CY로 운송한다.

③ CFS(Container Freight Station)
　소량화물(LCL)을 인수 · 인도 · 보관하거나 컨테이너에 적입하는 등의 작업을 하는 장소로서 소량화물들은 이곳에 집하되어 목적지나 수하인별로 분류한 다음 컨테이너에 적입하여 수출하거나, 외국으로부터 수입된 물품을 컨테이너에서 꺼내어 수하인에게 인도하는 곳이다.

④ CY(Container Yard, 컨테이너 야적장)

수출입 컨테이너 화물을 보세상태로 보관하는 컨테이너 야적장을 지칭하며 컨테이너 전용부두의 터미널에 있는 CY를 On-dock CY라 칭하고 부두 밖에 위치하는 CY는 Off-dock CY라 한다. 수출화물은 이곳으로 셔틀운송되어 본선에 적재되고, 수입화물은 본선으로부터 양하된 후 셔틀운송되어 부두 내의 CY를 거쳐 보세창고로 반입된다.

⑤ Shuttle 운송

대량의 컨테이너가 일시에 부두에 있는 CY에 집결하는 경우 항만 적체현상이 발생하게 되어 항만관리 및 하역작업 등에 큰 지장을 초래할 수 있으므로 부두의 바깥 쪽에 있는 Off-dock CY에 일단 컨테이너를 집결시킨 후에 이를 선박의 입항 Schedule에 맞춰 선적할 수 있도록 운송하는데, 이처럼 On-dock CY와 Off-dock CY를 오가는 운송을 말한다.

⑥ Freight Forwarder(복합운송주선업자, 운송중개인)

화주의 요청에 따라 화물의 운송수단, 운송루트, 화물의 포장, 목적국의 운송법규 및 무역관행 등에 관해 조언하고, 화주로부터 화물운송을 위임받아 그에 관한 업무를 대행하며, 화주의 대리인 지위에서 운송인을 상대로 화물운송을 중개하는 업자를 말한다. 외국과의 국제복합운송에 있어서 상대방 국가의 Forwarder와 업무제휴를 통하여 전 운송구간에 걸쳐 운송책임을 지는 운송의 주체이다.

Forwarder가 화주로부터 물품을 수령한 후(운송인의 대리인 자격이 아닌) 자기 명의로 발행하는 Forwarder's Cargo Receipt(물품 수령증)는 UCP 600에서 정하는 운송서류로 인정되지 않는다.

⑦ ICD(Inland Container Depot, 내륙 컨테이너 기지)

항만 또는 공항이 아닌 내륙시설로서 통관이 되지 않은 상태에서 이송된 여러 종류의 화물을 일시적으로 저장하며 통관에 대한 서비스를 제공하는 장소이다. 종합물류터미널이라 할 수 있으며 경기도 의왕과 경남 양산에 위치하고 있다.

선하증권(B/L ; Bill of Lading)

선하증권이란 화주와 선박회사 간의 해상운송계약에 의해 선박회사가 발행하는 유가증권으로서 선박회사가 화주로부터 위탁받은 화물을 목적지의 양륙항까지 운송한 뒤 이 증권의 소지인에게 해당 증권과 상환하여 운송화물을 인도할 것을 약속하는 화물의 수취증권이다.

선하증권은 선적화물을 대표하는 유가증권으로서 배서양도에 의해 유통될 수 있으며, 이 증권을 소지하고 있는 것은 화물자체를 소유하고 있는 것과 동일한 효력을 갖게 되므로 신용장 방식 거래에서의 B/L은 단순한 운송서류의 차원을 넘어 관련 여신거래(L/C Open, Nego)에 대한 담보로서의 의미를 갖게 된다.

선하증권의 종류

■ 선적 선하증권(Shipped B/L)

운송화물을 본선에 완전히 적재한 후 발행되는 선하증권으로서 B/L의 발행일자가 곧 본선적재일자로 간주된다. 신용장 결제방식의 거래에서는 대부분 Shipped B/L이 요구된다.

■ 수취 선하증권(Received B/L)

화물을 선적할 선박이 아직 입항하지 않은 등의 이유로 선박회사가 화물을 수령한 상태에서 본선에 적재하지 않은 채 발행하는 선하증권이며 일종의 운송수취증이다. 실제로 화물의 본선 적재가 완료되면 별도의 본선적재 부기(On Board Notation)를 함으로써 On Board B/L(본선 적재 선하증권)이 되어 효력상 Shipped B/L과 동일하게 된다.

On Board Notation이란 화물을 선적한 후 본선에 적재되었음을 증명하는 문언을 추가로 기재하는 것을 말하며 본선에 적재되었다(Shipped on Board)는 내용과 본선 적재일자가 반드시 포함되어야 한다.

■ 운송중개업자 선하증권(House B/L, Forwarder's B/L)

선박회사가 화주에게 직접 발행하는 선하증권과는 달리, 화물운송 중개업자가, 선박회사로부터 받은 Master B/L을 근거로 하여, 각각의 화주들에게 개별적으로 발행해 주는 B/L이다. 많은 수출자들이 선박회사와 직접 거래를 하는 대신 Forwarder들과 거래를 하는 까닭에 이러한 형태의 선하증권이 제시되는 경우가 많으며, 이러한 혼재화물 선하증권인 Forwarder's B/L이 문면상 운송주선인의 명칭이 운송인 또는 복합운송인으로 명시되고, 운송주선인이 운송인 또는 복합운송인 지위에서 서명 혹은 기타의 방법으로 이를 증명하였거나, 운송인 또는 복합운송인의 명칭을 표시하고, 운송인 또는 복합운송인을 대신하거나 그가 지정한 대리인의 지위에서 운송주선인이 서명하였거나 기타의 방법으로 이를 증명한 경우에는 신용장에서 특별히 금지하지 않는 한 수리된다(참고로, Forwarder's Cargo Receipt, Forwarder's Certificate of Shipment 등은 신용장에서 이를 특별히 허용해야만 수리 가능).

* 운송인 또는 그 대리인으로서의 자격을 명시해야 하며, 단순히 운송중개인의 자격으로 서명하고 발행한다면 수리할 수 없음. 다만, 신용장에서 Forwarder's B/L is Acceptable이라고 명시하고 있을 때에는 운송인 또는 그 대리인으로서의 자격을 명시하지 않고 단순히 운송중개인 자격으로 서명하여 발행하여도 수리할 수 있음

* 운송중개업자(Freighter Forwarder)는 직접 운송을 담당하는 것이 아니고 단지 선적을 의뢰하는 사람으로부터 수령하는 운임을 가지고 선복(Shipping Space)을 확보하여 운송서비스를 제공하는 것에 불과하므로 개별 화주들은 운송인과 직접적인 계약관계가 없다. 따라서, 화주는 배상문제에 관해 운송인에 대해 직접 청구하지 못하고 운송중개인에게 청구하여야 하나, 운송중개인들의 신용상태가 견실하지 못하여 충분한 배상을 받지 못하는 경우가 있음

■ 제3자 선하증권(Third Party B/L)

수출입거래 당사자가 아닌 제3자가 송하인(Shipper)인 선하증권으로서 중계무역의 경우처럼 물품이(수출환어음 매입이 이루어지는 곳이 아닌) 수출지에서 수입지로 직송되는 경우에 보게 되는 선하증권이다. 신용장에서 별도로 금지하지 않는 한 은행은 이를 수리한다.

■ 용선계약 선하증권(Charter-party B/L)

선박회사와 용선계약을 체결하고 운송서비스를 제공하는 운송중개업자인 용선계약자(Charter-party)가 운송서비스를 제공하며 발행한 선하증권을 말한다. 용선계약 선하증권은 용선계약자가 용선료를 지급하지 않으면 선박의 소유자가 선박에 적재된 물품을 몰수할 수 있다는 것을 약정하고 있어서 화주의 입장에서 예상치 못한 손실을 당할 염려가 있는 바, 신용장에서 별도로 용선계약 선하증권을 요구하거나 허용한 경우가 아니면 Charter-party B/L은 수리되지 않는다.

■ 권리포기 선하증권(Surrender B/L)

Surrender B/L은 화물의 실제 운송기간보다 선적서류의 우송기간이 오래 걸릴 수도 있는 운송거리가 짧은 무역거래나 대금결제에 문제가 없을 것이라 판단되는 고정거래선과의 거래 및 본지사 간의 거래 등에서 상호 간의 업무편의를 목적으로 활용되는 방식이다. 송금결제방식의 무역거래에서

수출상이 화물을 선적하여 보내고 B/L 원본을 가지고 있다가 수입상이 물건대금을 송금하면 원본 B/L은 폐기(Surrender)하고 해당 B/L 사본을 발행하여 물건을 찾아가게 할 때도 이용된다.

운송인은 수출상과의 약정에 따라 자신이 발행한 선하증권에 Surrendered라는 표시를 하여 교부하고 수출상은 동 선하증권을 Fax 등을 통해 신속하게 수입상에게 전달하면 수입상은(Original B/L이 없이) 수출상으로부터 전달받은 Fax 서류만 가지고도 운송인으로부터 물품을 인수하여 통관처리를 할 수 있게 된다.

선하증권이 Surrender되면 선하증권의 유가증권적 또는 유통증권적 성격이 소멸되며 Sea Waybill 이나 Air Waybill과 같은 단순한 화물운송증서로 바뀌게 된다. 선하증권이 Surrender되면 매입은행 및 개설은행이 화물에 대한 양도담보권을 확보할 수 없게 되므로 신용장거래에서는 원칙적으로 이를 허용하지 않고 있다.

■ 부지약관 선하증권(Unknown Clause B/L)

FCL(Full Container Load, 滿載화물)인 경우에는 수출상이 직접 화물을 컨테이너에 적입(Stuffing)하고 봉인(Seal)을 하여 운송인에게 넘겨주므로 운송인의 입장에서는 컨테이너에 적입된 화물의 내용 및 상태에 관해 알지 못하게 된다. 이러한 경우 운송인은, 선하증권의 약관상에 화물의 내용이나 상태에 관한 면책성 문언을 표시하게 되는데 이를 不知약관(Unknown Clause)이라 한다.

실무적으로는 선하증권의 상품명세 란에 Shipper's Load & Count라든가 Said by Shipper to Contain과 같은 문언을 기재하고 있으며, 신용장에서 특별히 금지하지 않는 한 은행은 이를 수리한다(A transport document bearing a clause such as "shipper's load and count" and "said by shipper to contain" is acceptable).

■ Switch B/L

중계무역에서 최초 수출자와 최종 수입자가 서로에 대해서 알게 되면 중계무역업자의 입장에서는 영업기회를 잃게 될 우려가 있는 바, 최초 수출자로부터 송부되어 온 선하증권을 당해 선박회사의 대리점에 제시하여 Shipper, Consignee, Notify Party 등을 변경한 새로운 선하증권의 발급을 요청하는 경우 재발급되는 B/L을 말한다.

■ Clean B/L, Dirty(Foul) B/L

화물이나 그 포장에 결함(하자)이 있는 경우 해당 내용이 B/L에 표시되게 되는데 이러한 B/L을 Dirty B/L 또는 Foul B/L이라 하며, 결함에 관한 아무런 표시가 없는 선하증권을 Clean B/L이라 한다. 신용장 거래방식에서 요구되는 신용장은 당연히 Clean B/L이다.

A bank will only accept a clean transport document. A clean transport document is one bearing no clause or notation expressly declaring a defective condition of the goods or their packaging. The word "clean" need not appear on a transport document, even if a credit has a requirement for that transport document to be "clean on board"(B/L에 'Clean' 이라는 문구가 표시되어야 하는 것은 아님).

> 참고 파손화물 보상장(L/I ; Letter of Indemnity)
>
> 신용장거래에서 요구되는 선하증권은 Clean B/L이므로 선적화물의 상태에 하자(파손 등)가 있어 Dirty B/L이 발행되면 서류상 하자가 된다. 따라서, Dirty B/L이 발행될 상황이라 하더라도 수출자인 송하인이 파손에 대해 전적으로 책임을 지겠다는 파손화물 보상장을 운송인에게 제출하고 무사고 선하증권(Clean B/L)을 발급받는 것이 일반적이다.

■ 선하증권 내용 해설

- Consignor : Shipper, 수출상이 대부분 여기에 해당된다(중계무역에서는 수출상이 선적인과 다를 수도 있음).
- Consignee : To order로 표시된 것은 To order of Shipper와 동일하게 해석하며, 이는 수출상품의 권리가 수출자에게 속하므로 추후 수출자의 지시를 받으라는 뜻이다. 따라서 외국환은행에서 매입(Nego) 시에는 수출상으로부터 권리를 양도하는 배서를 받아야 한다. SWIFT 신용장의 46A Field에 Consignee에 관한 내용이 명시되며, 여기에서 명시된 것과 동일하게 표시해야 한다. 신용장결제방식에서는 대부분 To Order of (개설은행)으로 기재되므로 이런 경우 수출자의 배서가 필요치 않다.
- Notify Party : 통상 수입상이 되나, 신용장에 명시된 내용대로 표시한다.
- On Board Notation(본선 적재 부기) : 2002.5.23. 적재되었다는 표시이며, 별도의 서명이 없어도 하자가 아니다.
- Shipper's Load & Count : FCL(Full Container Load) 화물인 경우에는 수출자가 컨테이너에 화물을 적입(Stuffing)하고 밀봉(Seal)하기 때문에 운송인의 입장에서는 수출자(화주)가 말한 대로 기재했다고 언급하게 되며, 이러한 것을 부지(不知)문언(Unknown Clause)이라고 한다.

- Free out : 화물의 하역 시 하역비용은 화주(貨主)가 부담한다는 표시(선박 선주의 입장에서 하역 비용을 부담하지 않는다는 의미)
- Freight Prepaid : 운임이 선불되었다는 표시이다. 후불인 경우에는 Freight Collect로 표시된다.
- 발행인의 서명 : 발행인인 WooSung Shipping Co., Ltd.는 운송인(Carrier)인 SETH SHIPPING CORP의 대리인 자격으로 발행하였음을 명시하고 있다.

  * SETH SHIPPING CORP가 당연히 운송자로 추정될 수 있다 하더라도 Carrier라고 반드시 부기 해야 한다.

선하증권은 운송회사에서 발급하며, 수출상이 S/R(Shipping Request)을 운송회사에 보내면 이를 바탕으로 작성된다. 운송회사는 선하증권 내용을 정식 발급하기 이전에 관련 내용들이 정확하게 표시되었는지를 수출상에게 미리 보내(팩스 등) 확인하게 되는데 이것을 Check B/L이라 한다. 명칭을 Check B/L로 부르는 것이며 정식 선하증권은 아니다(Check B/L에 대한 수출상의 확인이 끝난 후 발행되는 정식 B/L을 Original B/L이라 하며, 실무현장에서는 OBL이라 칭한다).

PART 01

Free-in, Free-out

물품의 선적 및 양하 시 선내 하역비를 누가 부담하는가에 대한 무역운임의 구분이다. Free는 선주가 비용을 부담하지 않는다는 뜻이므로 Free-in은 화주(용선자)가 선적비용을 부담하는 조건의 운임이며, Free-out은 화주가 하역비를 부담하는 조건의 운임이다. 선적 및 양하비용 모두를 화주가 부담하는 조건은 FIO(Free in & out)이며, 모두를 선주가 부담하는 조건은 Berth Term이다.

해상운임의 부대(附帶)운임

- THC(Terminal Handling Charge) : CY(Container Yard)에서의 화물처리비용
- CFS Charge : 소량화물(LCL화물)의 혼적 및 분류작업 시 발생하는 비용
- Document Fee : 선하증권이나 화물인도지시서(D/O) 발급비용
- 유가할증료(BAF ; Bunker Adjustment Factor) : 급격한 유가 상승 시의 할증료
- 통화(通貨)할증료(CAF ; Currency Adjustment Factor) : 급격한 환율변동에 따른 할증료

선하증권 견본

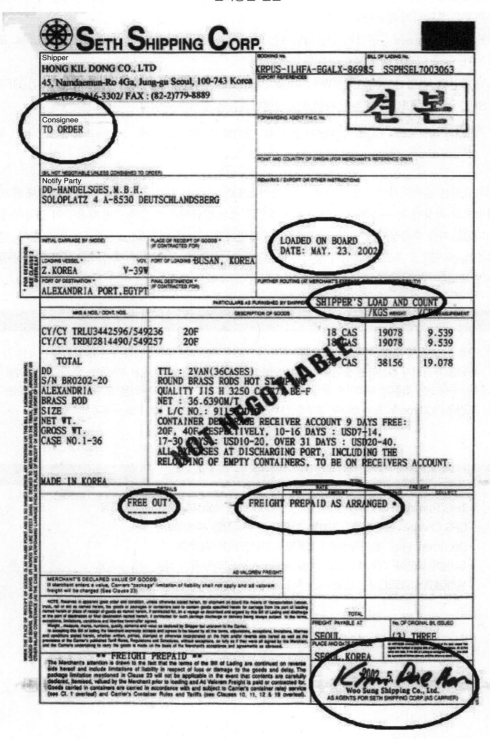

SETH SHIPPING CORP.

Shipper HONG KIL DONG CO., LTD 45, Namdaemun-Ro 4Ga, Jung-gu Seoul, 100-743 Korea TEL (82-2)916-3302/ FAX : (82-2)779-8889	BOOKING No. KRPUS-1LHFA-EGALX-86985 BILL OF LADING No. SSPHSEL7003063 EXPORT REFERENCES
Consignee TO ORDER	FORWARDING AGENT F.M.C. No.
(B/L NOT NEGOTIABLE UNLESS CONSIGNED TO ORDER)	POINT AND COUNTRY OF ORIGIN (FOR MERCHANT'S REFERENCE ONLY)
Notify Party DD-HANDELSGES, M.B.H. SOLOPLATZ 4 A-8530 DEUTSCHLANDSBERG	REMARKS / EXPORT OR OTHER INSTRUCTIONS

INITIAL CARRIAGE BY (MODE)	PLACE OF RECEIPT OF GOODS (IF CONTRACTED FOR)	LOADED ON BOARD DATE : MAY. 23, 2002
LOADING VESSEL Z.KOREA VOY. V-39W	PORT OF LOADING BUSAN, KOREA	
PORT OF DESTINATION ALEXANDRIA PORT,EGYPT	FINAL DESTINATION (IF CONTRACTED FOR)	FURTHER ROUTING (AT MERCHANT'S EXPENSE AND RESPONSIBILITY)

PARTICULARS AS FURNISHED BY SHIPPER — SHIPPER'S LOAD AND COUNT

MKS & NOS. / CONT. NOS.	DESCRIPTION OF GOODS	/KGS WEIGHT	/CBM MEASUREMENT
CY/CY TRLU3442596/549236 20F		18 CAS 19078	9.539
CY/CY TRDU2814490/549257 20F		18 CAS 19078	9.539
TOTAL		36 CAS 38156	19.078
DD S/N BR0202-20 ALEXANDRIA BRASS ROD SIZE NET WT. GROSS WT. CASE NO.1-36	TTL : 2VAN(36CASES) ROUND BRASS RODS HOT STAMPING QUALITY JIS H 3250 C3771 BE-F NET : 36.6390M/T * L/C NO. : 91150014 CONTAINER DEMURRAGE RECEIVER ACCOUNT 9 DAYS FREE: 20F, 40F RESPECTIVELY, 10-16 DAYS : USD7-14, 17-30 DAYS : USD10-20, OVER 31 DAYS : USD20-40. ALL EXPENSES AT DISCHARGING PORT, INCLUDING THE RELOADING OF EMPTY CONTAINERS, TO BE ON RECEIVERS ACCOUNT.		
MADE IN KOREA			

	DETAILS	PER	RATE	AMOUNT	PREPAID	COLLECT
FREE OUT'	FREIGHT PREPAID AS ARRANGED *					

AD VALOREM FREIGHT

MERCHANT'S DECLARED VALUE OF GOODS If Merchant enters a value, Carriers "package" limitation of liability shall not apply and ad valorem freight will be charged (See Clause 23)

	TOTAL	
	FREIGHT PAYABLE AT SEOUL	No. OF ORIGINAL B/L ISSUED (3) THREE
	PLACE AND DATE OF ISSUE SEOUL, KOREA	

** FREIGHT PREPAID

The Merchants attention is drawn to the fact that the terms of the Bill of Lading are continued on reverse side hereof and include limitations of liability in respect of loss or damage to the goods and delay. The package limitation mentioned in Clause 23 will not be applicable in the event that contents are carefully declared, itemised, valued by the Merchant prior to loading and Ad Valorem Freight is paid or contracted for. Goods carried in containers are carried in accordance with and subject to Carrier's container rules service (see Cl. 1 overleaf) and Carrier's Container Rules and Tariffs (see Clauses 10, 11, 12 & 18 overleaf).

Woo Sung Shipping Co., Ltd.
AS AGENTS FOR SETH SHIPPING CORP (AS CARRIER)

━━━━━○ Bill of Lading 관련 국제규칙

선하증권은 명칭이 어떻게 붙여지든 문면상(On the Face) 다음과 같이 표시된 것으로 보여야 (apprears to indicate) 한다(예외 : Charter Party라는 명칭의 서류는 안됨).

> A bill of lading, however named, must appear to :
> i. indicate the name of the carrier and be signed by :
>   • the carrier ....

운송인 명칭의 표시는 운송인의 명칭뿐만 아니라 운송인(Carrier)이라는 자격도 확인되어야 한다. 즉, ABC Shipping Lines Ltd.의 경우처럼 비록 Shipping Lines라는 표시가 있어서 운송인일 수 있다는 추측이 가능하다 하더라도 이 자체만으로 운송인의 자격을 표시한 것으로 보지 않고 ABC Shipping Lines Ltd., the carrier와 같은 방식으로 반드시 운송인(Carrier)이라는 자격표시를 해야 한다.

Any signature by the carrier, master or agent must be identified as that of the carrier, master or agent. Any signature by an agent must indicate whether the agent has signed for or on behalf of the carrier or for or on behalf of the master.

선하증권의 서명은 운송인, 선장, 운송인의 대리인, 선장의 대리인 중 한 명이 할 수 있는 바, 서명자는 자신이 이 4명 중에 누구에 해당하는지 밝혀야 하며, 대리인이 서명하는 경우에는 운송인의 대리인인지 선장의 대리인인지 표시해야 한다.

> ii. indicate that the goods have been shipped on board a named vessel at the port of loading stated in the credit by :
>   • pre-printed wording, or
>   • an on board notation indicating the date on which the goods have been shipped on board.

물품이 명시된 항구에서 지정된 선박에 본선적재 되었다는 것이(Shipped B/L의 경우처럼) 미리 인쇄 된 문구로 표시되어 있든가, (Received B/L의 경우처럼 본선에 적재가 되지않아 적재일자를 인쇄된 문구로 표시하지 못했다면) 물품을 본선에 적재한 일자를 표시한 On Board Notation이 있어야 한다.

B/L(대부분 Received B/L) 발급일자와 본선적재부기에 나타난 일자가 다를 경우 On Board Notation 의 일자를 선적일자로 간주한다.

PART 01

The date of issuance of the bill of lading will be deemed to be the date of shipment unless the bill of lading contains an <u>on board notation</u> indicating the date of shipment, in which case the date stated in the on board notation will be deemed to be the date of shipment.

If the bill of lading contains the indication "<u>intended vessel</u>" or similar qualification in relation to the name of the vessel, an on board notation indicating the <u>date of shipment</u> and the <u>name of the actual vessel</u> is required.

선하증권에 선박명과 관련하여 intended vessel(예정 선박) 또는 이와 유사한 표시와 함께 선박명을 표시하였다면(일반적인 on board notation은 선적일자와 선적사실만 기재하면 되지만) 선적일자 및 실제 선박명을 표시한 본선적재부기를 해야 한다.

> iii. indicate shipment from the port of loading to the port of discharge stated in the credit.
> If the bill of lading does not indicate the port of loading stated in the credit as the port of loading, or if it contains the indication "intended" or similar qualification in relation to the port of loading, an on board notation indicating the port of loading as stated in the credit, the date of shipment and the name of the vessel is required. This provision applies even when loading on board or shipment on a named vessel is indicated by pre-printed wording on the bill of lading.

선하증권의 선적항란에 신용장에서 명기한 선적항과 다른 선적항이 표시되어 있거나 intended(예정 된)이라는 용어 또는 그와 유사한 용어와 함께 선적항이 표시되어 있다면 본선적재부기에 신용장에서 명시한 선적항, 본선 적재일자, 선박명칭이 표시되어야 한다. 이러한 조항은 본선에 적재되었다는 문구나 선적할 선박의 명칭이 선하증권 상에 미리 인쇄된 경우에도 적용된다.

> iv. be the sole original bill of lading or, if issued in more than one original, be the full set as indicated on the bill of lading.

유일한 원본의 선하증권이거나, 만약 원본이 1통을 초과하여 발행되었다면 선하증권상에 표시된 Full Set가 제시되어야 한다.

68

> v. contain terms and conditions of carriage or make reference to another source containing the terms and conditions of carriage(short form or blank back bill of lading). Contents of terms and conditions of carriage will not be examined.

운송약관을 포함하거나(약식 운송약관을 포함하거나, 약관기재를 생략한 선하증권의 경우에는) 운송약관으로 참조되는 출처를 언급해야 한다. 운송약관의 내용에 대해서는 심사하지 않는다.

> vi. contain no indication that it is subject to a charter party.

선하증권에 용선계약(charter party)에 따른다는 어떠한 표시도 있어서는 안 된다.

선하증권의 발행방식

■ 기명식(Straight B/L)

선하증권의 수하인(Consignee)란에 수하인의 상호와 주소를 기입하여 발행하는 방식이며, 기명된 자 이외에게 배서하여 유통시킬 수 없으며, 물품의 권리자가 수하인으로 지정되므로 송하인의 배서가 필요하지 않다. 주로, 은행의 지급보증(신용장)이 없는 단순송금방식 및 계약서방식(D/A, D/P) 거래에서 이용된다.

■ 지시식(Order B/L)

선하증권의 수하인란에 수하인의 명칭 등을 기재하는 대신 To order 또는 To the order of ～ 와 같은 형태로 발행하는 방식이다. 단순히 To order라고만 표시하는 방식을 단순 지시식이라 하고 To the order of XXX Bank와 같이 표시하는 방식을 기명 지시식이라 한다. 신용장방식에서의 선하증권은 대부분 기명 지시식으로 발행된다.

선하증권은 선적물품에 대한 권한을 표시하는 증권이므로 선적서류가 최종적으로 수입상에게 전달되어 물품을 찾을 때까지의 과정에 개입하는 당사자들은 배서양도를 통해서 선하증권에 관한 권리를 이전해 주어야 한다. To order로 표시된 경우에는 선적된 수출물품의 1차적 권리자인 수출상(Shipper)이 매입은행에게 선적서류를 인도하면서 선하증권 뒷면에 배서(Endorsement)를 해주어야 한다(To order는 To order of shipper와 동일하게 해석됨). To order of XXX Bank와 같이 은행(대체로, 개설은행)의 지시에 따르라고 한 경우에는 수출상은 배서할 필요가 없고, 개설은행이 배서하여 수입상에게 선하증권을 인도하게 된다.

When a credit requires a bill of lading to evidence that goods are consigned to a named entity, for example, "consigned to(named entity)"(i.e. a 'straight' B/L), it is not to contain the expressions "to order" or "to order of(named entity)" preceding the named entity, or the expression "or order" following the named entity.

수하인을 지정하여 발행하는 기명식 선하증권은 to xxx와 같이 표현해야 하는 바, to order나 to order of (수하인 명칭) 또는 (수하인 명칭) or order와 같은 표현을 사용해서는 안 된다.

When a bill of lading is issued "to order" or "to order of the shipper", it is to bo endorsed by the shipper. An endorsement may be made by a named entity other than the shipper, provided the endorsement is made for(or on behalf of) the shipper. When a credit requires a bill of lading to evidence that goods are consigned "to order of(named entity)", it is not to indicate that the goods are consigned to that named entity.

to order는 to order of shipper와 동일하게 해석되므로 수출상(Shipper)에 의해 배서되어야 한다. 배서는 수출상 이외의 자에 의해서도 행해질 수 있는데, 이럴 때는 해당 배서가 수출상을 대신하여 행한다는 것을 표시해야 한다. 신용장에서 to order of (named entity) 방식으로 선하증권을 발행할 것을 요청했다면 (named entity의 지시에 따른다는 지시식 발행을 요구하는 것이지) B/L을 해당 entity 앞으로 발행하라는 것이 아니다.

항공운송장(AWB ; Air Waybill)

수출물품을 항공편으로 보내는 경우 항공회사로부터 받는 화물수취증이다. 해상 선하증권과는 달리 비유통증권이어서 지시식(to order)으로 발행할 수 없고 기명식(Air Waybill consigned to XXX Bank)으로 발행된다(신용장을 발행한 개설은행이 화물에 대한 통제권을 가져야 하므로 대부분 개설은행을 수하인으로 지정하여 AWB를 발행하도록 신용장에 명시됨).

항공운송의 경우에도 화주가 직접 운송업자인 항공회사를 접촉하여 화물의 운송을 위탁하고 운송서류를 받는 경우보다는 Air Freight Forwarder(Air Cargo Consolidator)라는 운송주선업자를 통해 물품을 보내게 된다. Consolidator인 항공화물 운송주선업자가 발행하는 AWB를 House Air Waybill이라 하며 운송인 또는 운송인의 대리인 자격으로 서명하고 발행한 경우라면 신용장에서 특별히 금지하지 않는 한 수리된다. 신용장에서 House AWB is acceptable이라고 명시한 경우라면 운송인 또는 운송인의 대리인 자격을 표시하지 않고 운송주선인 자신의 명의로 발행된 AWB도 수리가 가능하다.

 * 항공회사가 운송주선업자(Consolidator)나 화주에게 직접 발행하는 AWB를 Master AWB라 함

AWB는 원본 3매와 부본 6매로 구성되는데 Original 1은 Carrier가 사용하고 Original 2는 수하인용, Original 3은 송하인용 원본으로서 항공회사가 화물의 수취사실 및 계약사실을 증거하는 운송인의 서명이 되어 있으며 수출상이 Nego 시 매입은행에 제출하는 원본이다. 부본 6매는 통관, 운임정산 등의 절차에 사용된다.

 * 수입상은 수입대금을 결제(인수)한 후 은행으로부터 화물인도승낙서를 발급받고, 이를 항공대리점에 넘겨준 후 Original 2(for Consignee)를 수령하여 통관한다.

PART 01

Air Waybill 견본

Shipper's Name and Address	Shipper's Account Number	① Not negotiable **Air Waybill** Issued by	**KOREAN AIR**

Copies 1,2 and 3 of this Air Waybill are originals and have the same validilty.

② Consignee's Name and Address	Consignee's Account Number	It is agreed that the goods described herein are accepted in apparent good order and condition (except as noted) for carriage SUBJECT TO THE CONDITIONS OF CONTRACT ON THE REVERSE HEREOF. THE SHIPPER'S ATTENTION IS DRAWN TO THE NOTICE CONCERNING CARRIER'S LIMITATION OF LIABILITY. Shipper may increase such limitation of liability by declaring a higher value for carriage and paying a supplemental charge if required.

Telephone :

Issuing Carrier's Agent Name and City	Accounting Information

Agent's IATA Code	Account No.	

Airport of Departure(Addr. of First Carrier) and Requested Routing

TO		Routing and Destination	to	by	to	by	Currency	CHGS Code	WT/VAL		Other		Declared Value for Carriage	Declared Value for Customs
									PPD	COLL	PPD	COLL		

Airport of Destination	Flight/Date	For Carrier Use Only	Flight/Date	Amount of Insurance	INSURANCE-If Carrier offers Insurance, and such insurance is requested in accordance with conditions on reverse hereof, indicate amount to be insured in figures in box marked 'amount of Insurance'.

Handling Information

No. of Pieces RCP	Gross Weight	kg lb	Rate Class / Commodity item No.	Chargeable Weight	Rate / Charge	Total	Nature and Quantity of Goods (incl. Dimensions or Volume)

Prepaid	Weight Charge	Collect	Other Charges
	Valuation Charge		
	Tax		
	Total Other Charges Due Agen		Shipper certifies that the particulars on the face hereof are correct and that insofar as any part of the consignment contalns dangerous goods, such part is properly described by name and is in proper condition for carriage by air according to the applicable Dangerous Goods Regulations.
	Total Other Charges Due Carrier		
			Signature of Shipper or his Agent
Total Prepaid		Total Collect	
Currency Conversion Rates	CC Charges In Dest. Currency		Executed on(date) at(place) Signature of Issuing Carrier or its Agent
For Carrier's Use Only at Destination	Charges at Destination	Total Collect Charges	

③ ORIGINAL 3(FOR SHIPPER)

* ① "Not Negotiable"이라고 인쇄되어 있음
  ② 수하인을 지정하여 '기명식'으로 발행
  ③ 'Original 3'는 송하인(Shipper)用

━━━○ 복합운송서류(Multimodal or Combined transport Document)

복합운송은 화물의 수탁지로부터 최종목적지까지 2종류(해상, 육상, 항공 등) 이상의 운송방법이 혼합된 운송방법(A transport document covering at least two different modes of transport)을 말하며, 복합운송서류는 이 때 발행되는 운송서류로서 운송화물에 대한 권리증이며 배서양도에 의해 유통이 가능한 유가증권이다. 서류의 수리요건은 선하증권과 대부분 유사하고 다음과 같은 면에서 차이가 있다.

① 복합운송서류는 화물을 수탁하는 시점에서 발행되기 때문에 본선적재부기를 필수요건으로 하지 않는다. 그러나 운송의 첫 번째 구간이 해상인 경우에는 반드시 본선적재부기가 있어야 한다.

When a credit requires shipment to commence from a port, for example, when the first leg of the journey, as required by the credit, is by sea, a multimodal transport document is to indicate on board notation.

② 복합운송서류로 인정받기 위해서는 수탁지와 다른 선적항, 최종목적지와 다른 도착항이 기재되어 있어야 한다.

③ 신용장이 수탁지와 최종목적지만 지정한 채 선적항과 도착항을 명시하지 않은 경우에는, 제시된 복합운송서류의 수탁지 및 최종목적지가 신용장의 그것들과 일치하는 한 운송수단 및 운송경로에 관계없이 모든 복합운송서류를 수리할 수 있다.

신용장에서 특별히 허용하지 않는 한 수리가 거절되는 선하증권

- 선박을 소유하고 있지 않은 자가 선박회사와 용선계약을 맺고 선박을 빌려서 자기 책임하에 운송을 담당하면서 발급하는 선하증권(Charter Party B/L)
- 선박 및 선적항과 관련하여 예정(Intended) 또는 이와 유사한 표현이 있으면서 본선적재부기가 안 되어 있는 선하증권
- 범선 선적 선하증권(Sailing B/L)
- 대리인 자격이 없는 운송중개업자에 의해 발행된 선하증권(Forwarder's B/L)
- 하자표시 선하증권(Foul B/L, Dirty B/L)
- 제시기한이 경과된 선하증권(Stale B/L)

수출환어음 매입(Negotiation)이란 신용장 또는 계약서(D/P, D/A) 등의 수출계약에 따라 물품의 선적을 완료한 수출상으로부터 환어음과 선적서류 등을 거래은행이 매입함으로써, 매입은행이 신용장 발행은행이나 수입자로부터 대금을 회수하기 이전에, 수출대금을 수출상에게 지급하는 여신(대출) 행위이다.

   * 환어음의 지급인 : 신용장거래는 신용장 개설은행, D/A · D/P거래는 수입자

Nego는 매입은행이 수출상에 대해 여신을 하는 행위이기 때문에 조건부 지급보증서인 신용장을 근거로 하는 경우에는 수출상이 제시한 상업송장, 선적서류, 보험서류, 환어음, 기타 부대서류들이 신용장에서 명시한 여러 조건들에 일치하는지 면밀히 심사해야 하며, 은행의 지급보증이 없는 계약서를 근거로 한 매입(D/A Nego, D/P Nego) 시에는 그(지급보증이 없는 것)에 대한 별도의 채권보전책을 강구해야 한다.

Negotiation means the purchase by the nominated bank of drafts (drawn on a bank other than the nominated bank) and/or documents under a complying presentation, by advancing or agreeing to advance funds to the beneficiary on or before the banking day on which reimbursement is due to the nominated bank.

수출환어음 매입은 은행의 지급보증 유무에 따라 신용장방식에 의한 매입과 계약서 방식에 의한 매입으로 구분할 수 있으며 서류의 하자 유무에 따라 하자없는(Clean) 매입과 하자매입(L/G Nego), 대금지급시기에 따라 추심 전 매입과 추심 후 지급, 매입 지정은행 여부에 따라 직매입(Direct Nego)과 재매입(Re-nego)으로 구분할 수 있다.

━━━━○ 수출환어음 매입 시 징구서류

① 외국환거래약정서
② 여신거래약정서
③ 수출환어음 매입(추심)신청서
④ 신용장 또는 계약서(D/P, D/A) 원본(조건변경 통지서 포함)

   * 원본 뒷면의 매입, 양도, 무역금융 취급사실 등을 확인

⑤ 신용장 또는 계약서에서 요구하는 환어음 및 선적서류

> *기본서류 : 상업송장, 운송서류, 보험서류(FOB나 CFR의 경우는 제외)
> 보충서류 : 영사송장, 원산지증명서, 검사증명서, 포장명세서 등

⑥ 수출신고필증(외국 인도 수출 등 수출신고필증 발급이 면제되는 경우는 제외)

⑦ 수출승인서(필요 시)

━━━○ 수출환어음 매입 시 점검할 사항

신용장방식 수출환어음 매입은 취소불능 신용장의 공신력과 선적서류(= 선적물품)를 담보로 한 수출자에 대한 매입은행의 여신이며, 신용장은 해당 신용장에서 명시한 대로 서류를 제시하는 일치된 제시에 대해서만 청구된 대금을 지급하겠다는 개설은행의 조건부 지급보증서이므로 선적서류와 신용장 조건과의 일치여부에 대한 면밀한 심사가 요구된다.

① 일반적 심사
- 모든 서류의 유효기간 경과 여부
- 선적기일 이내에 선적 되었는지 여부
- 제시된 서류들이 문면상(on the face) 신용장에서 명시한 조건과 일치여부(발행일자, 발급부수 등)
- 어음금액, 송장금액, 신용장금액 상호 간 모순이 있는지 여부
- 제시된 서류들 상호 간 불일치(Conflict) 여부
- 수출상이 발행하는 제 서류의 서명방법(배서) 및 원본서류 표시방법의 적정성
- 서류가 작성된 날자보다 늦게 서명이 된 것으로 보이는 경우에는 서명한 날자에 발급된 것으로 간주함
- 신용장에서 요구하지 않았더라도 환어음과 운송 및 보험서류에는 반드시 일자가 기재되어야 함

Draft, transport documents and insurance documents must be dated even if a credit does not expressly so require.

A document indicating a date of preparation and a later date of signing is deemed to be issued on the date of signing.

"within 2days of" indicates a period two days prior to the event until two days after the event. The term "within" when used in connection with a date excludes that date in the calculation of the period.

Standard for Examination of Documents

Even if not stated in the credit, drafts, certificates and declarations by their nature require a signature.

날짜와 관련하여 within을 표기한 경우에는 기간계산 시 해당일자는 제외한다(예 within 2 days of May 6' 는 해당일자보다 2일전부터 해당일자로부터 2일후까지 총 5일간).

A signature in a company's letterhead paper will be taken to be the signature of that company, unless otherwise stated. The company's name need not be repeated next to the signature.

별도로 정함이 없으면 Letter Head가 새겨진 양식에 행해진 서명은 그 Letter Head에 나타나는 회사의 서명으로 받아들여지므로 서명 시 회사명을 다시 표시하지 않아도 된다.

A nominated bank acting on its nomination, a confirming bank, if any, and the issuing bank must examine a presentation to determine, on the basis of the documents alone, whether or not the documents appear on their face to constitute a complying presentation.

신용장에 명시된 조건에 부합하는 일치된 제시(Complying Presentation)인지는 오직 제시된 서류의 문면상으로만 판단한다.

A presentation including one or more original transport documents subject to articles 19, 20, 21, 22, 23, 24 or 25 must be made by or on behalf of the beneficiary not later than 21 calendar days after the date of shipment as described in these rules, but in any event not later than the expiry date of the credit.

원본 운송서류를 1통 이상 요구하는 경우에는 선적후 21일 이내에 제시되어야 한다(단, 신용장 유효기간 이내).

* 원본 운송서류를 1통 이상 요구하는 경우에는 선적후 21일 이내에 제시되어야 한다. 다만, 원본이 아닌 사본만을 요구하는 경우에는 사본상의 특정일자를 공식적으로 인정할 수 없다고 간주하여 default presentation period인 21일 경과여부를 따지지 않으며 신용장 유효기일 이내에만 제시하면 된다.

<u>14d</u>. Data in a document, when read in context with the credit, the document itself and international standard banking practice, <u>need not be identical</u> to, but <u>must not conflict</u> with, data in that document, any other stipulated document or the credit.

제시된 서류들의 내용이 신용장에 명시된 내용과 똑같아야(Identical) 할 필요는 없으나 서로 상충(Conflict)되면 안 된다.

In documents <u>other than the commercial invoice</u>, the description of the goods, services or performance, if stated, may be <u>in general terms</u> not conflicting with their description in the credit.

상업송장을 제외한 기타 서류에서 상품이나 용역에 관해 표시할 때, 신용장에서 표기한 내용과 상충되지 않는다면, 일반적 용어로 표기할 수 있다.

* general terms(일반적 용어) : 예를 들면, pants 대신에 garments

If a credit requires presentation of a document(other than a transport document, insurance document or commercial invoice), without stipulating by whom the document is to be issued or its data content, banks will accept the document as presented if its content appears to fulfil the function of the required document and otherwise complies with sub-article 14(d).

신용장에서 서류를 요구하면서 해당 서류의 발급자나 서류의 내용에 관해 규정하지 않은 경우, 은행은 제시된 서류가 요구된 서류의 기능을 충족시키고(14d에 제시된 것처럼) 서류 간에 충돌이 없는 것으로 보인다면 제시된 서류를 그대로 수리한다(송장, 운송서류, 보험서류는 발행 당사자와 기재내용이 규정되어 있으므로 예외).

A document presented but not required by the credit will be disregarded and may be returned to the presenter.

신용장에서 요구되지 않은 서류가 제시된 경우에는 은행은 이를 무시하거나 제시자에게 돌려준다(요구되지 않은 서류에 다른 서류와 충돌하는 정보가 있더라도 하자가 되지 않음).

If a credit contains a condition without stipulating the document to indicate compliance with the condition, banks will deem such condition as not stated and will disregard it.

77

신용장에서 지급제시될 특정 서류를 규정하지 않은 채 특정 조건을 포함하는 경우에는 해당 조건은 무시된다(이를 비서류적 조건(Non-documentary Condition)이라 하며, 이러한 경우 해당 조건을 무시한다 하더라도, 신용장에서 요구한 서류에 비서류적 조건과 충돌하는 정보가 있어서는 안 됨).

A document may be dated prior to the issuance date of the credit, but must not be dated later than its date of presentation.

서류발급일자는 신용장 발급일자보다 빨라도 무방하지만 해당 서류를 제시하는 날짜보다 늦은 날짜로 발급되어서는 안 된다.

  * 선적일자도 신용장 개설일자 이전이어도 무관함

When the addresses of the beneficiary and the applicant appear in any stipulated document, they need not be the same as those stated in the credit or in any other stipulated document, but must be within the same country as the respective addresses mentioned in the credit.

요구된 서류에 나타나는 수익자와 개설신청인의 주소는 신용장이나 기타 서류들의 그것들과 같지 않아도 되지만, 해당 주소들이 소재하는 국가는 신용장에서 언급한 주소의 소재국가와 동일해야 한다.

Contact details(telefax, telephone, email and the like) stated as part of the beneficiary's and the applicant's address will be disregarded. However, when the address and contact details of the applicant appear as part of the consignee or notify party details on a transport document subject to articles 19, 20, 21, 22, 23, 24 or 25, they must be as stated in the credit.

운송서류를 제외한(운송서류는 신용장에서 명시된 대로 기재) 서류에 나타난 수익자와 개설의뢰인의 주소는 신용장과 반드시 동일할 필요는 없다. 동일 국가라면 전화번호, 팩스번호, 이메일 주소 등이 틀려도 무관하다.

The shipper or consignor of the goods indicated on any document need not be the beneficiary of the credit.

선적인이 반드시 수익자일 필요는 없다(선적인은 운송인과 운송계약을 체결한 당사자이며, 개설의뢰인이 운송계약 당사자일 수도 있다).

A transport document may be issued by any party other than a carrier, owner, master or charterer provided that the transport document meets the requirements of articles 19, 20, 21, 22, 23 or 24 of these rules.

운송서류는 신용장통일규칙 19~24조 사이의 조항만 충족시킨다면, 운송인(또는 운송수단 소유주, 선장, 용선자)이 아닌 어떠한 사람들에 의해서도 발행될 수 있다(즉, 운송주선업자도 발행인 자격 등을 정확히 표시하고 발행가능).

② 신용장 심사
- 유효기일 경과여부 : 일반적으로 매입지 기준으로 표시되지만 간혹 개설은행 소재지에서 종료되는 경우도 있으므로 우편일수 등을 고려하여 판단해야 한다. 재매입(Re-nego)인 경우에는 재매입은행 도착기준으로 판단한다.

A bank has no obligation to accept a presentation outside of its banking hours.

- 신용장통일규칙(UCP 600) 적용문언 여부
- 취소불능 여부 : 별도 표시가 없으면 취소불능으로 간주
- 조건부 신용장 또는 독소조항 여부 : Special Conditions 항목을 점검하여 조건 충족 여부 및 신용장의 유효성을 제약하는 독소조항이 있는지 여부를 확인한다(필요 시 조건변경을 받거나 추심후 지급).

A credit or any amendment thereto should not require presentation of a document that is to be issued, signed or countersigned by the applicant. If, nevertheless, a credit or amendment is issued including such a requirement, the beneficiary should consider the appropriateness of such a requirement and determine its ability to comply with it, or seek a suitable amendment.

신용장이나 그에 관련된 조건변경은 개설의뢰인에 의해 발행되어야 하거나, 서명되어야 하거나, 확인서명 되어야 하는 서류의 제시를 요구해서는 안 된다. 그럼에도 불구하고 그러한 요구가 포함된 신용장 또는 조건변경서가 발행된다면, 수익자는 요구의 적정성에 관해 잘 살펴보고 수용할 능력이 있는지를 판단하여(그러한 요구를) 적절히 변경할 수 있도록 강구해야 한다.

- 신용장 발행에 관한 예고통보(Pre-advice)가 아닌 유효한 신용장 원본 여부
- 매입은행 지정(제한) 여부

- 개설은행 소재국의 Country Risk 및 개설은행의 신용상태
- 신용장 뒷면에 매입, 양도, 무역금융 취급에 관한 표기내용 여부
- 非은행발행 신용장 여부 : 비은행발행 신용장은 무신용장 방식 매입절차를 따름(추심 후 지급이 원칙)
- All discrepancies are acceptable과 같은 비상식적인 내용
- 본지사 간에 신용장 방식으로 거래하는 경우 : 신용장 관련 비용 등을 부담하면서까지 본지사간 신용장거래를 한다는 것은 비정상적이며, 신용장거래의 특성을 이용한 사기거래일 가능성이 있음
- 양도신용장(Transferred L/C) 여부 : 양도신용장은 원신용장이 정상적으로 결제되어야 해당 양도신용장의 대금을 지급하므로 무신용장방식에 준해 처리토록 함(추심)
- 수출화물에 대한 양도담보권을 침해하는 조항 유무 : 채권보전책 강구
- B/L의 Original Full Set을 개설은행 앞으로 송부토록 지시하지 않은 경우
- 선하증권의 사본이나 Surrendered B/L을 허용하는 경우
- AWB의 Consignee를 개설은행으로 지정하지 않은 경우
- Banker's Usance 여부 : Banker's Usance인 경우에는 At Sight Basis로 Nego (Instructions to Nego bank에 at sight로 하라고 지시됨)

③ 신용장 조건의 해석
- 분할선적에 관한 명시가 없는 경우 : 분할선적 허용
- 환적에 관한 명시가 없는 경우 : 환적 금지
- 선적기일이 명시되지 않은 경우 : 신용장 유효기일까지 선적 이행가능

  * 신용장 유효기일이 은행의 휴무일이면 신용장 유효기간은 그 익영업일로 자동연장지지만 선적기일은 자동 연장되지 않음
- 선적일자와 관련하여 사용된 Prompt, Immediately, As soon as Possible과 같은 용어는 선적일자가 명시되지 않은 것으로 간주
- 선적과 관련하여 to, until, till, from 등에 붙여 표시된 일자는 해당일자를 포함하는 것으로 해석하고, after와 붙여 표시된 일자는 해당일자를 제외하는 것으로 해석(환어음의 만기일 산정과 관련해서도 from을 제외하고는 동일하게 해석한다. 환어음의 만기일과 관련하여 사용된 from은 after와 같이 해당일자를 제외하는 것으로 해석됨)

- 서류제시기간(분할선적 후 여러 Set의 B/L이 제시된 경우의 제시기간 결정)

  a. When a credit prohibits partial shipment, and more than one set of original bills of lading are presented covering shipment from one or more ports of loading(as specifically allowed, or within a geographical area or range of ports stated in the credit), each set is to indicate that it covers the shipment of goods on the same vessel and same journey and that the goods are destined for the same port of discharge.

신용장에서 분할선적을 금지하였는데(신용장에서 지리적 범위 등으로 특별히 허락된) 2군데 이상의 항구에서 선적된 2 Set 이상의 선하증권 원본이 제시되었다면, 각각의 선하증권이 표창하는 물품들이 항로도 같고 목적지도 같은(하나의) 동일한 선박에 선적되었어야 한다(그래야 분할선적이 아닌 것으로 인정된다).

b. When a credit <u>prohibits partial shipment</u>, and more than one set of original bills of lading are presented in accordance with paragraph(a) and incorporate different dates of shipment, the latest of these dates is to be used for the calculation of any presentation period and must fall on or before the latest shipment date stated in the credit.

위의 a와 같은 상황에서 각각의 선하증권의 선적일이 다른 경우에는 그중에서 가장 늦은 선적일을 기준으로 서류제시기간 및 선적기일의 경과여부를 판단한다.

c. When <u>partial shipment is allowed,</u> and more than one set of original bills of lading are presented as part of single presentation made under one covering schedule or letter and incorporate different dates of shipment on different vessels or the same vessel for a different journey, the earliest of these dates is to be used for the calculation of any presentation period, and each of these dates must fall on or before the latest shipment date stated in the credit.

분할선적이 허용되었고, 그에 따라 여러 Set의 선하증권 원본이 일시에 제시된 경우에는 (항로도 다르고 적재선박도 서로 다른 경우를 이야기 하는 것임), 각각의 선하증권의 선적일 중 가장 빠른 선적일을 기준으로 서류제시 경과여부를 판단하고 가장 늦은 선적일을 기준으로 선적기일 경과여부를 판단한다.

신용장에서 달리 명시한 경우가 아니면 모든 제시서류는 최소한 1통 이상의 원본을 제출하여야 한다. 원본서류가 2부 이상 발행되는 경우에는 해당 서류상에 Original이라든가(그냥 모두를 Original이라고 표시할 수도 있지만) Duplicate, Triplicate, First Original, Second Original 등으로 표시할 수 있다.

At least one original of each document stipulated in the credit must be presented.

신용장에서(제시하라고) 명시한 모든 서류는 적어도 1통의 원본을 제시하여야 한다.

A bank shall treat as an original any document bearing an apparently original signature, mark, stamp, or label of the issuer of the document, unless the document itself indicates that it is not an original.

외관상 Original 서명이나, 표시, 스탬프, 서류 발행자의 라벨이 있는 서류는, 그 서류 자체에(이 서류는) 원본이 아니라는 표시가 없다면, 원본서류로 취급한다.

Unless a document indicates otherwise, a bank will also accept a document as original if it :

서류에(이 서류는 원본이 아니다는 등의) 별다른 표시가 없다면 은행은 다음과 같은 서류들도 역시 원본으로 수리한다.

i. appears to be written, typed, perforated or stamped by the document issuer's hand : or

서류발행자의 손으로 작성되었거나, 타이핑 되었거나, 천공서명 되었거나, 스탬프 날인된 것으로 보이는 서류

ii. appears to be on the document issuer's original stationery : or

서류발행자의(상호 등이 미리 인쇄된) 용지를 사용하여 발행된 서류

iii. states that it is original, unless the statement appears not to apply to the document presented.

원본이라고 표시하고 있으며, 그러한 표시가 해당 서류에 적용되지 않는 것으로 보이지 않는 경우(해당 서류에 적용되는 것으로 여겨지는 경우)

d. If a credit requires presentation of copies of documents, presentation of either originals or copies is permitted.

Where a credit calls for a copy of a transport document and indicates the disposal instructions for the original of that transport document, an original transport document will not be acceptable.

신용장에서 서류의 사본 제시를 요구하는 경우에는 원본을 제시해도 되고 사본을 제시해도 된다. 그러나 신용장에서 원본서류 제출을 금지하거나 운송서류 사본을 요구하면서 원본서류에 대해 별도의 처분지시를 한 경우에는 원본이 사본을 대체할 수 없다.

e. If a credit requires presentation of multiple documents by using terms such as "in duplicate", "in two fold" or "in two copies", this will be satisfied by the presentation of at least one original and the remaining number in copies, except when the document itself indicates otherwise.

신용장에서 in duplicate, in two fold or in two copies와 같은 용어를 사용하여 복수의 서류 제시를 요구한다면, 적어도 1통은 원본이어야 되고 나머지는 사본으로 제시하는 것으로 충족된다.

신용장에서 상업송장을 요구하면서 Commercial invoice 4 copies라 명기한 경우에는 원본 1통과 사본 3통을 제시하며 Commercial invoice라고만 명기한 경우에는 원본 1통을 제시한다. One copy of Invoice라고 명기한 경우는 하나의 송장 사본이나 원본을 제시함으로써 충족된다. Signed commercial invoice를 요청하였거나 Manually signed commercial invoice를 요구한 경우에는, 비록 상업송장은 서명할 필요가 없다 하더라도 신용장에서 요구된 대로 서명 또는 자필서명하여야 한다.

It can sometimes be difficult to determine from the wording of a credit whether it requires an original or a copy, and to determine whether that requirement is satisfied by and original or a copy.

For example, where the credit requires:
- "Invoice", "One Invoice" or "Invoice in 1 copy", it will be understood to be a requirement for an original invoice.
- "Invoice in 4 copies", it will be satisfied by the presentation of at least one original and the remaining number as copies of an invoice.
- "One copy of Invoice", it will be satisfied by presentation of either a copy or an original of an invoice.

④ 환어음(Bill of Exchange) 심사

■ 환어음의 개요

환어음(Bill of Exchange)이란 어음의 발행인(Drawer)이 채무자인 지급인(Drawee) 앞으로 어음을 발행하면서 어음에 표시된 금액을 어음의 소지인에게 지급하여 줄 것을 위탁하는 유가증권이다. 신용장 결제방식의 수출과 관련하여 발행되는 수출환어음은 수출자가 신용장 발행을 통해 지급을 확약한 개설은행 또는 상환은행 앞으로 발행하며, 어음금액을 수령하게 될 소지인은 수출환어음을 매입하고 수출대금을 먼저 지급한 매입은행이다. 신용장에서 제출서류 중의 하나로 (개설은행이 아닌) 개설의뢰인 앞으로 발행된 환어음을 요구할 수도 있으나 그러한 환어음은 금융서류로 보지 않고 기타의 요구서류로 간주하여 처리한다.

A credit may be issued requiring a draft drawn on the applicant as one of the required documents, but must not be issued available by drafts drawn on the applicant.

수출환어음이 신용장 거래 하에서 선적서류에 근거하여 발행되는 경우에는 화환어음(Documentary Bill), 선적서류가 첨부되지 않는 경우에는 무화환어음(Clean Bill), D/A 및 D/P 거래에서 대금 추심용으로 발행되는 경우에는 추심어음(Collection Bill)이라 한다. 수출환 어음은 통상 2통으로 발행되며, 그 중 하나가 결제되면 나머지 하나는 자동적으로 효력을 잃는다.

　* D/A·D/P거래에서는 환어음이 수입상을 지급인으로 하여 발행된다(신용장거래에서는 개설은행이 지급인).

BILL OF EXCHANGE

Draft No. **MD-01** 　　　　　　　　　Date: **APRIL 28, 2021**

For: **USD 30,804.70**

At ___*******___ sight of this FIRST Bill of Exchange (Second of the same tenor and date being unpaid), pay to order of **HSBC COMMERCIAL BANK, LTD**
the sum of **SAY TOTAL US DOLLARS THIRTY THOUSAND, EIGHT HUNDRED FOUR AND SEVENTY CENTS ONLY** 　　　　　　value received.

Drawn under: **MITSUBISHI BANK, LTD**

Irrevocable L/C No **11910000235648** 　Dated: **APRIL 01, 2021**

To: **MITSUBISHI BANK, LTD**
2 - CHOME, CHIYODA-KU, TOKYO, JAPAN

CAMIMEX CO, LTD

Authorized Signature

■ 환어음에 필수적으로 기재되어야 할 주요사항

- 환어음(Bill of Exchange)임을 표시하는 문자
- 일정한 금액을 무조건 지급할 뜻의 위탁문언(Pay to the order of ~)
- 지급인의 명칭 : 환어음을 지급할 자 또는 그 지급을 위탁받은 자(즉, 개설은행이나 상환은행)
- 만기일
  - 일람출급(At Sight) : 지급인에게 어음이 제시되는 날이 곧 만기일이 된다(만기가 기재되어 있지 않으면 일람출급 환어음으로 본다).
  - 확정일 출급(만기일 지정) : 어음상에 기재된 일자가 만기일이 된다.
  - 일람 후 정기출급(At xx days after Sight) : 어음을 지급인에게 제시하고 지급인이 어음을 인수한 익일부터 xx일째 되는 날이 만기일이 된다. 신용장 방식인 경우에는 어음이 개설은행에 접수된 익일부터 xx일째 되는 날이 만기일이 된다. 개설은행은 산정된 어음의 만기일을 서류제시은행인 매입은행에 알려주어야 한다.

  The drawee bank is to advise or confirm the maturity date to the presenter

  - 일자 후 정기출급(At xx days after xx date) : 선적일 등과 같은 특정일자를 기준으로 만기일을 산정하는 방식이며, 이러한 방식으로 환어음을 발행할 경우에는 오직 환어음만을 참고하여도 만기일이 계산이 가능할 수 있도록 작성되어야 한다. 기준이 되는 특정일자를 이미 알게된 경우에는 일자 후 정기출급 형식 대신 확정일 출급 형식으로 발행할 수 있다.

일자 후 정기출급 환어음의 Tenor 표시방법

신용장에서 정한 환어음의 Tenor가 At 60 days after B/L date이고, 실제 선적일이 Aug. 10, 2025이라면, 환어음 상에는 다음과 같은 방식으로 Tenor를 표기해야 한다.
- 60 days after bill of lading date Aug. 10, 2025
- 60 day after Aug. 10, 2025
- Oct. 9, 2025

  * 60 days after bill of lading date라고만 표기하면 해당 정보만으로는 만기일 계산이 되지 않으므로 추가로 B/L date를 기재해 주어야 함

- 발행일 : 선적일 이후 일자로 발행되어야 하며, 신용장의 유효기일 이내에 발행되어야 한다.

환어음 양식의 주요내용(예시)

```
                        BILL OF EXCHANGE

No._(어음번호)__    DATE _(어음발행일 및 발행지)__
FOR __(어음발행 숫자금액)_____
AT __(Tenor)__ SIGHT OF THIS FIRST BILL OF EXCHANGE(SECOND OF THE SAME TENOR
AND DATE BEING UNPAID)
PAY TO __(수취인 : 매입은행)__ OR ORDER
THE SUM OF ___(문자금액)_____
VALUE RECEIVED AND CHARGE THE SAME TO ACCOUNT OF ___(수입상의 명칭 및 주
소)_____ _____
DRAWN UNDER_____(개설은행의 명칭 및 주소)_____
L/C NO.____(신용장 번호)_____Dated____(신용장 개설일)_____
TO ___(지급인 : 신용장상의 "Drawee" 또는 "Drawn on" 다음에 기재된 은행의 명칭과 주소.  단,
D/A, D/P 방식인 경우에는 수입상의 명칭 및 주소)_____
_____(발행인의 명칭과 서명)_____
```

■ 파훼문구

수출환어음은 분실에 대비하여 2통을 1세트로 발행하는 것이 관례이며 이들은 동일한 법적효력을 가지고 있으나 그 중 어느 하나에 대해 지급이 이루어지면 나머지 하나는 자동적으로 무효가 된다. 따라서 환어음을 복수로 발행하는 경우에는 복수로 발행된 사실과 함께 다른 한 통이 지급되지 않은 상태에서 유효하다는 문언을 기재하게 된다.

'At sight of this first bill of exchange(Second of the same tenor and date being unpaid)'

■ 복기(復記)금액

환어음에 숫자로 표시한 금액을 문자로 복기하며 숫자금액과 문자금액이 서로 상이한 경우에는 문자로 기재된 금액을 어음금액으로 인정한다.

When the amount in words and figures are in conflict, the amount in word is to be examined as the amount demanded.

■ 대가 수취문구

환어음에는 Value received and charge the same to account of ∽(개설의뢰인의 명칭)과 같이 표시되어 있는데, 이는 수출자인 어음발행인이 매입은행으로부터 대가(대금)를 수령하였으니 동 대금을 수입상으로부터 받으라는 뜻이다.

■ 환어음 심사 주요 착안사항

• 다른 신용장과 통합하여 발행된 Joint Draft(Combined Draft) 여부 : 신용장에서 허락하지 않는 한 수리할 수 없다.
• Over-drawn(신용장 금액을 초과하여 환어음 발행) 여부 : 신용장 뒷면에 표기된 旣사용금액 확인
• 환어음 금액과 송장금액의 일치여부 : 상업송장의 금액이 신용장 금액을 초과하여 발행된 경우를 제외하고, 환어음 금액은 반드시 상업송장의 금액과 일치하여야 한다(신용장 금액을 초과하여 환어음을 발행할 수는 없다).

A nominated bank acting on its nomination, a confirming bank, if any, or the issuing bank may accept a commercial invoice issued for an amount in excess of the amount permitted by the credit, and its decision will be binding upon all parties, provided the bank in question has not honoured or negotiated for an amount in excess of that permitted by the credit.

지정은행, (확인은행이 있다면 그) 확인은행, 그리고 개설은행은 신용장 금액을 초과한 금액으로 발행된 상업송장을 수리할 수 있다. 만약 이들 중 어떤 은행(예 지정은행)이 신용장금액을 초과하지 않고(신용장금액 이내에서) 결제 또는 매입을 한 경우라면, 이러한 결정(즉, 신용장 금액을 초과한 상업송장을 수리한 것)은 (신용장과 관계된) 모든 당사자들을 구속한다(즉, 확인은행과 개설은행은 상업송장이 신용장금액을 초과하였다는 사유로 지정은행에게 결제를 거절할 수 없다).

• 신용장에서 환어음을 요구하지 않은 경우(특히, 유럽지역)에는 환어음을 발행하지 않는다.
• 신용장에 별도의 명시가 없으면 환어음은 2통을 발행한다(은행의 소정 양식이 아닌 수출업체의 소정 양식도 무방).

상업송장(Commercial Invoice)

상업송장은 무역거래 대금을 청구할 때 운송서류, 보험서류와 함께 수출상이 필수적으로 제시하여야 하는 서류로, 수출상이 수입상 앞으로 보내는 상품명세서 겸 대금청구서 역할을 한다.

■ 송장(Invoice, 送狀)의 종류

• 상업송장(Commercial Invoice)

• 견적송장(Pro-forma Invoice) : 수입자가 수입하려고 하는 물품에 관해 수출자가 참고적으로 발행하는 견적서(수량 및 단가 등을 안내) 역할을 하는 送狀으로서, 명칭에 Invoice라고 포함되어 있으나 그저 Offer-sheet로 간주된다. 수입상이 수입국 내에서 수입허가 및 외화배정 신청 등을 위해 필요한 경우 등에 이용하며, 신용장에서 특별히 허용하지 않는 한 송장으로서 인정(= 수리)되지 않는다.

• 영사송장(Consular Invoice) : 수출국에 주재하는 수입국영사에 의해 발행된 送狀을 말한다. 이 송장은 수입국에서 관세부담을 줄이기 위해 부정한 방법으로 송장을 작성하는 것을 방지하기 위한 경우에 이용한다.

• 세관송장(Customs Invoice) : 수입국의 세관이 확인하는 送狀으로서 수입화물의 과세를 결정하거나 쿼터품목의 통상 기준량 계산 및 수입통계를 위해서 사용된다.

* 공용(公用)송장(Official Invoice) : 영사송장과 세관송장을 일컬어 공용송장이라 함

■ 신용장통일규칙에서 요구하는 상업송장의 조건

a. A commercial invoice :

    i. must appear to have been issued by the beneficiary(except as provided in article 38) :

    ii. must be made out in the name of the applicant(except as provided in sub-article 38(g)) :

    iii. must be made out in the same currency as the credit : and

    iv. need not be signed(or dated)

b. A nominated bank acting on its nomination, a confirming bank, if any, or the issuing bank may accept a commercial invoice issued for an amount in excess of the amount permitted by the credit, and its decision will be binding upon all parties, provided the bank in question has not honoured or negotiated for an amount in excess of that permitted by the credit.

c. The description of the goods, services or performance in a commercial invoice must correspond with that appearing in the credit.

신용장통일규칙에서 요구하는 상업송장의 조건은, 수익자에 의해 발행된 것으로 보여야 하고, 개설의뢰인 앞으로 발행되어야 하며 신용장 금액의 표시통화로 발행되어야 한다. 또한, 상업송장은 신용장의 물품(또는, 서비스 및 의무이행) 명세를 정확히 반영해야 하며, 신용장에서 특별히 요구하지 않는 한 발행자의 서명이나 발행일자가 없어도 무방하다.

상업송장의 Letter Head에 수익자의 명칭(상호)이 표시되어 있거나 상업송장에 수익자의 서명이 있다면 수익자가 발행한 것으로 간주한다. 상업송장이 개설인 앞으로 발행된 것으로 보기 위해서는 To xxx와 같이 개설의뢰인의 명칭을 표시해 주어야 하며, 상업송장 서식 상의 Consignee 또는 Notify Party에 개설의뢰인의 명칭이 표시된 것만으로는 충족되지 않는다. 신용장의 표시통화가 USD인데 상업송장에는(신용장에서 표시된 대로 표시하지 않고) 단순히 $로만 표시해서는 하자가 된다.

상업송장의 물품(또는, 서비스 및 의무이행)명세는, (신용장상의 용어와 상충되지만 않으면 일반적인 용어로 표현해도 무방한 다른 서류들과는 달리) 신용장상의 명세와 반드시 상응하여야 한다. 여기서 상응(Correspond with)한다는 뜻은 거울(Mirror Image)처럼 똑같이 반영되어야 함을 의미하는 것은 아니며, 상업송장의 상품명세에 있는 모든 내용이 신용장의 상품명세와 저촉되지 않으면서도 정확히 반영되어야 함을 의미한다.

In documents other than the commercial invoice, the description of the goods, services or performance, if stated, <u>may be in general terms not conflicting with</u> their description in the credit.

■ 상업송장에 관한 ISBP 745(국제표준 은행관습)의 해석

When a credit requires presentation of an "invoice" without further description, this will be satisfied by the presentation of any type of invoice(commercial invoice, customs invoice, tax invoice, final invoice, consular invoice, etc.). However, an invoice is not to be identified as "provisional", "pro-forma" or the like.

신용장에서 자세한 설명없이(단순히) 송장을 제시할 것을 요구한 경우에는 어떠한 형태의 송장을 제시하여도 충족되지만, provisional이라든가 pro-forma와 같은(임시적이라는 의미의) 표시가 있어서는 안 된다.

When a credit requires presentation of a "commercial invoice", this will also be satisfied by the presentation of a document titled "invoice", even when such document contains a statement that it has been issued for tax purposes.

신용장에서 commercial invoice의 제시가 요구된 경우에는 (단순히) invoice라고 표제된 서류의 제시로도 충족되며, 그러한 송장이 (특별히) 세금과 관련하여 발행되었다는 표시가 되어 있어도 문제가 되지 않는다.

An invoice is to appear to have been issued by the beneficiary or, in the case of a transferred credit, the second beneficiary. when the beneficiary or second beneficiary has changed its name and the credit mentions the former name, and invoice may be issued in the name of the new entity provided that it indicates "formerly known as (name of the beneficiary or second beneficiary)" or words of similar effect.

상업송장은 수익자가 발행한 것으로 보여야 한다(단, 양도신용장인 경우에는 제2수익자가 발행하여도 무방). 원수익자 또는 제2수익자가 그 이름을 변경한 경우에는 변경된 이름으로 발행하면서 formerly known as ~와 함께 변경 전 이름을 알 수 있도록 해주면 된다.

The description of the goods, services or performance shown on the invoice is to correspond with the description shown in the credit. There is no requirement for a mirror image. For example, details of the goods may be stated in a number of areas within the invoice which, when read together, represent a description of th goods corresponding to that in the credit.

상업송장에 표시된 상품명세는 신용장의 상품명세와 상응하여야 하지만, 꼭 거울(mirror image)에 비친 것처럼 같아야 할 필요는 없다. 예를 들어, 상업송장에서(한군데에 몰아서 표시하지 않았다 하더라도) 여러 곳에 표시한 내용들을 함께 묶어 파악한 내용이 신용장의 상품명세를 반영하고 있으면 된다.

The description of goods, services or performance on an invoice is to reflect what has actually been shipped, delivered or provided. For example, when the goods description in th credit indicates a requirement for shipment of "10 trucks and 5 tractors", and only 4 trucks have been shipped, an invoice may indicate shipment of only 4 trucks provided that the credit did not prohibit partial shipment. An invoice indicating what has actually shipped(4 trucks) may also contain the description of the goods stated in the credit(i.e., 10 trucks and 5 tractors).

상업송장에서의 상품명세는 실제로 선적(또는, 전달, 제공)된 내용을 반영하여야 한다. 예를 들어, 신용장의 상품명세는 트럭 10대와 트랙터 5대로 되어 있고 실제로는 트럭만 4대만 선적했을 경우, 상업송장에는 실제로 선적한 트럭 4대를 상품명세로 표시할 수 있다(물론, 신용장에서 분할선적을 금지하지 않은 경우만 해당). 이러한 경우 실제로 선적된 것을 표시하면서 신용장에서 요구한(전체 물량의) 상품명세를 부기할 수 있다.

An invoice showing a description of the goods, services or performance that corresponds with that in the credit may also indicate additional data in respect of the goods, services or performance provided that they do not appear to refer to a different nature, classification or category of the goods, services or performance.

For example, when a credit requires shipment of "Suede Shoes", but the invoice describes the goods as 'Imitation Suede Shoes', or when the credit requires "Hydraulic Drilling Rig", but the invoice describes the goods as 'Second Hand Hydraulic Drilling Rig', these descriptions would represent a change in nature, classification or category of th goods.

신용장의 상품명세와 상응하는 명세를 표시하는 상업송장은 상품 등에 관한 부가적인 정보(자료)를 표시할 수도 있다. 다만, 그러한 부가정보들이 상품의 특성, 구분, 범위를 다르게 규정하는 것이어서는 안된다. 여기서 예를 든 것처럼, 신용장에서는 언급되지 않은 imitation이나 Second hand 등을 추가하여 전혀 다른 특성의 상품으로 표시되어서는 안 된다.

An invoice is to indicate any discount or deduction required by the credit, and may indicate a deduction covering advance payment, discount, etc., that is not stated in the credit.

상업송장에는 신용장에서 요구된 할인이나 차감액을 표시하여야 하며, 신용장에서 언급되지 않았다 하더라도 선수금이나 할인 등에 관한 차감액을 표시할 수 있다.

When a trade terms is stated as part of the goods description in the credit, an invoice is to indicate that trade term, and when the source of the trade term is stated, the same source is to be indicated. For example, a trade term indicated in a credit as "CIF Singapore Incoterms 2010" is not to be indicated on an invoice as "CIF Singapore" or "CIF Singapore Incoterms".

However, when a trade term is stated in the credit as "CIF Singapore" or "CIF Singapore Incoterms", it may also be indicated on an invoice as "CIF Singapore Incoterms 2010" or any other revision.

신용장에서 특정 거래조건이 명시되었으면 상업송장에서도 해당 거래조건을 표시하여야 하고, 거래조건에 관해(개정연도 등에 관한) Source도 신용장에서 명시된 것과 동일하게 표시하여야 한다. 예를 들어, 신용장에서 거래조건을 CIF Singapore Incoterms 2010로 명시했는데 상업송장에서 CIF Singapore나 CIF Singapore Incoterms와 같이(Source를 생략하고) 표시해서는 안 된다. 그러나 신용장에서 CIF Singapore나 CIF Singapore Incoterms로 명시한 경우에는 CIF Singapore Incoterms 2010 또는 기타 개정판을 지정하여 표시할 수 있다.

An invoice is not to indicate :
a. over-shipment(except as provided in UCP 600, 30(b)) or
b. goods, services or performance not called for in the credit.

This applies even when the invoice includes additional quantities of goods, services or performance as required by the credit or samples and advertising material and are stated to be free of charge.

(상품명세가) 초과선적(M/L Clause 적용의 경우 예외)을 나타내거나 신용장에서 요구하지 않은 상품들이 표시되어 있어서는 안 된다. 이러한 내용은 신용장에서 요구된 물품 등의 수량보다 더 많이 제공하는 경우 및 무료로 제공하는 샘플이나 판촉물인 경우에도 적용된다.

■ 상업송장 서식 해설

- Seller : 수출자를 말하며 신용장에 명시된 Beneficiary의 명칭 및 주소를 기재한다.

- Consignee : 수출물품의 수하인을 말한다. 최종적으로는 수입상에게 물품이 가겠지만 수입상이 수입대금을 결제하기 전에는 수출물품에 관한 권리를 개설은행이 보유하게 되며, 추후 수입대금이 결제되면 선하증권에 개설은행이 배서하여 수입상에게 전달한다. 여기서 abc Bank는 개설은행이다.

- Buyer : 수입상, 신용장에 명시된 Applicant를 기재한다.

- Vessel/Flight : 선박의 명칭이나 비행기의 Flight Number를 기재한다.

- Shipping Mark : 수출물품의 포장 외면에 표시하여 식별을 용이하게 하는 화물인식표시(하인(荷印)이라 함)를 지칭한다.

- 상업송장에는 신용장에서 특별히 요청하지 않는 한 작성자(수출자)의 서명을 생략할 수 있다.

A document may be signed by handwriting, facsimile signature, perforated signature, stamp, symbol or any other mechanical or electronic method of authentication.

A signature need not be handwritten. Facsimile signatures, perforated signatures, stamps, symbols (such as chops) or any electronic or mechanical means of authentication are sufficient.

상업송장 견본

COMMERCIAL INVOICE

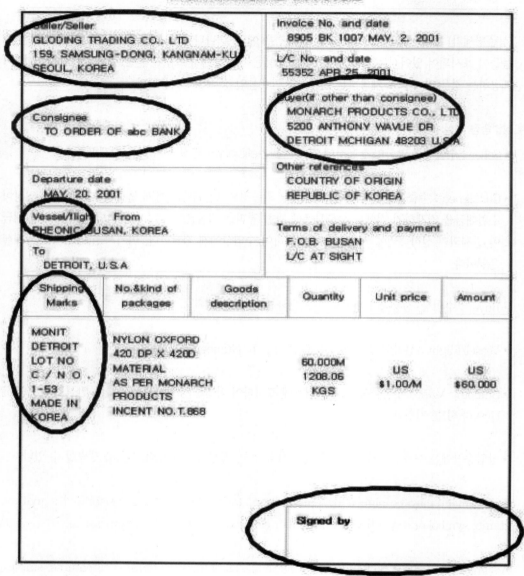

Seller/Seller GLODING TRADING CO., LTD 159, SAMSUNG-DONG, KANGNAM-KU SEOUL, KOREA	Invoice No. and date 8905 BK 1007 MAY. 2. 2001
	L/C No. and date 55352 APR. 25. 2001
Consignee TO ORDER OF abc BANK	Buyer(if other than consignee) MONARCH PRODUCTS CO., LTD 5200 ANTHONY WAVUE DR DETROIT MCHIGAN 48203 U.S.A
Departure date MAY. 20. 2001	Other references COUNTRY OF ORIGIN REPUBLIC OF KOREA
Vessel/flight From PHEONIC BUSAN, KOREA	Terms of delivery and payment F.O.B. BUSAN L/C AT SIGHT
To DETROIT, U.S.A	

Shipping Marks	No.&kind of packages	Goods description	Quantity	Unit price	Amount
MONIT DETROIT LOT NO C / N O . 1-53 MADE IN KOREA	NYLON OXFORD 420 DP X 420D MATERIAL AS PER MONARCH PRODUCTS INCENT NO. T.868		60.000M 1208.06 KGS	US $1.00/M	US $60.000
				Signed by	

운송서류(Transport Documents) 심사

• 신용장 조건과 일치여부(수량, 단가, 분할선적, 수하인, 통지처, 제시된 통수(桶數), 운임 지급여부의 표시)
• Stale B/L(선적 후 21일 경과), Foul B/L(고장(故障) 선하증권), 또는 Chartered Party B/L(용선계약 선하증권) 여부

A bank will only accept a clean transport document. A clean transport document is one bearing no clause or notation expressly declaring a defective condition of the goods or their packaging. The word "clean" need not appear on a transport document, even if a credit has a requirement for that transport document to be "clean on board".

물품 및 포장에 관한 결함이 있다는 표시가 없는 무고장 B/L(즉, Clean B/L)만 수리한다. 신용장에서 Clean B/L을 요구한다고 해서 B/L상에 Clean이라는 단어가 있어야 되는 건 아니다.

• Shipped B/L 여부, Received B/L인 경우 On Board Notation 부기가 필요하다.
• 배서의 적정성 : 선하증권에 Consignee가 to order, to order of the shipper인 경우에는 선하증권 뒷면에 수출상이 배서

• 갑판선적 표시여부

A transport document must not indicate that the goods are or will be loaded on deck. A clause on a transport document stating that the goods may be loaded on deck is acceptable.

운송서류에 물품이 갑판에 적재되었거나(are loaded) 될 것이라(will be loaded)고 표시된 경우는 수리가 안 된다(다만, 일반적으로 약정서에 미리 인쇄되어 있듯이). 운송서류상의 조항에 물품이 갑판에 적재될 수도(may be loaded) 있다고 기재된 경우는 수리된다. 갑판 적재가 이루어질 수 있다는 가능성을 언급한 것은 허용되지만, 이미 적재되었거나 그렇게 할 분명한 의지(will be)를 갖고 있다면 안 된다는 것을 의미한다.

보험서류(Insurance Documents) 심사

- 수출자 부보 거래조건(예 CIF, CIP)인 경우는 보험서류 제시가 필수적이다.

- 신용장에서 보험증권(Insurance Policy)을 요구하였다면 보험증명서(Certificate)나 보험확인서 (Declaration)로 대체할 수 없다(그 반대의 경우는 무관).

  * 부보각서(Cover Note)는 신용장에서 특별히 요구되지 않는 한 당연히 수리거절

- 보험회사, 보험 인수업자 또는 그들의 대리인에 의해 정당하게 발행되었는지 여부 및 전통(통상 2통) 이 제시되었는지 여부

- 부보일자는 물품의 본선적재 또는 수탁일과 같거나 그 이전이어야 한다.

- 보험금액이 신용장에서 요구한 금액인지 여부(CIF 또는 CIP 금액의 110% 이상으로 해야 하며, 이들 금액을 알기 어려운 경우에는 상업송장 금액의 110% 이상)

- 수출자가 보험금수령인(Assured)으로 되어있는 경우 배서 여부

- 신용장에서 보험료 지급(Premium Paid)을 기재토록 한 경우 표시 여부

- 선박명, 선적항, 양륙항 등 제반사항이 신용장 조건과 모순되지 않아야 한다.

- 상품명 및 수량이 상업송장의 내용과 일치하여야 한다.

해상보험증권 견본

CERTIFICATE OF MARINE CARGO INSURANCE

① Assured(s), etc   THE ABC CORPORATION

Certificate No. 002599A65334

Ref. No. Invoice No. DS-990228
L/C No. IOMP20748

Claim, if any, payable at :

GELLATLY HANKEY MARINE SERVICE
842 Seventh Avenue New York 10018
Tel(201)881-9412

② Amount insured USD 65,120.-
(USD59,200 XC 110%)

Claims are payable in

Survey should be approved by
THE SAME AS ABOVE

Conditions

* INSTITUTE CARGO CLAUSE(A) 1982 ③

* CLAIMS ARE PAYABLE IN AMERICA IN
THE CURRENCY OF THE DRAFT. ④

Local Vessel or Conveyance	From(interior port or place of loading)
Ship or Vessel called the KAJA-HO V-27	Sailing on or about MARCH 3, 1999
at and from PUSAN, KOREA ⑤	transshipped at
arrived at NEW YORK ⑥	thence to

Goods and Merchandise

16,000YDS OF PATCHWORK COWHIDE LEATHER

Subject to the following Clauses as per back hereof institute Cargo Clauses Institute War Clauses(Cargo) Institute War Cancellation Clauses(Cargo)
Institute Strikes Riots and Civil Commotions Clauses
Institute Air Cargo Clauses(All Risks)
Institute Classification Clauses
Special Replacement Clause(applying to machinery)
Institute Radioactive Contamination Exclusion Clauses

Co-Insurance Clause Marks and Numbers as

Place and Date signed in   **SEOUL, KOREA MARCH 2, xxxx**   No. of Certificates issued. **TWO** ⑦
This Certificate represents and takes the place of the Policy and conveys all rights of the original policyholder (for the purpose of collecting any loss or claim) as fully as if the property was covered by a Open Policy direct to the holder of this Certificate. This Company agrees lossed, if any, shall be payable to the order of Assured on surrender of this Certificate.
Settlement under one copy shall render all others null and void.
Contrary to the wording of this form, this insurance is governed by the standard from of English Marine Insurance Policy.
In the event of loss or damage arising under this insurance, no claims will be admitted unless a survey has been held with the approval of this Company's office or Agents specified in this Certificate.

SEE IMPORTANT INSTRUCTIONS ON REVERSE
xxx Insurance Co., Ltd.

AUTHORIZED SIGNATORY

This Certificate is not valid unless the Declaration be signed by an authorized representative of the Issued.

■ 보험증권 해설

- Assured : 피보험자로 대부분의 수출자가 해당된다. 따라서 수출환어음 매입(Nego) 시에는 수출자가 배서하여 매입은행에 제출해야 하고, 매입은행 또한 배서하여 신용장발행은행 앞으로 송부해야 한다.

- Amount Insured : 부보금액으로서 최소한 송장금액의 110% 금액으로 부보한다.

- ICC(A) : ICC 신약관에 의한 담보조건 중 부보범위가 가장 넓다.

- 보험계약 표시통화는 신용장의 표시통화와 일치해야 한다.
  * Claim Amount : 보험금(보험사고 발생 시 청구되는 보상금액)

- 부보구간은 신용장에서 명시된 지명으로 표시되어야 한다.

- 해상보험증서는 통상 2통으로 발행되며, 2통 모두 신용장개설은행 앞으로 송부한다.

기타 서류 심사

- 지정된 발급기관에서 정당하게 발행되었는지 여부

- 상품의 명세, 화인(Shipping Mark)이 다른 서류들과 일치하는지 여부

- 영사관 확인(Visa) 등을 요구한 경우, 요구대로 발행되었는지 여부
  - Visaed : 일반 송장에 영사가 서명
  - Legalized : 송장 및 운송서류에 영사가 서명
  - Notarized : 모든 서류에 공증인 또는 상공회의소가 부서하고 영사가 서명

- 포장명세서(Packing List)의 순중량, 총중량, 용적 등은 운송서류와 일치해야 한다.

- 검사증명서(Inspection Certification)의 경우 신용장에서 요구한 검사기관(검사자)에 의해 정당하게 발행되었는지 여부

- 원산지증명서(Certificate of Origin)

A certificate of origin is to be issued by the entity stated in the credit. When a credit does not indicate the name of an issuer, any entity may issue a certificate of origin.

When a credit requires the presentation of a certificate of origin issued by the beneficiary, the exporter or the manufacturer, this condition will also be satisfied by the presentation of a certificate of origin issued by a Chamber of Commerce or the like, provided that it indicates the beneficiary, the exporter or the manufacturer as the case may be.

원산지증명서는 신용장에서 지정한 entity가 발급하여야 하며 발행해야 할 자의 이름을 신용장에서 명시하지 않았다면 누구나 발급 가능하다. 수출자(또는 수익자, 제조자)에 의해 발행되어야 한다고 명시된 경우에는 상공회의소 등에 의해 발행된 증명서에 의해서도 그러한 조건이 충족된다(다만, 해당 증명서에 수출자(또는 수익자, 제조자)를 표시해야 함).

신용장 全文 예시 및 해설

Sender's Bank (개설은행) : PCBCCNBJDX(개설은행의 SWIFT Code)
　　　　　　　　　　　　　CHINA CONSTRUCTION BANK
　　　　　　　　　　　　　(GUANGDONG BRANCH)

Receiver's Bank (통지은행) : NACFKRSE(통지은행의 SWIFT Code)
　　　　　　　　　　　　　NONGHYUP BANK

Message Type : MT 700(신용장 개설에 관한 SWIFT Message Type)

Sequence of Total (27) : 1/1(全文의 쪽수를 표시)

Form of documentary Credit (40A) : IRREVOCABLE(취소불능 신용장)
　* 양도가능신용장인 경우에는 이 항목에 "Transferable"이라고 추가됨

Documentary Credit Number (20) : 56326547811450
Date of Issue (31C) : 140901

Applicable Rule (40E) : UCP URR LATEST VERSION(신용장 통일규칙 및 대금상환에 관한 규칙 최신버전이
　　　　　　　　　　　　　적용)
　* 준거규칙이 반드시 표시되게 됨

Date and Place of Expiry (31D) : 141120
　　　　　　　　　　　　　NEGOTIATING BANK
　　　　　　　　　　　　　(서류가 제시되어야 할 일자와 장소를 표시)

Applicant (50) : XYZ Co., Ltd.
　　　　　　　　QINGDAO CHINA
　　　　　　　　TEL 12-345-6789
　　　　　　　　(신용장 개설의뢰인, 수입상)

Beneficiary (59) : ABC TRADING
　　　　　　　　　SEOUL KOREA
　　　　　　　　　TEL 02-8783-5192
　　　　　　　　　(수출상, 신용장 수혜자)

Currency Code Amount (32B) : USD 100,000.00

Percentage Credit Amount Tolerance (39A) : 5/5(More or Less 5%)
(수량과 금액이 5% 범위 내에서 과부족을 허용한다. Bulk 화물인 경우에는 이 표시를 하지 않아도 5% 과부족이 허용된다)

Available With (41D) : ANY BANK
                      BY NEGOTIATION
(본 신용장이 사용될 수 있는 은행을 지정하며 지정은행이 없는 경우에는 'Any Bank'로 표시된다. 신용장의 이용 방법으로는 매입(Negotiation), 지급(Payment), 연지급(Deferred Payment), 인수(Acceptance)가 있다. 이 경우는 어느 은행에서나 '매입'이 가능한 '자유매입신용장'이다)

Drafts at (42C) : AT SIGHT FOR FULL INVOICE VALUE
(Draft는 환어음을 뜻한다. 상업송장에 나타난 금액 전액을 일람불조건으로 하여 환어음을 발행하라는 뜻이다)

Drawee (42A) : ISSUING BANK
(환어음을 발행하는 사람을 'Drawer'라 하며 수출상이 된다. 환어음을 지급해야 하는 사람을 'Drawee'라 하는데 일반적으로 신용장 발행은행(Issuing Bank)이 이에 해당되나 상환방식의 지급인 경우에는 상환은행(Reim. Bank) 이 여기에 해당된다)

Partial Shipment (43P) : ALLOWED
Transshipment (43T) : PROHIBITED
(분할선적 및 환적과 관련하여 아무런 표시가 없으면, 분할선적은 가능한 것으로 해석되고, 환적은 불가능한 것으로 해석한다)

Port of Loading/ Airport of Departure (44E) : KOREA
Port of Discharge/ Airport of destination (44F) : CHINA
Latest Date of Shipment (44C) : 141030
Description of Goods and/or Services (45A) :
        LADIES RED JACKET 1,000EA 100/EA USD100,000
        CIF QINDAO PORT CHINA

Documents Required (46A) (수출상이 제시하여 할 서류에 관한 명세이다)

+SIGNED COMMERCIAL INVOICE IN 4 COPIES
(수출상이 서명한 상업송장 4부, 이중 최소한 1부는 Original이어야 함)

+FULL SET OF CLEAN ON BOARD MARINE BILLS OF LADING MADE OUT TO ORDER AND BALNK ENDORSED, MARKED FREIGHT PREPAID NOTIFY APPLICANT, INDICATING CREDIT NUMBER.

(B/L 전통(통상 3통), 무고장 선하증권, 물품이 선적된 선하증권, 수하인이 지정되어 있지 않고 선적인인 수출상의 지시에 의해 결정, 선하증권 뒷면에 선적인이 백지배서하여 모든 권한을 상대에게 위임, 운임을 선불했음을 표시, 물품 도착사실을 개설의뢰인인 수입자에게 통보, 선하증권에 신용장 번호를 표시)

+PACKING LIST IN 4 COPIES
(포장명세서 4부, 이중 최소한 1부는 Original이어야 함)
+INSURANCE POLICY OR CERTIFICATE IN FULL SET FOR 110PCT OFINVOICE VALUE, BLANK ENDORSED, SHOWING CLAIM PAYABLE AT DESTINATION BY AN AGENT (WITH FULL NAME AND ADDRESS) AND COVERING ALL RKSKS.   INSURANCE POLICY OR CERTIFICATE MUST SHOW NUMBER OF ORIGINAL(S) ISSUED.
(신용장 금액의 110%를 부보한 보험서류 전통, 백지배서, 수입지에서 보험금 청구가능, 부보범위는 All Risks, 보험서류에 Original 발급부수 기재)

+CERTIFICATE OF ORIGIN IN 2 COPIES.
(원산지 증명서 2부, 그중 최소한 1부는 Original이어야 함)

Additional Conditions (47A) :
(신용장 사용과 관련하여 특별히 요청되는 조건이 있는 경우에 이 항목에 표시한다)

A FEE OF USD 60 (OR EQUIVALENT IN OTHER CURRENCY) FOR EACH SET OF DOCUMENTS PRESENTED WITH DISCREPANCY(IES) WILL BE DEDUCTED FROM PROCEEDS. THIS DOES NOT, HOWEVER, CONSTITUTE AN AUTOMATIC ACCEPTANCE OF DISCREPANT DOCUMENTS BY OURSELVES.
(하자 1건당 미화 60불이 대금에서 공제됨, 이러한 조건이 제시되었다 해서 모든 하자가 자동적으로 수리된다는 뜻은 아님)

Charges (71B) : ALL BANKING CHARGES OUTSIDE CHINA ARE FOR BENEFICIARY'S ACCOUNT.
            (신용장 사용과 관련하여 China 외에서 발생하는 수수료는 수출상이 부담)

Period of Presentation (48) : DOCUMENT MUST BE PRESENTED WITHIN 21 DAYS AFTER THE DATE
            OF SHIPMENT BUT WITHIN THE VALIDITY OF THIS CREDIT.
(선적 후 21일 이내에 제시되어야 한다. 그러나, 신용장 유효기일을 넘겨서는 안 된다)

Confirmation Instruction (49) : WITHOUT
(신용장 발행은행이 신용장을 수신하여 통지하는 은행에게 '확인(Confirmation)'을 추가할 것인지에 관한 요청이다. 여기에서는 확인이 필요 없다는 표시이다)

Instruction to Pay/Accpt/Nego Bank (78) : INSTRUCTION TO THE NEGOTIATING BANK. T/T CLAIM FOR REIMBURSEMENT IS PROHIBITED. ON RECEIPT OF DOCS IN ORDER, WE'LL REMIT AS PER YR INSTRUCTION. ALL DOCS TO BE SENT TO US IN ONE LOT BY COURIER SERVICE.
(매입은행에 대한 지시 : 전신상환 금지되며, 선적서류 등이 도착하면 요청내용에 따라 송금하겠음. 모든 서류는 한 통으로 특사우송 바람)

* 이러한 신용장의 내용은 개설의뢰인이 신용장개설신청서에 요청한 내용을 바탕으로 하여 외국환은행의 실무자가 전산입력한대로 작성되어 통지은행으로 전송되게 됨

하자매입 및 Re-nego

① 하자 있는 수출환어음의 추심 전 매입

수출환어음 매입을 위해 제시된 서류의 내용 중에서 신용장의 조건과 불일치(Discrepant)한 사항을 하자(瑕疵, Discrepancy)라고 하며, 하자가 있는 경우에는 신용장 발행은행의 지급보증을 받을 수 없다. 따라서 수입대금을 최종적으로 결제하는 수입상이 서류상의 하자에도 불구하고 결제에 동의하기로 했다는 수출상의 주장이 있다 하더라도 매입의뢰인(수출상)으로부터 하자사항 및(부도처리되는 경우) 대금의 상환에 관한 확인서를 받고 은행의 여신업무방법에 따른 채권보전 절차를 취한 후 매입하여야 하며, 이를 보증부 매입(L/G Nego)이라 한다.

* 하자가 있는 경우, 개설은행에 하자사항을 조회하여 매입 동의를 얻거나, 신용장의 조건변경(Amendment) 요청을 하여 조건변경 수락을 받아 처리하는 것이 최선임

주요 하자(Discrepancy)
• L/C Expired(신용장 유효기일 경과) • Late Shipment(선적기일 경과) • Late Presentation(제시기일 경과) • Partial Shipment(분할선적) • Trans-shipment(환적) • Different Shipping(Discharging) Port(선적항 또는 도착항 상이) • Over-drawn(환어음 금액이 신용장금액 초과) • Different Goods Description(상품명세 상이)

② 수출환어음의 추심 후 지급

수출환어음과 선적서류를 매입하지 아니하고, 개설은행으로 추심 의뢰하여 수출대금이 계좌로 입금된 후에 수출상에게 지급하는 방법이다. 하자 있는 서류가 제시된 경우(신용장의 조건과 불일치 혹은 하자있는 서류가 제시된 경우), 제시된 서류 상호 간에 모순(Conflict)이 있는 경우, 거래 상대국의 정국불안이나 외환사정 변동으로 인해 자금의 원활한 결제를 기대하기 어려운 경우, 특수조건이 있는 신용장, 한국무역보험공사에서 제공하는 인수중지 국가에 소속된 은행이 발행한 신용장 등과 같이 대금회수가 불확실한 상황에서는 추심 전 매입이 아닌 추심 후 지급 방식을 택하게 된다.

Back-to-back L/C, 양도신용장

Back-to-back 신용장은, 연계무역에서 수출입자 일방이 먼저 수입신용장을 개설하면서, 거래상대방이 일정금액 이상의 상품을 자신(또는 자국)으로부터 매입하기 위한 대응수입 신용장을 개설하는 경우에 한해 당해 수입신용장이 유효하다는 조건을 붙인 신용장을 말한다. Back-to-back 신용장은 개설과 동시에 신용장의 효력이 발생하지 않고 상대방으로부터 대응하는 신용장이 개설되어야 효력이 발생하는 조건부 신용장이다.

* 중계무역에서 원신용장을 근거로 개설된 제2의 신용장(Baby L/C, Sub L/C)도 Back-to-back 신용장이라 함

양도신용장(Transferred L/C)은, 제2수익자가 원신용장의 수익자로부터 양도받은 신용장으로서 양도은행이 원신용장을 양도(일부 또는 전액)하면서 발행되는 신용장이며 "Upon reimbursement from the issuing bank, we undertake to reimburse you as per your instructions."과 같이 대금결제와 관련된 특별 상환조항을 삽입하는 게 일반적이다.

③ 재매입(Re-nego)

신용장에 매입 또는 지급은행이 특정은행으로 제한되는 매입제한 신용장 및 지정신용장인 경우에는(Confirmed L/C인 경우에는 확인은행이, 양도신용장인 경우에는 양도은행이 재매입은행이 됨) 지정된 은행 이외의 매입은행은 자신의 고객으로부터 해당 신용장에 의거 수출환어음을 매입할 수는 있으되 이를 다시 지정된 은행(확인은행, 양도은행 등) 앞으로 재매입 의뢰하여야 한다.

* Available with advising bank by negotiation(매입제한 신용장)
  Available with xxx bank by negotiation(지정신용장)

신용장의 유효기일은 재매입은행에서의 매입일을 기준으로 판단하며 비지정은행이 매입 시에는 지정은행으로의 우편발송 소요기간을 고려한 환가료를 적용하여 매입해야 하고(직매입의 경우보다 통상 4일분을 추가 징수함), 해당 지정은행으로부터 Release(매입제한 해지 수권)를 받는 경우에는 재매입 의뢰를 하지 않고 직매입(Direct Nego)으로 처리할 수도 있다.

* 실무에서는 매입은행이 Re-nego 대상 수출환어음을 매입 시, 자행수수료 및 4일간의 환가료만 징수하고, 재매입은행이 징수하는 환가료(약 8일분) 및 수수료는 추후 매입은행 계좌에 대금이 입금될 때 해당 수수료가 차감되고 입금되므로 이를 Less Charge로 처리하여 사후 징수하고 있음

재매입을 의뢰한 비지정은행은(국내에 소재하는) 지정은행으로부터 대금을 수령하게 되며 이러한 대금은 KEB나 KB 등에 개설된 계좌를 이용한 국내은행 간 외화자금이체 시스템을 통해 수수된다.

D/P, D/A 서류의 매입

D/P 및 D/A거래는 수출입 당사자 간의 계약서를 근거로 하는 무신용장방식의 거래로서 수출자가 물품을 선적한 후, 수입자를 지급인으로 하는 환어음(일람불 또는 기한부)과 운송서류 등을 거래은행에 건네주고, 수출자의 거래은행은 동 서류 등을 수입자 소재지의 환거래은행에 보내어 추심을 의뢰하는 거래이다.

* Financial Documents : 환어음, 약속어음 등
  Commercial Documents : 상업송장, 운송서류, 보험서류 등

수출자의 입장에서는 순전히 수입상의 신용도에 의지하여 행하는 거래이므로, 수입상이 대금결제를 못할 경우 고스란히 그 위험을 떠안게 되는 바, 신용도가 검증된 고정거래처나 본지사 간 거래에 주로 이용된다. 은행의 입장에서는 수출상이 수출대금을 추심하는 과정에서 중개인 역할을 하는 것이지만 국제상업회의소(ICC)에서 제정한 추심에 관한 통일규칙(Uniform Rules for Collection, 1995 Revision, ICC Publication No. 522), 규정에 의해 추심의뢰은행 또는 추심은행으로서의 역할을 성실히 수행해야 한다(Banks will act in good faith and exercise reasonable care).

수출상이 수출대금의 추심이 완료되기 이전에 자신의 거래은행에게 수출환어음의 추심 전 매입을 요청하는 경우, 은행은 수출상의 신용도 및 담보 등을 고려하여 추심 전 매입을 할 수 있는데 이를 D/A Nego · D/P Nego라 하며, 이러한 수출환어음 매입은 수출자에 대한 여신인 바, 적절한 채권보전 조치를 취해야 한다.

* 선하증권의 원본 1통 이상이 수입상 앞으로 직접 송부되는 경우라든가, 항공화물운송장(Air Waybill)의 수하인이 수입상으로 되어있는 경우에는 수입대금 결제여부와 관계없이 화물의 인수가 가능하게 되므로 추심 전 매입을 억제하는 것이 바람직함

① 수출환어음 추심 당사자
- 추심의뢰인(Principal) : 수출자
- 추심의뢰은행(Remitting Bank) : 수출자의 거래은행
- 추심은행(Collecting Bank) : Any bank, other than the remitting bank, involved in processing the Collection
- 제시은행(Presenting Bank) : The collecting bank making presentation to the drawee.
- 지급인(Drawee) : 수입자

  * 대부분 추심은행 = 제시은행임

② 추심지시서(Collection Instruction)

추심의뢰은행이 추심은행에 추심을 의뢰하는 경우에는 완전하고 명확한(Complete and Precise) 지시가 기재된 추심지시서(Collection Instruction)를 첨부하여야 한다. 수출환어음 추심의 경우에는 계약서에 별도의 명시적인 합의가 없는 한(Unless otherwise expressly agreed) ICC가 제정한 추심에 관한 통일규칙(URC 522)이 적용되는 바, 추심지시서에 해당 추심이 URC 522의 적용을 받는다는 준거문언(This collection is subject to Uniform Rules for Collections, 1995 Revision, ICC Publication No.522)을 명시하여야 한다.

신용장방식의 경우에도 하자가 있으면 추심 전 매입을 하지 않고 추심 후 지급을 위해 추심을 의뢰하게 된다. 이러한 때에는 해당 추심이 신용장통일규칙(UCP 600)을 적용한 추심인지 추심에 관한 통일규칙(URC 522)을 적용한 추심인지를 결정하여 각각 Covering Letter 및 추심지시서에 명시하여야 한다(신용장방식인 경우에는 대부분 UCP 600을 적용한 추심을 하고 있음).

③ 추심에 관한 주요지시

추심의뢰은행은 수입자의 소재지에 있는 환거래은행 중 하나를 임의로 선택하여 추심을 의뢰하며 추심에 관한 지시를 명확히 하여야 한다. 추심의뢰를 받은 추심은행은 해당 추심을 취급해야 할 의무가 있는 게 아니므로 자신의 선택에 의해 취급을 할 수도 있고 안 할 수도 있다. 취급을 안 하고자 결정한 경우에는 즉시 추심의뢰은행에 통보해 주어야 한다.

Banks shall have no obligation to handle either a collection or any collection instruction or subsequent related instructions. If a bank elects, for any reason, not to handle a collection or any related instructions received by it, it must advise the party from whom it received the collection or the instructions by telecommunication or, if that is not possible, by other expeditious means, without delay.

■ 서류 인도 조건(Release of Commercial Documents)

환어음의 지급기일이 미래의 특정일자인 경우에는 Commercial Documents(선적서류 등) 인도가 D/P조건인지 D/A조건인지 명시하여야 하며, 명시가 없으면 D/P조건으로 간주한다.

If a collection contains a bill of exchange payable at a future date, the collection instruction should state whether the commercial documents are to be released to the drawee against acceptance(D/A) or against payment(D/P). In the absence of such statement, commercial documents will be released only against payment and the collecting bank will not be responsible for any consequences arising out of any delay in the delivery of documents.

■ 지급거절 또는 인수거절의 통지

제시은행은 지급거절 또는 인수거절 사유를 확인하기 위해 노력해야하고 추심지시서를 보낸 은행에 그에 대한 내용을 지체 없이 통지하여야 한다. 추심의뢰은행이 이러한 통지를 받으면 향후 서류 취급에 관한 적절한 지시를 해야 하며, 제시은행은 지급거절 또는 인수거절 통지를 한 후 60일 이내에 관련 지시를 받지 못하는 경우 서류들을 추심의뢰은행으로 반송할 수 있다.

The presenting bank should endeavour to ascertain the reasons for non-payment or non-acceptance and advise accordingly, without delay, the bank from which the collection instruction was received.

On receipt of such advice the remitting bank must give appropriate instructions as to the further handling of the documents. If such instructions are not received by the presenting bank within 60 days after its advice of non-payment or non-acceptance, the documents may be returned to the bank from which the collection instruction was received without any further responsibility on the part of the presenting bank.

■ 거절증서(Protest) 작성

지급거절 또는 인수거절 시 거절증서(Protest) 또는 그에 갈음할 법적절차에 관해 지시해야 하며, 그러한 지시가 없다면 거절증서 작성의무를 부담하지 아니한다. 거절증서는 어음의 지급제시기간 내에 작성되어야 하므로 지급거절 즉시 작성하여야 한다.

The collection instruction should give specific instructions regarding protest(or other legal process in lieu thereof), in th event of non-payment or non-acceptance. In the absence of such specific instructions, the banks concerned with the collection have no obligation to have the document(s) protested.

> **거절증서**
>
> 어음이 인수거절 또는 지급거절되는 경우 해당 사실을 증명하는 공정증서를 말하며 공증인이나 집달관에 의해 작성된다. 거절증서는 추후 어음수취인의 소송제기 시 부도사실에 대한 확정적인 증거로 사용된다.

■ 유사시 대리인(Case-of-Need)

어음의 지급거절 및 인수거절 시 어음발행인의 대리인으로 행동할 자를 지명하는 경우 대리인의 권한에 관해 명확히(Clearly and Fully) 명시하여야 하며, 그렇지 않은 경우에 추심은행은 대리인으로부터의 어떠한 지시도 수용하지 않는다.

If the principal nominates a representative to act as case-of-need in the event of non-payment and/or non-acceptance, the collection instruction should clearly and fully indicate the powers of such case-of-need. In the absence of such indication, banks will not accept any instructions from the case-of-need.

■ 수수료 및 비용에 관한 지시

추심과 관련한 비용을 지급인이 부담한다고 지시를 하였으나 지급인이 해당 비용의 지급을 거절하는 경우, 제시은행은 대금의 지급 및 인수가 있어야 서류를 인도하지만, 경우에 따라서는 비용을 징수하지 않은 채 서류를 인도할 수도 있다. 따라서 비용을 징수하지 않은 채 서류를 인도하는 일을 방지하려면 비용이 포기될 수 없다고 명시하여야 한다. 지급인이 비용지급을 거절하는 경우의 해당 비용은 추심의뢰인이 부담해야 한다.

If the collection instruction specifies that collection charges and/or expenses are to be for account of the drawee and the drawee refuses to pay them, the presenting bank may deliver the document(s) against payment or acceptance or on other terms and conditions as the case may be, without collecting charges and/or expenses, unless sub-article 21(b) applies. Whenever collection charges and/or expenses are so waived they will be for the account of the party from whom the collection was received and may be deducted from the proceeds.

■ 이자 징수에 관한 지시

지급지시서에 지급인으로부터 이자를 징수토록 지시하는 경우에는 이자율, 이자 징수기간, 이자 산출근기 등을 명시하여야 한다. 이자 징수 지시에도 불구하고 제시은행이 지급인으로부터 이자를 징수하지 않은 채 서류를 인도하는 것을 방지하려면 이자가 포기될 수 없다는 내용을 지급지시서에 기재하여야 한다.

(If there is a) charge to be collected, the collection instruction should indicate whether it may be waived or not, including rate of interest, interest period, basis of calculation. (for example, 360 or 365 days in a year)

④ 외국환거래 관련 법령의 준수

계약건당 미화 5만불을 초과하는 본지사 간의 수출거래로서 무신용장 인수인도조건 방식(D/A) 또는 외상수출채권매입방식에 의하여 결제기간이 물품의 선적 후 또는 수출환어음의 일람 후 3년을 초과하는 경우에는(비정상적인 방법으로 자금을 차입하는 효과를 얻으려는 의도가 있을 수 있으므로) 한국은행 총재에게 신고하여야 한다(외국환거래규정).

○ 외상수출채권 매입(O/A Nego)

O/A(Open Account) Nego는 특정 만기를 가진 외상수출채권을 만기일 전에 매입함으로써 수출상으로 하여금 수출대금을 조기에 회수할 수 있게 해주는 거래이며, 매입은행의 입장에서는 외상기간 동안 수출상에게 자금을 운용할 수 있는 거래이다.

O/A거래는 사후송금방식의 결제 거래로서 선적서류의 원본은 수출상이 수입상 앞으로 직접 송부하므로 O/A Nego(외상수출채권 매입)은행은 수출화물에 대한 담보권을 확보할 수 없고 오직 수출자의 신용에 의존(수입자가 결제를 하지 못하는 경우 은행은 수출상으로부터 대금을 회수해야 함)하는 바, 신용도가 높은 대기업 등에 한하여 제한적으로 이용하는 거래방식이다.

O/A Nego를 위해서는 수출상이 매출채권을 외국환은행에 양도하는 것을 수입상에게 미리 알리고 외상채권의 만기일에는 해당 금액을(수출상의 계좌가 아닌) 외상수출채권 매입은행의 계좌로 입금하라는 내용이 담긴 Standing Payment Instruction에 수입상의 서면동의를 얻어야 한다.

○ 수출환 매입 사후관리

① 하자통보를 받은 경우
개설은행으로부터 하자통보를 받은 경우에는 즉시 수출상(매입의뢰인)에게 하자사실을 통지한 후, 보완 가능한 하자이면 수출상으로 하여금 서류제시기간 및 신용장 유효기일 이내에 서류를 보완하게 하여 개설은행 앞으로 발송하고 개설은행이 통보해 온 하자가 타이핑 실수와 같은 경미한 것으로서 신용장 거래관행상 허용이 되는 경우라면 개설은행의 부도처리 철회를 요구하며, Late Shipment나 Late Presentation과 같은 중대한 하자의 경우에는(물론, 매입 시 이러한 사실을 알고 채권보전 조치 후에 L/G Nego를 했겠지만) 수출상이 직접 수입상과 해결하도록 촉구한다.

② 수출대금 입금지연
수출대금의 예정입금일을 경과하여 입금된 경우에는 경과일수에 대한 지연이자를 상대은행으로 청구하여야 한다. 다만, 청구비용 등을 고려할 때 실익이 없다고 인정되는 경우에는 지연이자의 청구를 생략하기도 한다. 하자확인서를 징구하고 매입한 보증부 수출환어음 매입, 하자없이 매입한 건이 하자통보가 온 경우, 수출환어음 재매입 건 등과 관련하여 수출대금이 지연입금되면 해당 지연이자는 수출자에게 청구한다.

> * 수출대금이 매입은행의 계좌로 (입금예정일보다) 조기입금 된 경우에는 매입 시 징수한 환가료를 환출할 수 있음

110

③ Less Charge의 정리

매입은행이 수출환어음 매입 시 수출상에게 지급한 금액보다 매입은행 계좌에 입금된 금액이 작을 경우 동 부족분(Less Charge)은 매입의뢰자인 수출상으로부터 즉시 결제받아 정리한다.

④ 부도 처리

개설은행(또는 추심은행)으로부터 확정적인 부도통지를 접수한 경우(기한부어음의 인수거절 및 지급거절 포함) 또는 매입일로부터 상당기일(예 30~40일)이 경과한 경우에는 부도 처리하고 수출자에게 통보하여 부도대금을 회수하여야 한다. 부도 처리되면 해당 업체의 수출실적에서 차감되며, 부도 처리일로부터 3개월 이상 미정리 시에는 신용정보 관리대상 거래처로 등록된다.

부도대금을 원화로 회수할 때는 부도원금에 정리 시점의 전신환매도율을 적용하며, 부도이자는 외화여신 연체이율을 적용하여 징수한다.

⑤ 수출물품의 환가

D/A 및 D/P 수출환매입과 관련한 부도대금을 회수할 수 없는 경우에는 당해 화물을 수입지에서 처분(전매, 경매, 위탁판매 등)하거나 국내로 재선적 운송(Ship-back)하여 환가하여 부도대금 회수에 충당하여야 한다.

━━━━━━○ Factoring & Forfaitng

팩토링과 포페이팅은 수출입거래의 결제방식이기 보다는 은행이 수출자의 매출채권을 할인해주는 금융서비스이다. 신용카드 매출채권이 있는 사업자가 은행에 매출채권을 넘기고 매출채권 회수예정일 이전에 자금을 수령하는 것처럼 은행의 입장에서는 해당 매출채권의 만기일을 고려하여 할인매입 함으로써 자금을 운용하는 효과를 얻게 되는 거래들이다.

팩토링은 주로 단기간(30~180일)의 무신용장 방식 외상매출채권의 할인에 이용되고, 포페이팅은 해외건설 및 플랜트 수출과 관련된 중장기(1~10년) 거액 외상매출채권(기한부신용장 및 D/A)의 할인에 이용되며, 팩토링과 포페이팅 모두 소구권 없이 할인되는 게 일반적이므로 할인의뢰자의 입장에서는 우발채무 부담에서 벗어나 재무건전성을 제고하고자 하는 경우에도 활용된다.

> * 외국환은행을 통해 수출환어음 Nego를 하게 되면 어음의 만기일까지는 소구권실행에 대비한 우발채무를 계상해야 하지만, 팩토링 및 포페이팅은 소구권을 행사 당할 우려가 없으므로 우발채무를 계상할 필요가 없음(이러한 이유로 인해 회계연도말에 팩토링 및 포페이팅을 활용한 재무건전성 개선이 시도됨)

① Factoring(팩토링)

팩토링은 신용장거래에서 보증서인 신용장을 발행하는 개설은행과 수출환어음을 매입하는 매입은행의 역할을 각각 수입팩터(Factor)와 수출팩터라 불리는 팩토링 회사가 담당한다. 수입팩터가 수입자의 신용도를 바탕으로 신용한도(Credit Line)를 설정해주면(= 지급보증) 수출팩터는 그 한도 내에서 수출자의 수출관련 외상매출채권을 소구권 없이(Without Recourse) 매입함으로써, 수출팩터는 자금운용 수익 및 팩토링수수료 수입을 얻게되고 수입팩터는 팩토링수수료 수입을 얻게 된다.

결제기간이 6개월 이내(30~180일)인 중소규모 무역거래에서 수입상이 신용장방식의 번잡성 및 비용부담을 이유로 신용장발행을 기피하면서 사후송금 방식을 고집하는 경우, 수출상은(부도가 발생하더라도) 소구권 청구에 따른 우발채무 부담을 떠안지 않으면서 외상수출로 인한 대금회수 불안을 제거할 수 있는 방법으로 팩토링을 활용할 수 있다.

수입자의 입장에서는 팩토링 거래를 이용함으로써(신용장거래와는 달리) 별도의 수수료 부담이 없이 외상조건으로 물품을 수입할 수 있으며, 계약위반 또는 상품의 하자 등을 이유로 클레임을 제기하여 대금지급을 거절할 수도 있다는 장점이 있는 반면(이러한 것에 대한 위험은 수출팩터가 부담해야 함), 수출자의 입장에서는 팩토링 거래와 관련된 수수료(수입팩토링 수수료 포함)를 전액 부담해야 하는 단점이 있다.

② Forfaiting

Forfaiting의 사전적 의미는 수출 관련 장기 연불어음의 무소구(無遡求, without recourse) 할인매입 금융이다. 할인대상은 통상 해외건설·용역 및 플랜트수출과 관련된 1~10년의 중장기 어음이며 고정금리부로 할인이 이루어진다.

외상수출채권을 할인·매입하는 Forfaitor는 수입상의 거래은행이 발행하는 지급보증서 또는 어음상에 행하는 Aval을 담보로 활용하므로 수출상에게는 별도의 보증이나 담보를 요구하지 않는다.

   * Aval : 수입상의 거래은행이 어음상에 지급보증문언을 표시하고 서명하는 행위(Approval에 해당하는 프랑스語)

포페이팅은 수출환어음을 매입한 은행이 수출상에게 지급한 대금을 회수하는 방법의 거래로 활용되며, 이를 통하여 매입은행은 수출상에게 적용했던 환가료율과 포페이팅에서 적용되는 할인율과의 차이를 무위험으로 수취함과 동시에, 재무제표에서 배서어음이라는 우발계정을 제거함으로써 위험가중자산을 감소시키고 BIS 비율을 개선하기 위한 방편으로도 활용한다(결국, 매입은행이 수출자로부터 매입한 어음을 Forfaitor에게 재할인하는 구조의 금융거래임).

09 | 매입대금 지급(Give the L/C Invoiced Amount)

매입대금

수출환어음 매입은 매입외환(Bills Bought) 계정으로 처리하며 무역금융을 이용한 경우에는 동 금액을 회수하고, 환가료 등의 수수료를 공제 후 지급한다. 거주자계정을 통해 외화로 직접 고객에게 지급할 수도 있고, 원화로 환산하여 지급할 수도 있다. 고객에게 원화로 지급하고자 하는 경우에 적용되는 환율은 전신환매입률이며 거래금액 등을 고려하여 우대환율을 적용받을 수도 있다.

고객에게 외화로 지급하는 외화대체 거래인 경우에는 외국환은행 입장에서 볼 때 환전이익이 발생하지 않게 되므로 외국환은행이 거래와 관련하여 부담하는 위험 및 비용을 보전하기 위해 외화대체 거래금액의 약 0.1%를 대체료(In Lieu of Exchange Commission)로 징수하기도 한다(외화예금 계정에 대체입금 후 일정기간 이상 예치하여 외국환은행에 수익을 주는 경우에는 면제 해주기도 함).

환가료(Exchange Commission)

수출환어음을 매입하는 은행은 선적서류 등을 받고 바로 수출대금을 고객에게 지급하지만 해당 수출대금은 선적서류 등을 개설은행에 송부한 뒤 상당기일(통상, 매입일로부터 8일 전후)이 지나야 매입은행의 예치환계정에 입금되게 된다. 따라서 매입은행은 매입일로부터 실제 입금일까지 기간동안 자금부담을 지게 되는 바, 동 기간동안의 이자를 보상하는 성격으로 고객(수출자)으로부터 이자 성격의 수수료를 징구하게 되는데 이를 환가료(換價料)라 한다.

환가료 징수 시 적용하는 환가료율은 매입은행의 외화조달금리에 약간의 마진을 붙인 수준의 금리로 결정되며 하자매입(L/G Nego)의 경우 적용하는 환가료율은 Clean Nego에 적용하는 환가료율에 1.5%p를 가산하여 적용하는 게 일반적이다.

매입은행은 수출환어음 매입서류를 특송우편(Courier Service : DHL, UPS, TNT 등)을 통해 최대한 신속히 발송하여 수출대금을 회수하는 기간을 단축함으로써 자금 부담일수를 감축하도록 해야 한다.

◯ 서류 송부장(Covering Letter) 작성 및 서류발송

서류 송부장은 개설은행 앞으로 환어음 및 선적서류 등을 송부하면서 작성하는 표지에 해당하는 서류로서, 매입한 서류의 명세, 하자매입 여부 및 하자내용, 상환청구에 관한 내용, 기타 매입은행의 지시사항 등이 기재된다.

① 송금방식(Remittance Base)인 경우의 서류발송 및 상환지시

환어음 및 선적서류 등을 모두 개설은행으로 송부하며, 수출대금을 수령할 계좌를 Reimbursement Instruction란에 기재하여 개설은행에 통보한다.

> * 상환지시 : Please credit the proceeds to our A/C(Account Number xxx) with xxx Bank under advice to us.

② 상환방식(Reimbursement Base)인 경우의 서류발송 및 상환청구

■ 환어음을 상환은행 앞으로 발행하도록 지시받은 경우

신용장에 We hereby issue in your favor this documentary credit which is available by negotiation of your draft at sight drawn on xxx Bank(= 상환은행)과 같이 명시하는 경우로서, 매입은행은 선적서류 등은 개설은행 앞으로 발송하고, 수익자가 발행한 환어음은 상환은행 앞으로 송부하여 매입대금을 청구한다.

매입은행의 상환청구 방법을 명확하게 하기 위해 개설은행은 신용장의 Instruction to negotiating bank란에 Drafts must be sent to drawee bank for you reimbursement and all documents to us by courier와 같은 지시를 하는 것이 일반적이다. 해외환거래은행의 B/A Line을 활용하여 Usance 신용공여를 하는 경우 B/A Line을 제공하는 은행을 상환은행으로 지정하여 운용한다.

■ 환어음을 개설은행 앞으로 발행하도록 지시받은 경우

환어음 및 선적서류 등을 모두 개설은행 앞으로 송부하고, 상환청구용 어음을 별도로 작성하여 상환은행 앞으로 대금상환을 요청한다. 이러한 경우에는 신용장에 All documents and drafts are to be sent to us. In reimbursement, you are authorized to draw at sight on xxx Bank(= 상환은행)과 같이 명시되며, 매입은행은 Covering Letter 상에 We will forward the sight draft to the reimbursement bank for credit to our A/C with xxx Bank(= 매입은행의 예치환 은행) 등과 같이 기재한다.

③ Special Instruction

매입은행이 개설은행 앞 전달사항을 기재하는 것으로서, 신용장에 명시된 특별지시사항에 관한 이행내용, 대금상환에 관한 부가적인 지시사항, 하자내용 등을 기재한다. Banker's Usance 어음을 At Sight로 매입하거나 Restricted L/C를 Release(매입제한 해지)받아 매입한 경우에도 Special Instruction란에 해당 내용들을 기재한다.

④ 선적서류 등의 배서(Endorsement) 확인

배서는 환어음, 선하증권, 보험증권에 관한 권리를 개설은행 앞으로 이전해 주기 위한 절차이다.
• 환어음 : 매입은행이 배서(백지식, 기명식, 무담보, 추심위임)

  * Forfaiting의 경우 및 확인은행 앞 어음인도 시에는 무담보배서
• 선하증권 : 수하인(Consignee) 란에 to order 또는 to order of shipper로 되어 있으면 수출상이 배서
• 보험증권 : 피보험자(Assured) 란에 수출상이 기재되어 있으면 수출상이 배서

⑤ 발 송

서류의 발송방법 및 발송횟수(One Lot or Two Lot)는 신용장에서 지시한대로 이행해야 한다. 특별한 지시가 없는 경우에는 매입은행이 방법 및 횟수를 결정하며 최근에는 서류 등의 배달과정이 실시간으로 파악되고 분실위험도 거의 없는 특송우편을 통해 발송하고 있는 바, 대부분 One Lot 발송으로 처리하고 있다.

서류발송 시 시간적 여유가 있는 확정만기 Usance 및 D/A 수출환어음의 발송이라든가 상환은행 앞으로 대금을 청구하는 경우의 개설은행 앞 서류 발송 시에는 요금이 비교적 낮은 항공등기우편을 이용하기도 한다.

A bank assumes no liability or responsibility for the consequences arising out of delay, loss in transit, mutilation or other errors arising in the transmission of any messages or delivery of letters or documents, when such messages, letters or documents are transmitted or sent according to the requirements stated in the credit, or when the bank may have taken the initiative in the choice of the delivery service in the absence of such instructions in the credit.

신용장에서 요구된 조건에 따라 메시지, 서신, 서류가 전송 또는 송부되었고, 신용장에서 특별한 지시가 없어서(발송)은행이 임의로 선정한 송부방법을 선택한 경우에는 지연이나 분실 등으로 비롯되는 문제에 대해 아무런 책임을 지지 않는다(단, 신용장에서 Fedex로 송부하라 했는데 TNT로 송부했거나, 2 Lot으로 송부하라 했는데 1 Lot으로 송부했다가 문제가 발생하면 면책되지 않는다).

If a nominated bank determines that a presentation is complying and forwards the documents to the issuing bank or confirming bank, whether or not the nominated bank has honoured or negotiated, an issuing bank or confirming bank must honour or negotiate, or reimburse that nominated bank, even when the documents have been lost in transit between the nominated bank and the issuing bank or confirming bank, or between the confirming bank and the issuing bank.

지정은행이 일치된 제시라 판단한 서류를 개설은행 또는 확인은행으로 송부했다면, 지정은행이 해당 서류를 결제 또는 매입했는지 여부와 관계없이, 송부과정에서 해당 서류가 분실되더라도 개설은행 또는 확인은행은 해당 서류를 송부한 지정은행에 대해 결제 또는 매입을 하여 상환이 이루어지도록 해야 한다.

11 | 매입은행 앞 대금지급(Make the Payment to Negotiating Bank)

송금방식인 경우 신용장 개설은행은 매입은행이 지정한 계좌로 대금을 송금한다. 상환방식인 경우에는 매입은행이 상환은행 앞으로 환어음을 송부하여 대금을 청구하고, 상환은행은 매입은행이 지정한 계좌로 대금을 이체하며, 신용장 발행은행은 상환은행이 매입은행에게 이체한 금액을 상환은행에게 지급한다.

12 | 선적서류 도착 통지(Notify the Document Arrival) 및 선적서류 인도(Delivery of Shipping Documents)

매입은행으로부터 발송된 선적서류 등을 수령한 신용장 발행은행은 선적서류가 도착했음을 수입자에게 통지하고, 수입자로부터 수입대금을 결제 받고(At Sight) 선적서류를 인도한다. Usance인 경우는 수입대금을 Usance 만기일에 결제하는 조건으로 선적서류를 인도한다.

13 | 수입대금 결제(Take Documents & Give the Payment)

선적서류 등이 매입은행으로부터 신용장 발행은행에 도착하면 발행은행은 신용장 조건, 신용장통일규칙, 은행표준관습(ISBP 745에 한정하는 것이 아님)에 따라 상당한 주의를 기울여 심사한다. 서류의 심사결과 하자사항이 없거나 하자사항이 있더라도 개설의뢰인이 동의하면, 일람불조건 수입인 경우에는 서류를 수입상에게 인도함과 동시에 수입대금을 결제토록 하고, 기한부조건 수입인 경우에는 수입물품 대도(T/R ; Trust Receipt)에 의해 서류를 인도하고 만기일에 수입대금을 결제토록 한다.

⬤ 선적서류의 접수 및 심사

- Covering Letter 상에 표시된 하자내용 및 서류명세(종류 및 부수) 확인

- Covering Letter에 표시된 서류명세 중 신용장에서 요구하지 않은 서류는 심사할 의무가 없으며, 아무런 책임 없이 개설신청인에게 인도

- 신용장통일규칙 및 은행표준관습에 따라 신용장 조건과의 일치여부(Complying Presentation) 심사

- 서류상 하자가 있는 경우(수입자가 수리에 동의하지 않는 한) 대금지급을 할 수 없으며, 개설은행은 지급거절 사실을 서류접수일 익일로부터 5영업일 이내에 매입은행 앞으로 통보한다. 결제를 거절하는 경우에는 불일치 사유를 모두 명시하여 한 번에 통보 하여야 하며, 그 이후에 다른 하자를 발견하더라도 지급거절을 할 수 없다.

The notice required in sub-article 16 (c) must be given by telecommunication or, if that is not possible, by other expeditious means no later than the close of the fifth banking day following the day of presentation.

When a nominated bank acting on its nomination, a confirming bank, if any, or the issuing bank decides to refuse to honour or negotiate, it must give a single notice to that effect to the presenter.

If an issuing bank or a confirming bank fails to act in accordance with the provisions of this article, it shall be precluded from claiming that the documents do not constitute a complying presentation.

- 결제를 거절하는 경우에는 반드시 해당 서류의 행방에 관해서 명시해 주어야 한다(별도 지시가 있을 때까지 보관하고 있다거나, 반송했다는 등).

The notice must state:
i. that the bank is refusing to honour or negotiate
ii. each discrepancy in respect of which the bank refuses to honour or negotiate
iii. (a) that the bank is holding the documents pending further instructions from the presenter; or (b) that the issuing bank is holding the documents until it receives a waiver from the applicant and agrees to accept it, or (holding the documents until it) receives further instructions from the presenter prior to agreeing to accept a waiver; or (c) that the bank is returning the documents; or (d) that the bank is acting in accordance with instructions previously received from the presenter.

- 오로지 문면상으로만 서류를 심사하며, 서류의 형식이나 충분서, 정확성, 진정성, 위조여부, 법적효력 등에 관해서는 어떠한 의무나 책임도 부담하지 않는다.

- 은행은 서류심사 시 상당한 주의(Reasonable Care)를 기울여 심사함으로써 외관상 쉽게 판별할 수 있는 사항을 간과하지 않도록 해야 하며, 사전에 위조 또는 변조 사실을 알았으면서도 마치 몰랐던 것처럼 선의(Good Faith)에 반하는 심사를 해서는 안 된다(면책 제외).

일치하지 않는(하자가 있는) 제시라 판단되는 경우, 개설은행은 개설의뢰인에게 해당 하자를 면제해 줄 수 있는지 타진해 볼 수 있다. 이러한 경우에도(제시된 날 익일부터 5영업일 이내에 심사를 해야 한다는) 14(b)에서 언급된 기간은 연장되지 않는다.

When an issuing bank determines that a presentation does not comply, it may (in its sole judgement) approach the applicant for a waiver of the discrepancies. This does not, however, extend the period mentioned in sub-article 14 (b).

개설은행이 결제를 거절(또는, 확인은행이 결제 및 매입을 거절)하고 그러한 취지의 통지를 한 경우에는, 개설은행은 매입은행에 대해 이미 상환된 대금 및 이자의 반환을 요청할 권리를 갖는다.

When an issuing bank refuses to honour or a confirming bank refuses to honour or negotiate and has given notice to that effect in accordance with this article, it shall then be entitled to claim a refund, with interest, of any reimbursement made.

◖▬▬▬◗ 서류 도착통보 및 개설의뢰인에 의한 수입대금 결제(또는, 인수)

선적서류가 개설은행에 도착하면 전화 및 팩스를 통해 개설의뢰인에게 도착사실을 통보하게 되며, 도착통보를 받은 개설의뢰인은 개설은행에 서류가 도착한 익영업일로부터 5영업일 이내에 수입대금을 결제하거나 기한부어음의 인수의사를 표시해야 한다(결제되지 아니하는 경우 외화지급보증 대급금 처리).

A nominated bank acting on its nomination, a confirming bank, if any, and the issuing bank shall each have a <u>maximum of five banking days</u> following the day of presentation to determine if a presentation is complying.

① 일람불신용장
개설신청인(수입자)이 수입대금을 결제하면 선적서류 수령증 및(하자가 있는 경우) 불일치(하자) 확인서인 수입신용장 조건불일치 조회서를 징구하고 선적서류를 인도하며, 상환방식 신용장인 경우에는 환가료와 수입어음 결제 유예이자(Grace Charge)를 징구하고, 송금방식 신용장인 경우에는 해당 대금 송금에 관한 수수료를 징수한다.

매입은행이 상환은행 앞으로 상환을 청구하면, 상환은행은 상환청구를 받은 날로부터 3영업일 이내에 개설은행의 계좌에서 인출하여 매입은행이 지정한 계좌로 이체한 후, 동 이체결과를 개설은행에 통보(Debit Advice)한다. 매입은행에서 송부한 선적서류가 개설은행에 도착하면 개설은행은 수입자에게 도착통보를 하고, 수입자는 개설은행이 도착 접수등록을 한 익일부터 5영업일 이내에 수입대금 결제를 해야 한다.

상환방식의 결제구조를 고려하면, 개설은행은 자신의 계좌에서 자금이 인출된 시점으로부터 수입자가 수입대금을 결제할 때까지 자금을 부담하게 되므로 이에 대한 이자보상 성격으로 10일간의 환가료를 징수하게 된다. 수입자는 선적서류 도착일로부터 5영업일 이내에 결제를 하여야 하는데, 만약 은행의 계좌에서 대금이 인출된 날로부터 7일이 경과한 날에 선적서류가 도착되었다는 통지를 받은 후 3일이 경과하기 전에 결제하였다면 10일간의 환가료 징수로 끝나지만 그 기간을 경과하여 결제를 하면 10일간을 초과하는 날부터 실제로 결제하는 날까지(어찌되든 5영업일 이내에 결제를 해야 함) 추가로 이자를 징수하는데 이를 Grace Charge라 한다. 일반적으로 은행은 정해진 기간을 경과하는 경우 연체이자율을 적용하여 징구하고 있으나 이 경우에는 마치 은혜(Grace)를 베풀 듯 정상이자율을 적용하여 납부토록 한다 하여 붙여진 이름이다.

송금방식 신용장에서는 수입자로부터 수입대금을 받아 송금하므로 개설은행의 자금부담이 없기 때문에 환가료 및 Grace Charge가 발생하지 않는다.

② 기한부 신용장

■ 인수(Acceptance) 및 인수통지

Acceptance란 기한부(Usance) 환어음의 지급인(Drawee)이 어음의 만기일에 해당 대금을 지급할 것을 약속하는 행위이며, 이러한 인수행위 결과 인수인은 만기일에 어음소지인에게 어음대금을 지급해야 할 의무를 지게 된다.

신용장 거래에서 기한부어음의 지급인이 되는 인수인은 Overseas Banker's Usance인 경우에는 환어음을 인수한 제3의 은행(즉, 인수은행)이 되고, Domestic Banker's Usance 및 Shipper's Usance인 경우에는 개설은행이 인수인이 된다.

신용장거래와 관련한 환어음의 인수표시는 개설은행이 제시인 앞으로 인수 통지서(Advice of Acceptance)를 송신하는 것으로 대신하고 있다. 다만, Banker's Usance(Overseas 및 Domestic)인 경우에는 수출상과 매입은행이 At Sight(일람출급) 방식으로 대금을 수령하게 되므로 별도의 인수통지를 할 필요가 없고 Shipper's Usance인 경우에만 인수통지서를 송부하게 된다.

D/A 거래에서는 수입상이 환어음의 인수인(지급인)이 되므로, 추심은행은 환어음 표면에 수입자의 인수의사와 기명날인을 반드시 받아야 한다(만기일에 동 어음을 수입자에게 지급제시함).

■ 기한부어음의 만기일 산정

개설은행은 어음의 만기일을 산정하여 이를 신용장 개설의뢰인과 매입은행 (또는, 추심은행)에 통지한다. 만기 산정을 위한 기산일은 개설은행이 서류를 접수한 날이며(수입자에게 서류를 인도하는 날이 아님), Banker's Usance는 인수은행이 개설의뢰인에게 통지한 인수일을 기준으로 산정한다. 기한부 환어음의 만기일 산정방법은 확정일 출급, 일람 후 정기출급, 일자 후 정기출급이 있다.

• 확정일 출급

어음만기일이 특정일자로 확정되며, 일자 후 정기출급의 경우 어음발행인이 그 만기일을 알 수 있게 되는 경우(예 선적일자 기준)에는 확정일 출급으로 어음을 발행하기도 한다.

   * 일자 후 정기출급 방식 : 'At 30 days after B/L date Aug. 07, 2014'
     확정일 출급방식 : Sept. 6, 2014(= B/L date + 30일)

The words "from" and "after" when used to determine a maturity date exclude the date mentioned.
from이 만기일 산정 시 사용되면 after처럼 해석한다(해당일을 제외).

   * 30 days from B/L date = 30 days after B/L date

• 일람 후 정기출급

어음지급인(신용장방식은 개설은행, D/A 방식은 수입자)이 어음을 인수한 날로부터 기산되며 기간을 일수로 정하는 방법과 월수로 정하는 방법이 있다. 월수에 의해 만기일을 정할 때는 지급할 달의 대응일을 만기일로 하며, 대응일이 없을 때는 해당 월의 말일을 만기일로 한다.

• 일자 후 정기출급

선적일 또는 환어음 발행일 등과 같은 특정일을 기준으로 만기일을 산정한다.

■ 징구서류

선적서류 수령증 및 수입화물 대도(貸渡) 신청서(T/R ; Trust Receipt)를 징구하고, 하자가 있는 경우 수입신용장 조건 불일치 조회서를 징구한다.

수입화물 대도(T/R ; Trust Receipt)

기한부 신용장 및 D/A 거래 시 은행이 수입자에게 선적서류 등을 인도하는 것은 수입물품 대금을 받지 않은 상태에서 물품을 넘겨주는 것이므로, 물품은 수입자가 처분할 수 있도록 허용하되 해당 물품에 대한 소유권은 은행이 갖게 되는 양도담보 형식을 취하게 되는데 이를 수입화물 貸渡라 한다.

> * 양도담보 : 은행이 기계 등을 담보로 취득하는 경우, 해당 기계는 채무자가 사용하도록 하되 그 소유권이 은행이 갖는 형식의 담보제도

수입화물 대도는 은행과 수입자와의 계약이므로, 해당 내용을 알지 못하는 선의의 제3자에 대해서는 대항할 수 없으나, 수입물품을 모두 처분하지 못한 상태에서 수입자가 부도처리 되는 경우에는 잔존 화물에 대한 소유권을 가진 은행이 권리를 주장할 수 있게 된다. 은행은 이러한 실익에 근거하여 다음과 같은 경우 T/R을 활용한다.
- 수출용 원자재 수입대금을 무역금융으로 결제하는 경우(무역금융에 대한 담보)
- 내수용 일반재 수입대금 결제를 위한 대출 시(대출금에 대한 담보)
- 기한부(Usance) 신용장에 의한 수입화물 인도 시
- 수입화물선취보증서에 의한 수입화물 인도 시(수입보증금을 적립한 경우는 제외)

■ 수수료 및 이자 징수

선급인 경우에는 인수 시에 징수하고, 후급인 경우에는 원금 결제 시 징수한다.
- 내국수입유산스 이자 : Domestic Banker's Usance
- 인수수수료 및 할인료(A/D Charge : Acceptance Commission & Discount Charge) : Overseas Banker's Usance

■ 수입대금 결제

개설은행은 어음의 만기일에 수입자에게 지급 제시하여 대금을 결제토록 한다.

수입화물선취보증서(L/G ; Letter of Guarantee)

수입물품의 해상운송서류가 도착하기 전에 수입자가 수입물품을 인수하고자 하는 경우에 개설은행이 수입자를 위해 운송업자 앞으로 발행하는 보증서로서, 운송업자는 이를 믿고 운송서류를 추후에 받는 조건으로 수입물품을 수입자에게 인도하게 된다. 수입자는 이 제도를 통해 운송서류가 오기를 기다리지 않고 먼저 물품을 받을 수 있으므로 통관지연에 따른 비용(창고료, 화재보험료 등)을 절감하게 됨은 물론 수입물품을 적기에 조치할 수 있게 된다.

> * L/G를 발급한 경우, 신용장발행은행은 매입은행에 하자를 제기할 수 없음

은행의 입장에서는 보증서를 발급하는 것이기 때문에 그에 따른 채권보전조치를 해야 하므로, 일람불 신용장 및 D/P의 경우에는 L/G 발급 시 수입보증금을 전액 적립하도록 하여야 하고, 기한부 신용장 및 D/A의 경우에는 수입화물 대도(T/R) 절차를 거쳐야 한다.

L/G 발급에 따른 수수료 및 보증료를 징수하여야 하며, 수입보증금을 전액 적립했거나 무역금융에 의해 수입결제가 예정된 경우에는 보증료를 면제한다.

* 항공운송화물의 수령에 필요한 수입화물인도 승낙서는, Air Waybill의 수하인(Consignee)이 개설은행으로 되어있는 경우(대체로 그러함)에 발행하는 서류로서, 운송서류가 도착하지 않은 경우는 물론이고 운송서류가 이미 도착되고 결제가 이루어진 경우에도 발급하는 것임

■ L/G Redemption(수입화물선취보증서 회수)

해상운송서류가 도착하면 그 원본을 즉시 선박회사로 송부하고 이미 발행했던 수입화물선취보증서를 회수하여야 하는데 이를 L/G Redemption이라 한다. 항공운송화물과 관련하여 발급하는 수입화물인도 승낙서는 AWB(Air Waybill)가 유가증권이 아니므로 별도의 Redemption 절차가 필요하지 않다.

14 | 화물 도착 통지(Notify the Shipment Arrival)

운송업자는 수입물품이 도착했음을 수입자(= Notify Party)에게 통지한다.

15 | 수입물품 수령(Documents Submit & Goods Delivery)

* 보험사고가 발생한 경우에는 보험회사에 통보하고 배상청구

수입자가 수입대금을 결제한 후 개설은행으로부터 운송서류 등을 인도받아 이를 운송회사에 제출하면, 운송회사는 수입자에게 화물인도지시서(D/O ; Delivery Order)를 교부한다. 수입자는 선사가 화물을 보관하고 있는 CFS나 CY에 D/O를 가지고 가서 물품을 수령한다. 수입물품이 운송서류보다 일찍 도착한 경우에는 수입화물선취보증서 및 운송서류 사본(Surrender B/L)을 제시하고 수입물품을 수령할 수 있다.

PART 01

CHAPTER 02 무역일반

01 │ 기본 무역규범

대외무역 업무를 하는 경우 기본적으로 숙지해야 할 3대 법규로 대외무역법, 외국환거래법, 관세법을 들 수 있다. 이들은 모두 자유롭고 공정한 수출입을 도모함으로써 국민경제발전에 이바지할 것을 목적으로 하고 있지만, 무역거래의 질서를 해치는 불공정 거래라든가 부당한 방법으로 국부를 유출시키는 거래 등에 대해서는 일정 수준의 통제와 관리를 하게 된다.

- 대외무역법 : 무역에 대한 전반적인 관리(수출입 제한, 무역진흥)
- 외국환거래법 : 외국환의 지급 및 영수에 관한 관리(무역대금, 외화자본거래 등)
- 관세법 : 수출입 통관 및 관세 징수에 관한 법규

  * 대외무역법상 무역거래란 국내에서 외국으로 물품이 이동하는 것을 말하며 유체물품뿐만 아니라 용역(서비스)이나 전자적 형태의 무체물(Software 등)도 수출입 대상으로 본다(관세법에서는 이 중에서 유체물만 수출입 대상으로 본다). 또한 대금결제가 국내에서 이루어지더라도 물품이동이 제3국 간에 이루어지는 거래는 무역거래에 해당되나, 대금결제가 국가 간에 이루어지더라도 물품의 이동이 국내에서만 이루어지는 거래는 무역거래로 보지 않는다.

02 │ 수출기업에 대한 수출지원 제도

부가가치세 영세율 제도

부가가치세는 소비세로서, 우리나라는 소비지국 과세원칙을 취하고 있으므로 재화의 수출에는 부가가치세를 과세하지 않는다. 또한 우리나라 부가가치세제는 전단계 세액 공제법을 채택하고 있어서 재화와 용역의 공급가액을 과세표준으로 하여 매출세액을 계산한 다음 매출세액에서 매입세액을 공제하여 납부세액을 계산한다.

따라서 수출물품에 대해 부가가치세율을 0으로 하는 영세율(零稅率)을 적용하면 수출을 위한 물품(원재료, 반제품, 완제품)의 조달 시 납부하였던 매입세액을 전액 환급받을 수 있게 된다.

예
제품 구입가격	100,000
매입부가세액(10%)	10,000(A)
수출상품 판매가격	130,000
매출부가세액(0%)	0(B)

납부할 부가세액 = (B) − (A) = −10,000

따라서 제품구입 시 지급한 매입부가세액을 그대로 돌려받게 된다. 이는 제품이 국내에서 소비되지 않고 외국에서 소비 되는 바, '소비지국 과세원칙'에 따라 부가가치세율을 '0'으로 적용함으로써 원자재 및 제품 구입 시 지급된 매입부가가치세액을 돌려받게 되며, 수출지원제도는 아니지만 수출과 관련하여 꼭 이해해야 할 내용이다.

부가가치세법(시행령 24조)에서 인정하는 수출의 범위

- 내국물품(우리나라 선박에 의해 체포된 수산물 포함)을 외국으로 반출하는 것
- 국내의 사업장에서 계약과 대가수령 등 거래가 이뤄지는 것으로서 다음 각목의 하나에 해당하는 것
  - 『대외무역법』에 의한 중계무역 방식의 수출
  - 『대외무역법』에 의한 위탁판매수출
  - 『대외무역법』에 의한 외국인도수출
  - 『대외무역법』에 의한 위탁가공무역 방식의 수출
- 사업자가 기획재정부령이 정하는 내국신용장 또는 구매확인서에 의해 공급하는 재화
- 사업자가 다음의 요건에 의해 공급하는 재화
  - 국외 비거주자 또는 외국법인(비거주자 등)과 직접 계약에 의해 공급할 것
  - 대금을 외국환은행에서 원화로 받을 것
  - 비거주자 등이 지정하는 국내의 다른 사업자에게 인도할 것
  - 국내의 다른 사업자가 비거주자 등과의 계약에 의해 인도받은 재화를 그대로 반출하거나 제조·가공 후 반출할 것

●━━━━○ **관세환급**

관세환급특례법(수출용 원재료에 대한 관세 등 환급에 관한 특례법)에 의해 규정된 환급으로서, 수출용 상품의 원재료를 수입할 때 관세를 거두었다가, 제품을 만들어 수출하게 되면 원재료를 수입할 때 납부하였던 관세의 일부나 전부를 되돌려 주는 수출지원제도이다(관세법의 규정에 의한 과오납금의 환급이나 위약환급은 수출지원과는 무관함).

■ 관세환급 요건

환급대상 원재료인지, 환급대상 수출에 해당하는지, 수출이행기간 이내에 수출하였는지를 반드시 확인해야 한다.

* 환급대상 수출 : 관세법에 의한 유상수출 등(외화획득 여부가 기준)

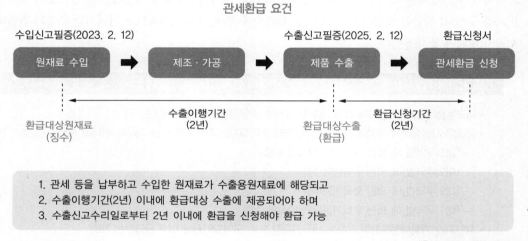

관세환급 요건

1. 관세 등을 납부하고 수입한 원재료가 수출용원재료에 해당되고
2. 수출이행기간(2년) 이내에 환급대상 수출에 제공되어야 하며
3. 수출신고수리일로부터 2년 이내에 환급을 신청해야 환급 가능

(출처 : 관세청 블로그)

관세환급을 받기 위해서는 원재료 수입신고수리일로부터 2년 이내에 제품을 생산하여 수출해야 하지만 환급대상이 되는 관세를 계산할 때는 수출신고일이 속하는 달의 말일을 수출이행기간 기산일로 한다. 따라서 위의 그림에서 보듯이 2025.2.12(수출일)부터 해당일이 속한 달의 말일인 2025.2.28 사이에 납부한 관세는 환급대상에 포함되는 반면, 2023.2.12(수입일)부터 2023.2.28 사이의 관세는 환급대상에 포함되지 않는다.

■ 환급대상 원재료의 범위

① 수출물품을 생산한 경우
- 수출물품에 물리적 또는 화학적으로 결합되는 물품
- 수출물품을 생산하는 공정에 투입되어 소모되는 소모품(기계 작동을 위해 투입되는 공구 등의 간접적인 소모품은 제외)
- 수출물품의 포장용품

② 수입한 상태 그대로 수출한 경우에는 당해 수출물품
수입한 상태 그대로 창고에 보관하여 수출하는 경우에 보증기간 경과 등의 사유로 상품의 가치가 하락하였다면 환급대상 원재료로 인정하지 아니한다.

■ 환급 특례법상 관세환급 방법

① 개별환급
수출물품의 생산에 소요된 원재료에 대해 수입 시 납부한 관세 등을 정확히 계산하여 환급하는 방법이며, 간이정액환급 대상자 이외의 자(예 대기업)나 간이정액환급 대상자이지만(개별환급이 유리하다고 판단하여) 개별환급 적용을 신청한 자를 대상으로 한다. 간이정액환급율표가 적용될 수 없는 원상태 수출이나 내국신용장 공급 등도 개별환급 적용대상이다.

개별환급을 받기 위해서는 다음 서류가 모두 필요하다.
- 세액 납부 증명(수입신고필증, 수입세액 분할증명서, 기초원재료 납세증명서)
- 원자재 소요량계산서
- 수출 사실 확인(수출신고필증)

수출용 원재료 국내공급 흐름

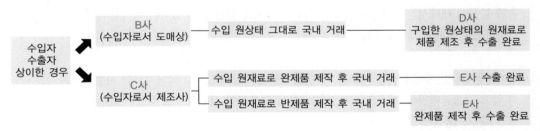

(출처 : http://cafe.naver.com/infotrade)

위의 그림에서 B사가 수입한 원재료를 가공하지 않고 수출자인 D에게 공급할 때는 분증을 발급하고, C사처럼 수입한 원재료로 가공한 제품(완제품, 반제품)을 E사에게 공급하는 경우에는 기납증을 발급한다.

자율발급업체로 지정을 받은 회사는, 세관을 대신하여 분증 및 기납증을 자율발급할 수 있으며, 분증 및 기납증 자율발급에 관한 자료를 잘 보관하였다가 세관장이 보관서류의 제출을 요구하는 경우 즉시 제출해야 한다.

수입세액 분할증명서(분증), 기초원재료 납세증명서(기납증)

- **수입세액 분할증명서**
  수입한 물품을 수입한 상태 그대로 수출자 등에 양도하는 경우에는 수입신고필증을 근거로 세관에서 수입세액에 대한 분할증명서를 발급받을 수 있으며, 동 분할증명서를 수출자에게 양도함으로써 수출자·동 분할증명서와 수출신고필증을 근거로 세관으로부터 환급받을 수 있게 된다. 제조나 가공이 되지 않은 상태에서 양도하는 것이므로 수량에 비례하여 분할해 주는 형태를 띤다.
- **기초원재료 납세증명서**
  수입원재료를 제조가공하여 양도하는 경우, 수입된 원재료로 제조된 물품을 수출업체나 수출품제조업체에게 수출품(완제품) 또는 수출품제조용 원재료(반제품)로 공급하는 경우에 해당 물품에 소요된 수입원재료 부분에 대한 수입세액을 증명해 주는 서류이다. 양도자의 신청에 의거하여 세관장이 동 공급물품에 포함된 기초원재료 수입 시의 납부세액과 동 물품의 공급사실을 증명하는 서류이다.

② 간이정액환급

개별환급은 챙겨야 할 서류도 많고 복잡하여 중소 수출업체들에게는 부담이 클 수 있는 바, 환급신청일이 속하는 연도의 직전 2년간 매년도 환급실적이 6억원 이하인 중소기업자가 직접 생산하여 수출한 물품에 대해서는 수출금액만을 기준으로 관세를 환급할 수 있다(선택사항이며 개별환급이 유리하다고 판단되면 개별환급을 선택 가능).

간이정액환급은 수출물품을 제조할 때 수입재료를 사용하였는지 국산재료를 사용하였는지를 따지지 않고 수출금액만을 기준으로 특정 환급률을 적용하여 환급하므로 수출신고필증에 의해 수출사실만 확인되면 환급을 받을 수 있다.

간이정액환급액 = 수출금액(FOB가격을 원화로 환산) × 간이정액환급률표의 해당 품목 환급액 ÷ 10,000

간이정액환급률표

HS Code 10단위에 의거 구분되는 각 수출물품에 대해 수출금액(FOB기준) 1만원당 환급액을 기재한 표로서 세관장은 해당 금액을 납부세액으로 간주하여 환급한다(이는 수출물품 품목번호별 평균환급액을 기초로 관세청장이 결정한다).

간이정액환급률표의 일부

세 번	품 명	수출금액(FOB) 1만원당 환급액
0202.30-0000	뼈 없는 것	160
0303.23-0000	틸라피아[오레오크로미스(Oreochromis)종]	100
0303.24-0000	메기[판가시우스(Pangasius)종 · 실루러스(Silurus)종 · 클라리아스(Clarias)종 · 익타루러스(Ictalurus)종]	100
0303.25-0000	잉어[사이프리너스 카르피오(Cyprinus carpio) · 카라시우스 카라시우스(Carassius carassius) · 크테노파린고돈 이델루스(Ctenopharyngodon idellus) · 하이포프탈미크티스(Hypopthalmichthys)종 · 시리누스(Cirrhinus)종 · 마일로파린고돈 피세우스(Mylopharyngodon piceus)]	100
0303.29-0000	기 타	100
0303.42-0000	황다랑어[터너스 알바카레스(Thunnus albacares)]	120
0303.44-0000	눈다랑어[터너스 오베서스(Thunnus obesus)]	160
0303.56-0000	날쌔기[라키센트론 카나둠(Rachycentron canadum)]	100
0303.57-0000	황새치[자이피어스 글래디어스(Xiphias gladius)]	160
0303.68-0000	블루 화이팅스(Blue whitings)[마이크로메시스티우스 포우타소우(Micromesistius poutassou) · 마이크로메시티우스 오스트랄리스(Micromesistius australis)]	100

■ 환급대상 조세

환급특례법에 의해 환급되는 조세는 관세, 개별소비세, 주세, 교통세, 농어촌특별세, 교육세이다. 원재료를 수입할 때 납부하는 부가세는 환급특례법에 따른 환급대상이 아니지만, 수출품에 대해서는 부가가치세가 면제(영세율)되므로 원재료에 대한 매입부가세액을 환급받는 결과를 얻게 된다.

무역금융이란 수출업체에 지원해주는 각종 금융지원을 말한다. 물품의 수출 및 용역의 제공을 통해 외화를 획득하려는 수출업체에 대하여 수출물품의 생산, 원자재 구매, 완제품 구매에 필요한 자금을 지원함으로써 수출기업의 국제경쟁력을 제고시키는 정책으로 활용되고 있으며, 대출(원화) 및 지급보증(수입신용장, 내국신용장) 형식으로 제공된다.

외국환은행들이 수출기업에 대해 무역금융을 취급하면 해당 자금의 일정부분(10%~30%, 이를 차입비율이라 함)을 한국은행으로부터 저금리로 차입할 수 있다. 이 때 적용되는 금리는 기준금리보다 낮은 수준에서 결정되는바, 무역금융을 이용하는 수출기업의 부담금리를 일반대출금리보다 낮게 함으로써 수출기업의 국제경쟁력을 제고시키고자 하는 정책금융이다.

03 | HS 품목분류

HS는 통일상품명 및 부호체계에 관한 국제협약(The International Convention on the Harmonized Commodity Description and Coding System)의 영문표기 약자로서, 이 협약에 의해 물품별로 부여된 품목분류번호가 HS Code이다. HS Code는, 물품의 수출입 요건 및 전략물자 해당 여부는 물론, 관세율 및 FTA와 관련한 원산지 결정 기준으로도 활용되므로 정확히 분류해야 한다.

HS 품목분류란 HS해석에 관한 통칙(GRI), 주(Legal Note), 호(Heading), 관세율표 해설서, 품목분류 사례를 종합적으로 검토하여 특정물품의 HS Code를 찾아가는 과정을 총칭한다. HS Code 결정에 관해 확신이 서지 않는 수출입자는 수출입신고를 하기 전에 관세청장(관세평가분류원에 위임)에게 질의를 하여 사전심사를 받을 수 있다.

  * 인터넷 사전심사 : (http://portal.customs.go.kr)

HS Code 분류 기준

통칙(GRI)
• 통칙1~통칙6

주(Legal Note)
• 각 부, 류, 소호에 규정
• HS협약 주 / 국내 주

부(Section)
• 제1부~제21부

류(Chapter)
• 제1류~제97류

호(Heading)
• 류 내에서 4단위 분류

소호(Sub-heading)
• 호 내에서 6단위 분류

(출처 : www.kita.net)

HS 해석에 관한 통칙(GRI ; General Rules for the Interpretation of the HS)은 HS Code 분류에 관한 기본원칙이며, 각 부(部, Section), 류(類, Chapter), 호(Heading)에 규정된 주(註, Legal Note)도 품목분류 시 검토되는 규정이다.

위의 표에서 보면 97개의 '류'를 21개의 '부'로 구분하고 있음을 알 수 있으며, 97개 류에 관한 명세는 다음의 표와 같다.

HS Code, 類 분류

	0	1	2	3	4	5	6	7	8	9
0		산동물	육과 식용 설육	어패류	낙농품·조란 천연꿀	기타 동물성 생산품	산수목·꽃	채 소	과실 견과류	커피·차·향신료
10	곡 물	곡물의 분과 조 분말가 루 전분	채유용 종자 인삼	식물성 액기스	기타 식물성 생산품	동식물 성 유지	육·어류 조제품	당류 설탕과 자	코코아 초코렛	곡물·곡물의 주제품 과 빵류
20	채소·과실의 조제품	기타의 조제식 료품	음료·주류 식초	조제 사료	담 배	토석류·소금	광,슬랙,회	광물성 연료 에너지	무기 화합물	유기 화합물
30	의료 용품	비 료	염료,안료,페인트,잉크	향료 화장품	비누,계면활 성제,왁스	카세인 알부민 변성전 분효소	화약류,성냥	필름 인화지 사진용 재료	각종 화학 공업 생산품	플라스틱 과 그제품
40	고무와 그제품	원피 가죽	가죽 제품	모피,모피 제품	목재,목탄	코르크,짚	조물재 료의 제 품	펄 프	지와 판지	서적·신문 인쇄물
50	견·견사 견직물	양모·수모	면·면사 면직물	마류의 사와 직물	인조 필라멘 트 섬유	인조 스테이 플 섬유	워딩 부직포	양탄자	특수 직물	침투 도포한 직물
60	편 물	의류 (편물제)	의류 (편물제 이외)	기타 섬유제 품, 넝마	신발류	모자류	우산,지팡이	조제 우 모 인조 제품	석·시멘트 석면제품	도자 제품 직물
70	유 리	귀석,반귀석,귀금속	철 강	철강 제품	통과 그제품	니켈과 그제품	알루미 늄과 그제품	(유보)	연과 그제품	아연과 그제품
80	주석과 그제품	기타의 비금속	비금속 제공구,스푼·포크	각종 비금속 제품	보일러 기계류	전기 기기 TV·VTR	철도 차량	일반 차량	항공기	선 박
90	광학/의료 측정·검사 정밀 기기	시 계	악 기	무 기	가구류 조명 기구	완구 운동 용구	잡 품	예술품 골동품		

(출처 : portal.customs.go.kr)

⬤━━━○ HS Code의 구성

HS Code는 수출입 물품에 대해 HS협약에 따라 부여되는 상품분류코드이다. 6자리까지는 국제적으로 공통으로 사용하는 코드이며, 7자리부터는 각 나라마다 6단위 소호의 범위 내에서 이를 세분하여 10자리까지 사용할 수 있다. 우리나라에서는 10자리까지 사용하며 이를 HSK(HS of Korea)라고 한다 (EU는 8, 일본은 9자리 사용).

0102.90-1000(10단위 HSK)

- 01 : 류(Chapter) → 산(Live)동물이 분류되는 류(類)로서 앞 2자리를 말함
- 0102 : 호(Heading) → 소(牛)가 분류되는 호(號)로서 앞 4자리를 말함
- 0102.90 : 소호(Sub-heading) → 기타의 소가 분류되는 소호(小號)로서 앞 6자리를 말함
- 0102.90-1000 : 젖소가 분류되는 10자리 코드

HS 품목분류 예시

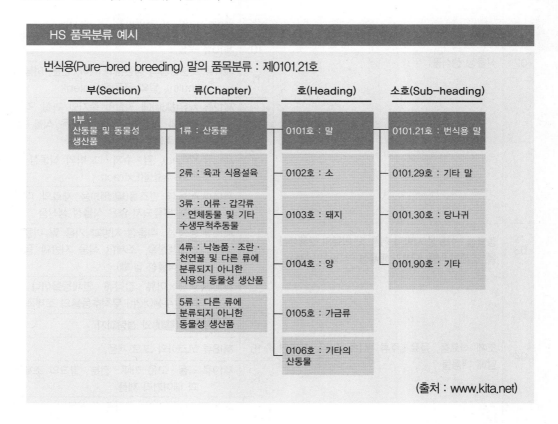

번식용(Pure-bred breeding) 말의 품목분류 : 제0101.21호

부(Section)	류(Chapter)	호(Heading)	소호(Sub-heading)
1부 : 산동물 및 동물성 생산품	1류 : 산동물	0101호 : 말	0101.21호 : 번식용 말
	2류 : 육과 식용설육	0102호 : 소	0101.29호 : 기타 말
	3류 : 어류·갑각류·연체동물 및 기타 수생무척추동물	0103호 : 돼지	0101.30호 : 당나귀
	4류 : 낙농품·조란·천연꿀 및 다른 류에 분류되지 아니한 식용의 동물성 생산품	0104호 : 양	0101.90호 : 기타
	5류 : 다른 류에 분류되지 아니한 동물성 생산품	0105호 : 가금류	
		0106호 : 기타의 산동물	

(출처 : www.kita.net)

HS Code 표의 일부 : 부, 류

	부			류
01	살아 있는 동물과 동물성 생산품	01		제1류 살아 있는 동물
		02		제2류 육과 식용 설육(屑肉)
		03		제3류 어류 · 갑각류 · 연체동물과 그 밖의 수생(水生) 무척추동물
		04		제4류 낙농품, 새의 알, 천연꿀, 다른 류로 분류되지 않은 식용인 동물성 생산품
		05		제5류 다른 류로 분류되지 않은 동물성 생산품
02	식물성 생식품	06		제6류 살아있는 수목과 그 밖의 식물, 인경(鱗莖) · 뿌리와 이와 유사한 물품, 절화(切花)와 장식용 잎
		07		제7류 식용의 채소 · 뿌리 · 괴경(塊莖)
		08		제8류 식용의 과실과 견과류, 감귤류 · 멜론의 껍질
		09		제9류 커피 · 차 · 마테(Mate) · 향신료
		10		제10류 곡물
		11		제11류 제분공업의 생산품과 맥아, 전분, 이눌린(Inulin), 밀의 글루텐(Gluten)
		12		제12류 채유(採油)에 적합한 종자와 과실, 각종 종자와 과실, 공업용 · 의약용 식물, 짚과 사료용 식물
		13		제13류 락(Lac), 검 · 수지 · 그 밖의 식물성 수액과 추출물(Extract)
		14		제14류 식물성 편조물(編組物)용 재료와 다른 류로 분류되지 않은 식물성 생산품
03	동물성 · 식물성 지방과 기름 및 이들의 분해생산물, 조제한 식용 지반과 동물성 · 식물성 납(蠟)	15		제15류 동물성 · 식물성 지방과 기름 및 이들의 분해생산물, 조제한 식용 지방과 동물성 · 식물성 납(蠟)
04	조제 식료품, 음료 · 주류 · 식초, 담배 · 제조한 담배 대용물	16		제16류 육류 · 어류 · 갑각류 · 연체동물이나 그 밖의 수생(水生) 무척추동물의 조제품
		17		제17류 당류(糖類)와 설탕과자
		18		제18류 코코아와 그 조제품
		19		제19류 곡물 · 고운 가루 · 전분 · 밀크의 조제품과 베이커리 제품
		20		제20류 채소 · 과실 · 견과류나 식물의 그 밖의 부분의 조제품

(출처 : portal.customs.go.kr)

04 | 특정거래 형태의 수출입

수출입거래는 일반형태의 수출입과 특정거래 형태의 수출입으로 구분된다. 대외무역관리규정에서는 다음과 같은 거래를 특정거래 형태의 수출입으로 인정한다고 규정하고 있다.

- 수출 또는 수입의 제한을 회피할 우려가 있는 거래
- 산업 보호에 지장을 초래할 우려가 있는 거래
- 외국에서 외국으로 물품 등의 이동이 있고, 그 대금의 지급이나 영수(領收)가 국내에서 이루어지는 거래로서 대금 결제 상황의 확인이 곤란하다고 인정되는 거래
- 대금결제 없이 물품 등의 이동만 이루어지는 거래

대외무역법 제13조(특정거래 형태의 인정 등)에서, "산업통상자원부장관은 물품 등의 수출 또는 수입이 원활히 이루어질 수 있도록 대통령령으로 정하는 물품 등의 수출입 거래 형태를 인정할 수 있다."고 하였는바, 이러한 특정거래들도 수출입으로 인정함으로써 수출과 관련한 각종 지원을 받거나 수입을 위한 외국환의 결제 등을 원활하게 한다는 의미가 있다.

  * 특정형태의 수출입 거래는 수출입제한을 회피할 가능성도 높고 대금의 영수 등에서 관리가 어려울 수 있어서 산업통산자원부장관의 인정을 받아야 하는 거래가 있었으나 2014.9.2부터 인정제도가 완전 폐지되었는바, 특정거래 형태 수출입은 통제를 위해 구분하는 측면은 없어지고 부가세 영세율 적용 및 수출입 실적 인정 등 무역진흥 목적의 구분이 되었음

특정거래 형태의 수출입인정 대상 거래의 범위

① **위탁판매수출** : 물품 등을 무환으로 수출하여 해당 물품이 판매된 범위 내에서 대금을 결제하는 계약에 의한 수출

② **수탁판매수입** : 물품 등을 무환으로 수입하여 해당 물품이 판매된 범위 안에서 대금을 결제하는 계약에 의한 수입

③ **위탁가공무역** : 가공임을 지급하는 조건으로 외국에서 가공(제조, 조립, 재생, 개조를 포함)할 원료의 전부 또는 일부를 거래 상대방에게 수출하거나 외국에서 조달하여 이를 가공한 후 가공물품 등을 수입하거나 외국으로 인도하는 수출입

④ **수탁가공무역** : 가득액을 영수(領收)하기 위하여 원자재의 전부 또는 일부를 거래 상대방의 위탁에 의하여 수입하여, 이를 가공한 후 위탁자 또는 그가 지정하는 자에게 가공물품 등을 수출하는 수출입이다. 다만, 위탁자가 지정하는 자가 국내에 있음으로써 보세공장 및 자유무역지역에서 가공한 물품 등을 외국으로 수출할 수 없는 경우 「관세법」에 따른 수탁자의 수출·반출과 위탁자가 지정한 자의 수입·반입·사용은 이를 「대외무역법」에 따른 수출·수입으로 본다.

⑤ **임대수출** : 임대(사용대차를 포함) 계약에 의하여 물품 등을 수출하여 일정기간 후 다시 수입하거나 그 기간의 만료 전 또는 만료 후 해당 물품 등의 소유권을 이전하는 수출이며, 외국환은행의 장 및 한국은행 총재에게 신고 후 거래해야 한다.

⑥ **임차수입** : 임차(사용대차를 포함) 계약에 의하여 물품 등을 수입하여 일정기간 후 다시 수출하거나 그 기간의 만료 전 또는 만료 후 해당 물품의 소유권을 이전받는 수입이며, 임대수출의 경우처럼 신고 후 거래해야 한다.

⑦ **연계무역** : 물물교환(Barter Trade), 구상무역(Compensation trade), 대응구매(Counter purchase), 제품환매(Buy Back) 등의 형태에 의하여 수출·수입이 연계되어 이루어지는 수출입

⑧ **중계무역** : 수출을 목적으로 물품 등을 수입하여 국내에 반입하지 않고 수출하는 수출입(보세구역, 보세구역 외 장치의 허가를 받은 장소, 자유무역지역 내에 장치)

> * 물품이 최초 수출국에서 최종 수입국으로 직접 운송되는 경우, 수출을 위해 받은 신용장의 수익자와 B/L 상의 선적인(Shipper)이 다르게 되는 Third Party B/L이 이용되며, 최종수출자와 최종수입자에게 서로 상대방이 알려지지 않도록(서로 직거래를 하게 되면 중계차익을 얻을 기회를 잃을 수 있으므로) 중계國에서 B/L을 변경·재발급 하는 Swich B/L이 이용된다.

⑨ **외국인수수입** : 수입대금은 국내에서 지급되지만 수입 물품 등은 외국에서 인수하거나 제공받는 수입이며, 물품은 국내로 들어오지 않으면서 자금은 외국으로 나가는 거래이므로 그 사유의 정당성을 입증할 수 있어야 한다.

⑩ **외국인도수출** : 국내에서 통관되지 아니한 수출 물품 등을 외국으로 인도하거나 제공하고 수출대금은 국내에서 영수하는 수출로서, 해외 건설현장 등에서 사용하던 기계를 국내로 가져오지 않고 해외로 매각하는 경우나 위탁가공무역에 의해 외국에서 생산된 물품을 외국으로 판매하는 형태의 수출

⑪ **무환수출입** : 외국환 거래가 수반되지 않는 물품 등의 수출·수입

대외무역법의 수출입 정의(시행령 제2조)

- 수출이란 다음 어느 하나에 해당하는 것을 말한다.

  가. 매매, 교환, 임대차, 사용대차(使用貸借), 증여 등을 원인으로 국내에서 외국으로 물품이 이동하는 것(우리나라 선박으로 외국에서 채취한 광물(鑛物) 또는 포획한 수산물을 외국에 매도(賣渡)하는 것을 포함)

  나. 유상(有償)으로 외국에서 외국으로 물품을 인도(引渡)하는 것으로서 산업통상자원부장관이 정하여 고시하는 기준에 해당하는 것

  다. 「외국환거래법」 제3조 제1항 제14호에 따른 거주자(이하 거주자라 한다)가 같은 법 제3조 제1항 제15호에 따른 비거주자(이하 비거주자라 한다)에게 산업통상자원부장관이 정하여 고시하는 방법으로 제3조에 따른 용역을 제공하는 것

  라. 거주자가 비거주자에게 정보통신망을 통한 전송과 그 밖에 산업통상자원부장관이 정하여 고시하는 방법으로 제4조에 따른 전자적 형태의 무체물(無體物)을 인도하는 것

- 수입이란 다음 어느 하나에 해당하는 것을 말한다.

  가. 매매, 교환, 임대차, 사용대차, 증여 등을 원인으로 외국으로부터 국내로 물품이 이동하는 것

  나. 유상으로 외국에서 외국으로 물품을 인수하는 것으로서 산업통상자원부장관이 정하여 고시하는 기준에 해당하는 것

  다. 비거주자가 거주자에게 산업통상자원부장관이 정하여 고시하는 방법으로 제3조에 따른 용역을 제공하는 것

  라. 비거주자가 거주자에게 정보통신망을 통한 전송과 그 밖에 산업통상자원부장관이 정하여 고시하는 방법으로 제4조에 따른 전자적 형태의 무체물을 인도하는 것

- 수출실적이란 산업통상자원부장관이 정하여 고시하는 기준에 해당하는 수출통관액 · 입금액, 가득액(稼得額)과 수출에 제공되는 외화획득용 원료 · 기재의 국내 공급액을 말한다.

- 수입실적이란 산업통상자원부장관이 정하여 고시하는 기준에 해당하는 수입통관액 및 지급액을 말한다.

  * 대외무역법에서는 용역(서비스)이나 전자적 형태의 무체물(소프트웨어 등)도 수출입의 대상으로 보지만 관세법에서는 이 중 유체물만 수출입의 대상으로 본다.

국제수지의 균형과 통상의 확대를 위해 국가가 행하는 무역거래 행위에 관한 각종 법규 및 제도적 장치를 의미하며, 우리나라는 대외무역법, 외국환거래법, 관세법 등을 통해 각각 수출입 거래행위, 통관 및 관세, 수출입대금의 결제 등을 관리하고 있다.

⬤━━━━━◯ 거래품목에 대한 관리

수출입공고, 통합공고, 전략물자 수출입고시 등을 통해 해당 품목을 구체적으로 고시하고 그러한 규제품목들에 대해서는 수출입을 금지 또는 제한하거나 사전에 수출입승인을 받도록 하고 있다. 열거된 품목들 외에는 자유롭게 거래를 허용한다 하여 Negative List System이라 하며, 고시하는 품목의 분류는 HS Code(Harmonized Commodity Description and Coding System) 체계를 따른다.

> * 특정물품의 수입증가로 인해 국내 산업이 심각한 피해를 입을 우려가 있는 경우 시행되는 수입수량 제한조치는 상대국과의 관계 등을 고려하여 제한적으로 이루어져야 하며, 해당 제한조치의 적용기간은 4년을 넘어서는 안 된다.

① **수출입공고(승인품목)**
대외무역법에 의한 무역정책상의 목적(국제협약, 천연자원 보호 등)으로 수출입을 금지하거나 제한할 품목에 대해 규정하고 있다. 제한품목을 수출입하고자 하는 경우에는 해당 수출입승인기관의 사전승인을 받아야 한다. 다만, 외화획득용 원료 및 기자재를 수입하는 경우에는 수입제한 되는 품목이라도 사전승인 없이 수입승인을 받을 수 있다.

② **통합공고(요건확인 품목)**
대외무역법 이외의 법령 등을 통해 국민보건 및 공중도덕 등에 관한 규제가 다양한 부처와 단체에 의해 시행되고 있는 바, 산재해 있는 이러한 사항들을 통합하여 공고함으로써 수출입 요건확인 및 절차를 용이하게 취할 수 있도록 하는 제도이다.

여기서도 수출입을 금지한 품목은 수출입을 할 수 없고, 요건확인 품목으로 지정된 경우에는 해당 주무부처나 관련 단체로부터 허가 등의 요건확인서를 받아야 한다. 외화획득용 원료 및 기자재의 수입이나 국내에 영향을 미치지 않는 중계무역, 외국인수수입 및 외국인도수출과 관련된 경우에는 요건면제 확인을 받은 후 제한 없이 수출입할 수 있다.

> * 수출입공고에서 수입금지 또는 수입제한 품목이 아니라도 통합공고에서 수출입 요건이 요구되면 그 요구를 충족시켜야 한다.

③ 전략물자 수출입고시(사전허가)

국제평화 및 안전유지를 위해 핵무기, 화학무기, 생물무기 등의 대량파괴무기의 제조에 이용될 수 있는 품목(물품, 기술, 소프트웨어 등)들에 대한 고시이며, 여기에 해당되면 수출목적 확인서 등을 통해 사전에 허가를 받아야 한다.

   * 전략물자 사전판정제도 : 수출입물품이 전략물자에 해당하는지에 대한 사전판정을 신청할 수 있다. 사전판정의 유효기간은 2년이다.

④ 관세법에 의한 제한

공공의 질서나 미풍양속을 해치는 서적 및 음반, 화폐 및 채권 등의 위조 및 변조품, 지식재산권을 침해하는 물품(짝퉁, 상표권 도용 등)은 관세법에 의해 수출입이 금지되고 있다.

━━━○ **거래 유형에 관한 관리 – 임대수출 및 임대수입**

거주자와 비거주자 간에 부동산 이외의 물품 임대차계약을 체결하는 경우로서, 계약 건당 금액이 미화 3천만불 이하인 경우는 외국환은행의 장에게 사전신고를 해야 하며, 미화 3천만불 초과 임대차계약은 한국은행 총재 앞 신고사항이다. 거주자가 비거주자에게 무상으로 물품을 임대하는 경우에는 한국은행 총재 앞 사전신고 사항이다.

━━━○ **결제방법에 관한 관리**

외국환거래 관련 법령에서 정하는 외국환의 지급 및 수령에 관한 절차적인 제한을 통한 관리로서 특정 거래에 대해서 신고, 신고수리, 인정, 허가 등을 요구하고 있다. 외국환을 수령하는 경우에는 제한이 거의 없지만, 지급과 관련한 비정상적 결제는 국부유출 등의 우려가 있는 바, 신고등의 제한이 있다.

① 상계 등 계정의 대기 또는 차기에 의한 지급등의 방법

대외결제 시 외국환의 대외송금이나 수령에 의하지 않고 서로가 가지고 있는 채권과 채무를 장부상으로 소멸시키고 차액만을 결제하는 것을 상계라 하며, 이러한 양자 간 상계는 외국환은행의 장에게 신고해야 한다. 다만, 다국적 기업의 상계센터를 통하여 상계하거나 다수의 당사자의 채권 또는 채무를 상계하는 다자 간 상계는 한국은행 총재에게 신고해야 한다.

상계가 빈번하게 발생하는 경우, 일정기간에 발생한 거래들을 주기적으로 결산하여 정산하는 방식으로 서로의 채권채무를 결제하는 것을 상호계산이라 하며, 지정거래 외국환은행의 장에게 신고해야 한다.

상계 및 상호계산을 실시하는 자는 관계 증빙서류를 5년간 보관해야 한다.

② 기획재정부장관이 정하는 기간을 초과하는 지급등의 방법

거주자가 수출입대금의 지급등을 하는 경우에는 별도의 신고가 필요하지 않지만, 수출입대금의 결제방법을 비정상적으로 정함으로써 외화자금을 단기적으로 차입하는 효과를 노리거나, 수출대금 수령일을 비정상적으로 길게 잡아 회수의무를 이연하려는 거래등은 한국은행 총재에게 신고하도록 하고 있다.

거주자가 수출입대금(물품거래 대금으로 한정)을 다음 각 호의 1에 해당하는 방법으로 지급등을 하고자 하는 자는 한국은행총재에게 신고하여야 한다. 다만, 선박, 철도차량, 항공기, 「대외무역법」에 의한 산업설비를 수출입하는 경우에는 신고를 요하지 아니하며, 수출입 상대방의 귀책 등 불가피한 사유가 인정되는 경우에는 1년을 초과한 날로부터 3월 이내에 한국은행총재에게 사후신고를 할 수 있다.

■ 계약건당 미화 10만불을 초과하는 수출대금을 물품의 선적 전 1년을 초과하여 수령하고자 하는 경우

■ 계약건당 미화 10만불을 초과하는 수입대금을 선적서류 또는 물품의 수령 전 1년을 초과하여 지급하고자 하는 경우

③ 제3자 지급등에 의한 방법

거래당사자가 아닌 제3자와 대금을 수수하는 경우에는 실거래 사실과 정당거래 여부를 확인하기 위해 원칙적으로 한국은행 총재에게 신고해야 한다. 국내자본의 비정상적인 유출을 통제하기 위한 것인 바, 수령의 경우는 대체로 신고에서 제외된다.

수입결제를 하면서 수출상이 아닌 제3자에게 대금을 송금하는 경우가 대표적이며, 이러한 점을 고려하여 송금 시 송금의뢰인과 수취인이 각각 수입상과 수출상인지를 잘 확인해야 한다.

 * 미화 5천불 이하 금액의 제3자 지급등은 신고예외

④ 외국환은행을 통하지 않는 지급등의 방법

외국환거래와 관련된 자금의 수수는 외국환은행을 통해서 이루어져야 사후 모니터링 등 효율적인 관리가 가능하게 된다. 따라서 외국환은행을 통하지 않는 지급등은 한국은행 총재에게 신고하도록 되어 있다. 수령하는 경우에는 제한이 없으나 지급의 경우에는 거주자가 건당 미화 1만불 이하 대외지급수단을 직접 지급하는 경우 등과 같은 신고 예외사항을 제외하고 모두 신고해야 한다.

거래상대방 등에 관한 관리

① 대북한 교역에 대한 반출입 승인

북한과의 거래는 무역이라는 용어 대신에 교역이라는 용어를 사용하며, 수출 및 수입 대신에 반입 및 반출이라는 용어를 사용한다. 북한으로 물품 등을 반출(제3국을 통한 반출입 및 중계무역 포함)하고자 하는 경우에는 사전에 통일부장관의 승인을 받아야 한다.

② 국제평화 및 안전유지 등을 위한 수출입 및 지급 · 영수의 제한

국제분쟁지역에서의 평화와 안전유지, 유엔결의에 의한 의무이행 등을 위하여 특정국에 대한 수출입이 제한되기도 하며, 국제평화 및 안전유지 등의 의무이행을 위한 지급 및 영수 허가지침을 통해 지정된 금융제재대상자(알카에다, 텔리반 등)와 지급이나 수령을 하고자 하는 경우에는 한국은행 총재에게 신고 또는 허가를 받아야 한다.

③ OFAC(Office of Foreign Asset Control)에 의한 거래제한

미국의 OFAC에 의해 대량살상무기, 테러, 국제마약조직 등과 관련된 국가, 단체와의 거래는 미국 소재 금융기관을 통해 결제할 수 없으며, 미국 내에서의 자산동결조치 등으로 해당 거래자금이 몰수될 수도 있다(국내 은행들은 미국의 요청에 의해 이러한 거래가 발생하지 않도록 시스템적으로 모니터링 하고 있음).

① 원산지 관리의 필요성

• 소비자 보호

동일한 브랜드의 상품이라도 그 원산지에 따라 상품의 가치가 다르게 평가되는 바, 원산지에 따
라 품질에서 큰 차이를 보이는 물품에 대해서는 정확한 원산지 관리에 대한 요구가 크다.

• FTA 등과 관련한 관세 차별적용

FTA 체결 등으로 회원국 간의 수출입거래에는 관세를 부과하지 않거나 낮게 적용(이를 FTA 양
허세율 또는 FTA 협정세율이라 함)하게 되므로, 차별적인 무역특혜를 부여하기 위한 원산지 확
인이 필요하다. 또한 개발도상국 상품에 대한 GSP(일반특혜관세)나 북한산 물품에 대한 관세면
제를 위해서도 그러하다.

• 무역규제

특정물품에 대해 수입할당(Quota)제가 도입되는 경우, 이의 시행을 위한 원산지 관리가 필요
하다.

우리나라와 FTA 발효 현황(2025. 4월 현재)

FTA가 발효 중인 국가
칠레, 싱가포르, EFTA(4개국), ASEAN(10개국), 인도, 페루, EU(27개국), 호주, 튀르키에, 미국, 캐나다, 뉴질랜드, 중국, 베트남, 콜롬비아, 중미(5개국), 영국, RCEP(아세안 10개국, 중국, 일본, 호주, 뉴질랜드), 이스라엘, 캄보디아, 인도네시아, 필리핀

FTA 관련 관세양허(關稅讓許, Concession of Tariff)

관세양허는 국가 간 관세·무역에 관한 협상에서 협상 당사국이 특정 품목의 관세를 일정 수준 이상 부과하지 않기로 한 약속이다. 관세양허 형태로는 현행 세율을 인하하는 관세인하(reduction), 관세를 더는 올리지 않겠다고 약속하는 거치(binding), 현행 세율을 인상하더라도 일정 수준 이상으로는 올리지 않는 한도양허(ceiling) 등이 있다. FTA가 발표되면 관세가 즉시 철폐되는 품목도 있지만, 당사국의 산업피해 등을 고려하여 특정기간에 걸쳐 점진적으로 세율을 낮추거나(이를 점진적 양허라 함) 아예 양허 제외품목에서 제외하기도 한다.

* FTA(Free Trade Agreement ; 자유무역협정) : 국가 간에 관세장벽 및 비관세장벽을 없애고 무역 및 투자를 확대하기 위한 협정

FTA 관세양허를 받기 위해서는 원산지증명서(C/O ; Certificate of Origin)를 반드시 구비하여야 하고, 수입신고 시 원산지증명서를 갖추지 못한 경우에는 일단 일반적인 관세율에 의해 관세를 납부해야 하며, 수입신고 수리일로부터 1년 이내에 원산지증명서를 구비하면 협정관세 적용신청을 하여 이미 납부하였던 관세를 환급받을 수 있다.

② 원산지 판정기준

원산지 판정기준은 일반기준과 품목별 기준(PSR ; Product Specific Rule)이 있으며, 품목별 기준이 일반기준에 우선한다. 일반기준(General Rule)은 완전생산기준과 불완전생산품 판정에 관한 실질적 변형기준으로 대별되고, 실질적 변형기준은 다시 세번(稅番) 변경기준, 부가가치기준, 가공공정기준으로 구분된다. 완전생산기준 및 실질적 변형기준을 고려하여 원산지물품으로 인정되었다 하더라도, 여기에 충분가공원칙과 직접운송원칙을 추가적으로 고려하여 최종적인 원산지 판정을 하게 된다.

* PSR ; Product Specific Rules(품목별 원산지 결정기준), 품목분류번호별로 설정된 원산지 판정기준

• 완전생산 기준 : 당해물품의 전부를 생산한 나라를 원산지로 한다(농림축산물, 광업제품 등).

• 세번(稅番, 관세율표 번호) 변경기준 : 물품의 실질적 변형을 가져오는 가공 또는 제조과정이 최종적으로 수행된 나라를 원산지로 하는 것이며, 제조 및 가공을 통해 HS Code가 변경되는 경우를 말한다.
  - CC(Change of Chapter) : HS Code의 류(2단위)가 바뀌는 것
  - CTH(Change of Tariff Heading) : HS Code의 호(4단위)가 바뀌는 것
  - CTSH(Change of Tariff Sub-heading) : HS Code의 소호(6단위)가 바뀌는 것

• 부가가치 기준 : 당해 물품의 제조에 사용된 원료 및 부품의 부가가치가 일정비율 이상인 경우, 해당 원료 및 부품을 공급한 국가를 원산지로 본다. 부가가치를 계산하는 방식에는 RVC(Regional Value Contents ≒ LC ; Local Contents)법과 MC(Import Contents, MC)법이 있다. RVC법은 원산지 재료가 일정수준 이상 사용될 것을 요구하는 방식이고, MC법은 비원산지 재료가 일정수준을 초과하지 않을 것을 요구하는 방식이다.

• 가공공정 기준 : 당해 물품의 제조 및 가공과정에서 특정한 공정을 당해국에서 수행하는 때에 원산지를 인정하는 기준으로서, 섬유제품에 널리 채택되고 있는 재단·봉제 공정이 대표적인 예라 할 수 있다.

③ 원산지 확인

- 원산지의 확인은 원산지 증명서(C/O ; Certificate of Origin)를 이용하며, FTA에서는 원산지결정기준을 내용적으로만 충족했다고 해서 원산지로 인정하는 것이 아니라 절차적 요건으로서 원산지증명서에 의한 증명이 필요하다.
- 원산지증명서는 그 양식이 통일되어 있지 않고 각 FTA협정 등에서 요구하는 양식을 사용해야한다.
- FTA 관련 원산지증명서의 발급방식에는 기관발급(상공회의소, 관세청 등이 증명)과 자율발급(수출기업이 자율판정)방식이 있다. 자율판정 수출기업은 근거서류에 의해 원산지가 충족함을 증명할 수 있어야 하며, 추후 원산지 검증 실사에 대비하여 관련 자료를 5년간 보관해야 한다. 또한 각 FTA별로 채택한 발급방식(기관발급 또는 자율발급)이 있는 바, 해당되는 협정에 따라야 한다.

  * 자율발급 방식 : 칠레, 미국, EU, EFTA, 콜롬비아, 캐나다, 뉴질랜드, 페루, 터키, 중미, 영국
    기관발급 방식 : 싱가포르, ASEAN, 인도, 중국, 베트남
    자율 및 기관발급 혼용 : 호주

원산지(포괄)확인서

수출기업이 원산지증명서를 작성하는 근거자료로 활용될 수 있도록, 관련 물품의 국내납품 시 판매자가 국내공급처(구매자)에게 발행하는 원산지 보증서 성격의 확인서이다. 유효기간은 최대 12개월까지 포괄 발행 가능한 바, 최소한 1년마다 재발행을 해야 한다. 수출기업은 FTA 협정세율 적용과 관련한 추후 실사검증에 대비하여 원재료공급자 등으로부터 원산지(포괄)확인서를 받아 보관해야 한다.

---

④ 원산지 표시

원산지 표시 제도는 국내의 생산자 및 소비자를 보호하고, 유통질서의 확립 및 불법행위를 근절하기 위한 것이다. 따라서 무역거래자 및 판매업자는 원산지 표시방법을 철저히 준수해야 하며 다음의 행위를 해서는 안 된다(대외무역관리규정).

- 원산지를 허위로 표시하거나 이를 오인하게 하는 표시를 하는 행위
- 원산지 표시를 손상시키거나 변경하는 행위
- 원산지 표시 대상물품에 원산지표시를 하지 않는 행위

특정 국가로부터 자치권을 행사하는 특별구역(예 홍콩, 마카오, 괌 등)은 본국과 구분되게 원산지 표시를 해야 하며(예 Made in Hong Kong), 개별국가가 아닌 지역 · 경제 연합체(예 EU, ASEAN, NAFTA 등)는 이를 원산지로 표시할 수 없다.

일반적으로 'Made in Korea'와 같은 형식으로 표시를 하지만 국제상거래 관행상 정착된 표시방법으로도 표시할 수 있다(예 "Manufactured by '제조회사' '주소' '국가'", "Manufactured in '국명'", "Produced in '국명'", "'국명' Made").

원산지 표시는, 원칙적으로 해당 물품에 해야 하지만 당구공과 같이 물품에 직접 표시하는 경우 물품의 훼손 우려가 있거나, 이쑤시개 등과 같이 작은 물건이어서 해당 물품에 직접 표시하는 것이 적절치 않은 경우 등은 예외적인 원산지 표시가 가능하다. 우리나라에서는 원산지 표시 언어로 '한글, 한자, 영문'만 가능하다.

⑤ **원산지 사후검증**
원산지 사후검증 실사·방식에는 수입국 관세당국이 직접 조사하는 직접검증과 수입국 관세당국이 수출국 관세당국에 조사를 의뢰하여 회신 받는 간접검증이 있으며, 이 둘을 병행하는 혼합검증 방식이 있다.
- 직접검증 방식 : 미국(섬유, 의류는 간접), 싱가포르, 칠레, 뉴질랜드, 캐나다
- 간접검증 방식 : 아세안, 인도, EU, EFTA, 터키, 중국, 베트남, 영국
- 혼합검증 방식 : 호주, 콜롬비아, 중미, 페루

06 | 수출실적

수출실적은 그 용도 및 근거규정에 따라 총수출실적, 직수출실적, 무역금융 융자대상실적으로 나눌 수 있다.

직수출실적은 통계자료 목적으로 집계하는 관세청의 통관기준 수출(입)실적이며, 수출실적은 수출신고필증 상의 FOB금액을 기준으로 하고, 수입실적은 수입신고필증 상의 CIF금액을 기준으로 한다.

* 중계무역의 수출실적은 수출가격(FOB)에서 수입가격(CIF)을 공제한 외화가득액

━━━○ 대외무역관리규정에 의한 수출실적(총수출실적)

① **유상으로 거래되는 수출**(대북한 유상반출실적을 포함)

② 승인이 면제되는 수출 중 다음의 어느 하나에 해당하는 수출
- 외국에서 개최되는 박람회 등에 출품하기 위해 무상으로 반출하는 물품 등의 수출로서 현지에서 매각된 것
- 대외무역관리규정 별표 3의 제2호 아목에서 해당하는 물품 등의 수출 중 해외건설공사에 직접 공하여지는 원료·기재, 공사용 장비 또는 기계류의 수출(수출신고필증에 재반입하지 않는다는 조건이 명시된 분만 해당)
- 수출자 또는 수출 물품 등의 제조업자에 대한 외화획득용 원료 또는 물품 등의 공급 중 수출에 공하여 지는 것으로 다음의 어느 하나에 해당하는 경우
  - 내국신용장(Local L/C)에 의한 공급
  - 구매확인서에 의한 공급
  - 산업통상자원부장관이 지정하는 생산자의 수출 물품 포장용 골판지상자의 공급
- 외국인으로부터 외화를 영수하고 외화획득용 시설기재를 외국인과 임대차계약을 맺은 국내업체에 인도하는 경우
- 외국인으로부터 외화를 영수하고 자유무역지역으로 반입 신고한 물품 등을 공급하는 경우

구매확인서에 의한 수출실적 발급요령

구매확인서에 의한 공급에 대한 수출실적 인정금액의 확인 및 증명 발급기관은 대금을 영수한 외국환은행의 장으로 한다. 당사자 간에 대금을 결제한 경우에는 그 구매확인서를 발급한 외국환은행의 장 또는 전자무역기반사업자로 하며, 이 경우 외국환은행의 장 또는 전자무역기반사업자는 당사자 간에 대금 결제가 이루어졌음을 증빙하는 서류를 확인해야 한다.

무역금융 융자대상 수출실적

① 수출신용장 또는 지급인도(D/P)와 인수인도(D/A) 조건 및 그 밖의 수출관련 계약서에 따라 물품(대외무역법에서 정하는 전자적 형태의 무체물을 포함), 건설 및 용역을 수출하거나 국내 공급한 실적(중계무역방식에 따른 수출은 융자대상에서 제외)

② 내국신용장 또는 「대외무역법」에 따른 외화획득용 원료·물품 등 구매확인서에 따라 수출용 완제품 또는 원자재를 공급(수탁가공 포함)한 실적

③ 그 밖에 한국은행 통화정책국장이 정한 분야에서의 외화획득, 수출증대 실적

01 핵심정리

■ 무역대금 결제방식은 송금결제방식, 추심결제방식, 신용장결제방식으로 대별할 수 있다. 송금결제방식은 사전송금방식과 사후송금방식(COD, CAD, OA)으로 나눌 수 있고, 추심결제방식은 D/A, D/P, D/P Usance로 나눌 수 있으며, 신용장결제방식은 일람불(At Sight), 기한부 (Usance) 방식으로 나눌 수 있다.

■ 신용장은, 수출상 및 수입상 사이에 은행이 개재하여 발행하는 조건부 지급확약서로서 지리적 · 시간적 요인으로 비롯되는 물품인도 및 대금결제의 불일치와 관련된 수출입자 당사자들의 이해관계를 절충해주는 역할을 한다.

■ 신용장 거래는 신용장의 독립성 및 추상성 원칙을 인정함으로써 신용장과 관련된 계약 및 서류의 진정성을 일일이 확인하는 부담을 제거하여, 은행을 보호함과 동시에 신용장거래의 원활화를 도모하고 있으나, 이러한 신용장의 특성을 악용한 지급거절이나 사기거래가 발생하기도 한다.

■ 신용장에서 명시한 조건에 부합하는 일치된 제시(Complying Presentation)에 대해서는 대금의 결제가 보증되지만, 조건과 불일치(Discrepant)하는 서류제시는 대금결제가 거절될 수 있으므로 수출환어음 매입 시 환어음, 운송서류, 보험서류와 같은 필수서류는 물론, 포장명세서나 검사증명서와 같은 기타서류에 대해 심사 착안사항에 따른 면밀한 검토가 이루어져야 한다.

■ 신용장 및 관련 서류의 작성 및 검토 시 적용되는 국제규칙으로는, 신용장통일규칙(UCP 600), 국제표준은행관행(ISBP 745), 화환신용장 대금상환에 관한 통일규칙(URR 725), 추심에 관한 통일규칙(URC 522), 보증신용장 통일규칙(ISP 98) 등이 있다.

■ 신용장 거래는 신용장 개설, 신용장 통지(필요 시, 신용장 확인 및 양도), 물품선적, 수출환어음 매입, 수출환어음 및 선적서류 등 발송, 선적서류 도착통지 및 수입대금 결제, 선적서류 제시 및 물품 인수 등의 순환과정을 거친다.

■ 기한부신용장(Usance)은 Usance 기간 동안의 자금공여를 누가 하느냐에 따라 Shipper's Usance와 Banker's Usance로 나뉘고, Banker's Usance는 외국환은행의 해외 환거래은 행이 자금을 제공하는 Overseas Banker's Usance와 국내은행이 자금을 제공하는 Domestic Banker's Usance로 나뉜다. 통상, Domestic Banker's Usance는 내국수입 유 산스로 칭하고, 단순히 Banker's Usance라 하면 Overseas Banker's Usance를 지칭하는 것으로 사용된다.

■ Factoring과 Forfaiting은 수출입거래의 결제방식이라기보다는 은행이 수출자의 매출채권을 할 인해주는 금융서비스라 할 수 있다. 이러한 방식들은 수출채권을 소구권 없이(Without Recourse) 할인매입 해주므로, 우발채무 부담에서 벗어나 재무건전성을 제고하고자 하는 경우 활용될 수 있다(특히, 회계연도 말에).

■ 우리나라의 무역은 대외무역법에 의해 총괄적으로 관리되고 있으며, 물품의 이동과 관련한 통관 및 과세 등에 대하여는 관세법의 적용을 받고, 대금의 결제와 관련한 지급 및 영수는 외국환거 래법의 적용을 받는다. 또한, 외국인 등의 국내투자에 관해서는 외국인투자촉진법이 적용되고, 북한과의 교역에 대해서는 남북교류협력에 관한 법률이 적용된다.

■ 원산지관리제도는 소비자보호, FTA 등과 관련한 관세 차별적용, 무역규제 등에 활용되며, 원산 지 판정기준에는 완전생산기준, HS Code 세번(稅番) 변경기준, 부가가치 기준, 가공공정 기준 이 있다.

■ 무역거래의 기본당사자인 수출자와 수입자는 상황별로 불리는 명칭이 다양하다.

구 분	수출상	수입상
매매 측면	Seller	Buyer
수출입 측면	Exporter	Importer
신용장 관련	Beneficiary	Applicant
환어음 관련*	Drawer	Drawee
운송 관련*	Consignor	Consignee

* D/A, D/P 방식인 경우에는 수입상이 Drawee 및 Consignee가 되고 신용장 결제방식에서 는 신용장개설은행이 Drawee 및 Consignee가 됨

■ 결제방식에 따른 수출상의 대금회수위험 비교
- 사전송금방식(Advance Remittance 또는 Cash with Order) : 물품대금을 먼저 받고 물품을 보내는 것이기 때문에 대금 미회수 위험이 없다.
- 사후송금방식(Later Remittance) : 수출상이 물품을 먼저 선적하여 보내고 물품대금은 사후에 수령하는 결제방식으로, 수출상의 입장에서는 물품만 건네주고 대금을 회수하지 못할 수도 있고, 물품수령을 거절당할 수도 있고, 억지주장에 의한 클레임을 당할 수도 있는 불리한 결제조건이다. 도착지(수입지)에서 물건(운송서류)을 주고 대금을 받는 COD(Cash on Delivery), 선적지에서 선적을 마친 후 해당 선적서류를 건네주며 대금을 받는 CAD(Cash against Document), 수출상이 물품을 선적하고 선적통지를 하면 매 선적통지일로부터 일정기간이 경과한 후에 해당 물품대금을 수출자의 계정(Account)으로 송금하여 결제하는 Open Account가 여기에 해당된다.
- 신용장결제방식 : 신용장개설은행의 조건부 지급보증확약이 있으므로 신용장에 명시된 조건대로 서류를 제시하면(하자가 없으면) 대금을 확실히 회수할 수 있다.
- 추심결제방식 : D/A, D/P거래는 은행의 지급보증서인 신용장이 개입되지 않는 거래로서 순전히 수입상의 신용에 의존하게 되므로 대금회수불능 우려가 상대적으로 크다. 이러한 위험을 고려하여 한국무역보험공사에서 제공하는 수출보험을 활용할 수 있다.

■ 송금결제방식의 특징은, 계좌를 통해 대금을 수수하므로 환어음을 발행할 필요가 없고, 특별히 적용되는 국제규칙도 없다. 선적서류는 은행을 통하지 않고 직접 수입자에게 송부하므로, 물품대금을 미리 받느냐 나중에 받느냐에 따라 거래당사자의 위험부담이 달라진다. 송금결제방식으로는 CWO(Cash With Order), COD(Cash On Delivery), CAD(Cash Against Document), O/A(Open Account)가 있다.

■ 신용장(L/C ; Letter of Credit)은, 국제 간 무역거래에서 대금결제에 신뢰성을 도모하기 위해 도입된 제도이다. 송금방식으로 하는 경우 대금을 먼저 받느냐 나중에 받느냐에 따라 거래당사자의 위험부담이 확연히 나뉘게 되며, 추심결제방식은 순전히 수입자의 신용에 의존해야 하는 위험이 있다. 신용장결제방식은, 신용장개설은행이 수입자에 대한 신용도를 파악한 후 그 신용(담보)을 바탕으로 조건부 지급보증서인 신용장을 발급하면, 수출상은 해당 신용장을 믿고 신용장에서 요구하는 대로 서류를 제시하고 대금을 받을 수 있게 한 제도이다. 신용장개설은행은 거래당사자 간에 실제로 계약이 이행되었는지 따지지 않고(신용장 독립성의 원칙), 오직 서류만을 면밀히 심사하여 지급보증을 이행한다(신용장 추상성의 원칙).

■ 추심결제방식(D/A, D/P)의 특징은, 은행의 지급보증이 없고(= 신용장이 없고) 은행의 서류심사 의무도 없다. 다만, 추심절차가 은행을 통해 이루어지게 되므로 해당 추심에 관한 국제규칙 (URC 522)이 적용된다(단, 계약서에 준거문언을 표시해야 함). 추심결제방식에서 발행되는 환어음의 지급인(Drawee)은 수입상이다(신용장결제방식인 경우에는 신용장개설은행이 Drawee 가 됨).

■ 선하증권(B/L ; Bill of Lading)에 표시되는 Consignor/shipper는 화물을 보내는 수출상을 기재하고, Consignee(수하인)는 신용장거래의 경우 통상 지시식으로 발행한다. 'To order'는 'To order of shipper'로 해석하므로 선하증권(= 물품)의 최초 권리인은 수출자(=선적자)가 되며, 수출대금을 회수하기 위한 Nego 시 해당 선하증권 뒷면에 수출자가 백지배서(Blank Endorsement)하여 매입은행에 제출하여야 한다. 선하증권에 수하인을 명칭을 특정하여 발행하는 형식을 기명식이라 하며 이를 Straight B/L이라 한다.

■ 수출자는 선박회사가 발행한 선하증권을,
 – 송금결제방식(사전송금, 사후송금)의 수출인 경우에는 수입자에게 직접 발송
   (Consignee : 수입자로 지정하는 기명식)
 – 신용장결제방식인 경우에는 매입은행에 백지배서를 하여 넘겨주고 수출대금을 수령하는 Nego를 한다(Consignee : 지시식인 To order 또는 To order of shipper로 표시되어 있는 경우에 그렇다). 물품 소유권자인 수출상의 배서를 받음으로써 매입은행 및 개설은행은 물품에 대한 통제권을 확보하게 되는 것이다(신용장결제방식에서는 Consignee란에 개설은행의 지시에 따르라는 의미로 to order of xxx Bank 형식으로 기재되는 것이 일반적임).
 – 추심결제방식(D/A, D/P)인 경우에는 자신의 거래은행(= 추심의뢰은행)을 통해 수입자의 거래은행(= 추심은행) 앞으로 송부하여 추심 (Consignee : 수입자로 기명)

■ 선적된 물품에 훼손이 있는 경우(포장파손 등)에는 선하증권의 적요란에 해당 내용을 기재하게 되는데, 이렇게 되면 소위 Foul B/L(= Dirty B/L)이 되므로, 신용장에서 Clean B/L을 요구했다면 일치된 제시(Complying Presentation)가 이루어질 수 없게 된다. 따라서, 수출자는 문제가 발생하면 모든 책임을 지겠다는 취지의 화물파손보상장(L/I ; Letter of Indemnity)을 선박회사에 써 주고 훼손 내용에 관한 언급이 없는 Clean B/L을 발급받는 것이 일반적이다.

■ 항공운송장(Air Waybill)은, 항공으로 화물을 운송할 때 항공회사가 화주에게 발급해주는 운송 서류이다. 선하증권과는 다르게 비유통증권인 바, 항공운송장의 Consignee는 기명식 (신용장 거래인 경우는 신용장개설은행을 Consignee로, 무신용장 방식의 경우에는 수입자를 Consignee로 기명)으로 발행된다. 항공운송장은 원본이 3통 발행되는데 각 원본의 기능이 다르다. 원본 3통 중 Original-1은 운송회사 보관용이고, Original-2는 수하인용으로서 물품과 함께 수입지로 이동되어 추후 물품의 수입통관 시 사용되며, Original-3은 송하인용으로서 Nego 시 사용된다.

■ Incoterms 2010은, 국내 및 국제 간 물품거래 시 판매자와 매입자가 부담하게 되는 비용 및 위험에 대한 기준을 제공하는 가격조건에 관한 정형화된 규칙으로서 국제상업회의소(ICC ; International Chamber of Commerce)에 의해 제정되었다(2010은 2010년 개정판이라는 의미). 비용 및 위험부담의무의 귀속 외에도 매도인의 서류 제공의무 및 매도인의 적하보험 부보의무(CIF나 CIP 등과 같이 보험료를 매도인이 부담하는 가격조건인 경우)가 포함되어 있으나, 매수인의 적하보험 부보의무에 대하여는 언급하고 있지 않다(즉, FOB 등과 같이 매도인이 보험료를 부담하지 않는 가격조건인 경우, 적하보험 가입은 매수인의 선택사항 임). Incoterms 2020에서는 DTA 조건이 DPU로 대체되었으며, 최소 부보범위를 이원화했고, 지상운송을 매도인 및 매수인이 각자의 운송수단을 이용할 수 있도록 규정하고 있다.

■ 국제무역에서 수출자에게 보험가입의무가 있는 경우(CIF, CIP 등의 가격조건) 부보금액은 상업 송장 금액의 110%로 하는 것이 관행이다(이것은 최소한의 금액이며 그 이상으로 하여도 무방). 실무적으로는 부보조건을 A/R(All Risks)로 하지만 매수자 측으로부터 특별한 요청이 없다면 부보범위가 가장 좁은 것(예 ICC(C))을 선택하여도 무방하다. 수출자의 부보의무가 없는 가격조건(예 FOB 등)인 경우에는 보험가입 여부는 수입자의 선택사항인 바, 수입자가 판단하여 보험을 가입할 수도 있고 생략할 수도 있다.

■ 수출환어음 매입(Negotiation, 간단히 줄여서 Nego라 함)은, 수출자의 거래은행인 매입은행이 수출자가 제시한 서류들이 신용장에서 요구한대로 갖추어졌는지를 심사한 후 물품대금을 먼저 지급(Advance Payment)하는 여신행위이다. 이는, 조건부 지급확약서인 신용장(= 지급보증서)에서 요구한대로 서류를 받아 보낸다면 물품대금을 책임지고 지급하겠다는 신용장개설은행의 약속을 믿고, 수출자가 발행한 환어음을 매입은행이 할인 해주는 구조이다. 매입은행의 입장에서 보면, 수출자로부터 환어음 및 선적서류를 받고 바로 물품대금을 주는 것이므로, 신용장개설은행에 해당 서류들을 송부하여 돈을 받아내기까지 자금을 대출해 주는 것과 같은 바,

해당 기간동안 이자 성격의 환가료(換價料, Exchange Commission)를 수출자로부터 징수하게 된다.

■ 하자(瑕疵) Nego란, 신용장에서 요구한 내용과 다른 서류제시(Presentation)가 이루어져서(예 선적기일 경과 등) 신용장개설은행의 지급보증 이행을 기대할 수 없음에도 불구하고 수출자의 담보력(신용)을 믿고 Nego를 하는 것을 말한다. 하자 Nego를 위해서는 통상 수출자가 사전에 수입자와 접촉하여 하자에도 불구하고 대금을 결제하겠다는 약속을 받아야 가능하며, 매입은행 앞으로 수입자가 결제를 안하면 수출자인 내가 책임지겠다는 보증서(L/G ; Letter of Guarantee)를 제출해야 한다. 그래서, 하자 Nego를 L/G Nego라 한다.

■ 수출환어음매입(Negotiation) 시 적용되는 환율은 전신환매입률이다. Nego는 수출자 입장에서 보면 수출환어음 매도이지만 용어 자체가 은행을 기준으로 정해지다 보니 매입이 되는 것이다. 전신환매입률은, 외국환은행이 고객들과의 전신환 거래에 적용하겠다고 告示한 환율이다. 국제거래에서 숫자상으로만 이체되는 거래는 SWIFT에 의한 電信으로 이루어지기 때문에 (Telegraphic Transfer) 현찰(Cash)를 주고받는 거래에 비해 은행의 비용부담이 훨씬 적은 바, 현찰매입률보다 전신환매입률을 더 높게 쳐준다(= 고객의 입장에서 보면 전신환매매율이 현찰매매율보다 유리하다).

■ 실무적으로 보면, Nego를 할 때 은행이 고시한 전신환매입률 그대로 거래하는 경우는 흔치않다. 은행의 입장에서보면 전신환매입률과 매매기준율과의 차이가 은행의 수익이 되는데 이러한 수익(= 마진)을 할인하여 각 거래처별로 우대환율을 적용하는 게 일반적이다. 특히, Nego 금액이 외국환은행 간 거래규모(예 1백만불)에 달하는 경우에는 은행간거래 환율(≒ 매매기준율)에 약간의 마진만을 고려한 시장연동환율을 적용하고 있다.

■ 신용장결제방식의 거래에서 환어음, 운송서류, 보험서류는 신용장에서 명시적으로 요구하지 않아도 발행일자를 표시해야 한다. 반면, 신용장결제방식의 필수서류 중의 하나인 상업송장은 신용장에서 별도로 요구하지 않는 한 발행일자 및 발행인(= 수출상)의 서명을 생략해도 무방하다.

■ 상업송장(Commercial Invoice)은, 신용장결제방식의 거래에서 수익자(수출상)가 신용장개설의뢰인 앞으로 작성하며, 물품의 수량 및 금액이 기재되는 상품명세서이자 가격계산서이다. 상업송장의 내용은 신용장이 요구하는 다른 서류와 상호 모순(Conflict)이 있어서는 안되며, 신용장에서 특별히 요구하지 않는 한 발행인(수출상)의 서명이나 발행일자가 없어도 수리된다.

PART 01

■ 무역관리 3대 법규는 대외무역법, 외국환거래법, 관세법이다. 대외무역법은 무역에 관한 전반적인 관리를 다루고, 외국환거래법을 통해서는 외국환의 지급 및 영수 등에 관한 사항을 관리하며, 관세법은 수출입통관 및 관세징수에 관한 법규이다.

■ 수출입공고는 수출금지품목 및 수출제한품목에 관한 공고이고, 통합공고는 수출입승인에 필요한 요건확인 및 절차에 관한 공고이며, 전략물자고시는 대량파괴무기 제조에 이용될 수 있는 품목들에 관한 고시이다. 수출입물품이 전략물자에 해당하는지에 대해서는 전략물자관리원에 사전판정을 의뢰할 수 있으며, 전략물자 사전판정의 유효기간은 2년이다.

■ 대외무역법에서 정하는 특정거래 형태(총 11개 거래형태)의 무역에는 위탁판매 수출, 수탁판매 수입, 위탁가공무역, 수탁가공무역, 임대수출, 임차수입, 연계무역, 중계무역, 외국인수 수입, 외국인도 수출, 무환수출입이 있다. 이러한 수출입은 거래경로나 대금의 수수 등과 관련하여 정부의 통제가 용이하지 않다는 이유로 산업통상자원부장관의 인정을 받아야 하는 등의 절차가 필요하였으나 2014년 9월부터 이러한 인정제도는 모두 폐지되었다. 다만, 무역금융이라든가 수출입실적 인정 등을 위한 거래구분을 위한 목적으로 분류되고 있다.

■ 원산지결정기준에는 완전생산기준과 실질적 변형기준이 있다. 완전생산기준은 광물이나 농림축산물에 적용되는 기준이며, 대부분의 공산품은 실질적변형기준을 적용하여 결정한다. 실질적 변형기준은 부가가치기준, 세번(稅番)변경기준, 가공공정기준으로 구분된다.

■ HS Code는 수출입승인, 관세율 결정, 원산지결정 등의 기준이 된다. HS Code의 앞 6자리까지는 국제공통이며, 우리나라는 4자리 숫자를 추가하여 10자리 숫자로 구성된 HSK(HS of Korea)체계를 사용하고 있다. HS Code는 앞 2자리 숫자를 류(Chapter), 앞 4자리 숫자를 호(Heading), 앞 6자리 숫자를 소호(Sub-heading)라 한다.

■ 외국환거래규정에서는 무역거래 대금의 지급 시 외국환은행을 통하지 않거나, 거래당사자가 아닌 제3자와 대금을 수수하거나, 상계 방식으로 대금을 결제하거나, 비정상적인 결제기간 조건 등의 거래인 경우 한국은행 총재나 외국환은행의 장에게 신고하여야 한다(비정상적인 결제에 대한 관리).

핵심문제

01 신용장 관련 필수 기본서류(Basic Documents)에 속하지 않는 것은?

① Commercial Invoice
② Bill of Lading
③ Insurance Policy
④ Packing List

02 다음 중 수리가 되지 않는 송장은?

① Commercial Invoice
② Consular Invoice
③ Customs Invoice
④ Pro-forma Invoice

03 신용장 결제방식의 거래에서 수량이 별도의 포장단위(길이, 용적, 개수 등)로 명시되지 않는 곡물, 유류, 광석과 같은 散積화물(Bulk Cargo)의 경우에는 별도의 약정이 없더라도 5% 범위 이내의 수량과부족을 허용하는 것으로 해석한다. (O / ×)

04 신용장 유효기일이 은행의 통상적 휴무일인 경우에는 동 유효기일이 익영업일까지 자동연장되나 선적기한은 자동연장되지 않는다. (O / ×)

05 다음 Incoterms와 관련한 가격조건 중 잘못된 산식은?

① FCA = EXW + 지정된 장소까지의 운송비용 + 수출통관비용

② CPT = FCA + 지정된 목적지까지의 운송비

③ CIP = CPT + 보험료

④ CIF = FOB + 해상운임

06 Incoterms에서 위험 및 비용의 분기점에 동일한 것은?

① FOB ② CFR

③ CIF ④ CPT

07 빈번한 대기업 본지사 간 거래의 결제나 대금회수의 위험이 낮은 고정거래선과의 거래에 이용되는 결제
방식은?

① COD ② CAD

③ Open Account ④ L/C

08 'D/P 30 days after B/L date'로 표시된 추심결제 방식인 경우, 추심은행은 해당 선적서류를
선하증권 발행일로부터 30일이 되는 날까지 보관하였다가 수입상에게 제시하고 대금을 수취하여
야 한다. (○ / ×)

09 신용장 거래의 특징이 아닌 것은?

① 수입상의 지급불능에 따르는 신용위험이 제거된다.

② 상품 선적 후, 신용장 조건에 일치하는 서류를 매입은행에 제시하고 수출대금을 즉시 회수할 수
있다.

③ 기한부신용장을 개설하는 경우 Usance 기간 동안 수입대금결제를 유예할 수 있다.

④ 수출입계약 내용대로 정확한 물품의 Delivery가 보장된다.

10 다음 중 수출상(또는, 선적인)의 서명(또는, 배서)이 필요치 않은 것은?

① 환어음

② Commercial Invoice

③ Consignee가 'To order'로 기재된 B/L

④ Assured가 수출상으로 기재된 Insurance Policy

11 다음 중 신용장에서 특별히 금지하지 않는 한 수리가 되는 B/L이 아닌 것은?

① Forwarder's B/L ② Third Party B/L

③ Charter-party B/L ④ Unknown Clause B/L

12 신용장조건의 해석과 관련하여 잘못된 것은?

① 분할선적에 관한 명시가 없으면 분할선적이 허용되는 것으로 해석한다.

② 환적에 관한 명시가 없으면 환적이 가능한 것으로 해석한다.

③ 선적기일이 명시되어 있지 않으면 신용장 유효기일까지 선적이 가능하다.

④ 선적일자와 관련하여 사용된 prompt, immediately, as soon as possible 등은 없는 것으로 간주한다.

13 신용장에서 분할선적을 금지하였으나 지리적 범위로 특별히 허락된 2군데 이상의 항구에서 선적되는 경우에는 하나의 특정 선박(선적 당시 해당 선박의 항로와 목적지가 동일)에 선적된 2Set 이상의 B/L이 제시된다 하더라도 분할선적으로 보지 않는다. 이러한 경우 서류제시기간 및 선적기일의 경과여부는 가장 이른 선적일을 기준으로 판단한다. (O / X)

14 신용장에서 정한 환어음의 Tenor가 'At 60 days after B/L date'이고, 실제 선적일이 'Aug. 10, 2025'인 경우 환어음 상의 Tenor에 표기하는 방법으로서 잘못된 것은?

① 60 days after B/L date Aug. 10, 2025

② 60 days after Aug. 10, 2025

③ 60 days after B/L date

④ Oct. 9, 2025

15 수입화물대도(T/R ; Trust Receipt) 절차가 필요치 않은 경우는?

① 기한부 신용장에 의한 수입화물 인도 시
② 수입보증금을 전액 적립하고 수입화물선취보증서를 발급하는 경우
③ 내수용 일반재 수입대금 결제를 위한 대출 시
④ 수출용원자재 수입대금을 무역금융으로 결제하는 경우

16 하자(Discrepancy)로 인해 지급거절과 관련하여 잘못된 것은?

① 하자를 발견한 개설은행은 개설신청인을 접촉하여 하자 수락여부를 타진할 수 있다.
② 하자가 발견되면 불일치 사유를 모두 명시하여 한 번에 통보하여야 한다.
③ 매입은행이 Covering Letter에 하자사항을 기재한 경우에는 하자통보를 하지 않아도 무방하다.
④ 결제를 거절하는 경우에는 반드시 해당서류의 행방에 관해 명시해 주어야 한다.

17 외국환 결제방법과 관련하여 신고가 필요치 아니한 것은?

① 상계 및 상호계산에 의한 '지급등'
② 거주자가 건당 미화 1만불 이하의 대외지급수단을 직접 지급하는 경우
③ 본지사 간 수출거래로서 D/A 방식 또는 O/A 방식에 의한 결제기간이 물품의 선적 후 또는 수출 환어음의 일람 후 3년을 초과하는 경우
④ 계약 건당 미화 2만불을 초과하는 수입대금을 선적서류 또는 물품의 수령 전 1년을 초과하여 송금 방식에 의하여 지급하고자 하는 경우

18 Which of the following statements is not correct under UCP 600?

① Applicant means the party on whose request the credit is issued.
② Confirmation means a definite undertaking of the confirming bank, in addition to that of the issuing bank, to honour or negotiate a complying presentation.
③ Credit means any arrangement, however named or described, that is revocable and thereby constitutes a definite undertaking of the issuing bank to honour a complying presentation.
④ Presentation means either the delivery of documents under a credit to the issuing bank or nominated bank or the documents so delivered.

19 Which of the following statements is not correct under UCP 600?

① A credit is irrevocable even if there is no indication to that effect.

② The words such as "prompt", "immediately" or "as soon as possible" will be disregarded.

③ The words "to", "until", "till", "from" and "between" when used to determine a period of shipment include the date or dates mentioned, and the words "before" and "after" exclude the date mentioned.

④ The words "from" and "after" when used to determine a maturity date include the date mentioned.

20 Fill the suitable word in the blanks.

> The expression "on or about" or similar will be interpreted as a stipulation that an event is to occur during a period of ( ) calendar days before until ( ) calendar days after the specified date, both start and end dates included.

① Five

② Seven

③ Ten

④ Fifteen

21 Which of the following statements is not correct under UCP 600?

① A credit must state whether it is available by sight payment, deferred payment, acceptance or negotiation.

② A credit must not be issued available by a draft drawn on issuing bank.

③ The place of the bank with which the credit is available is the place for presentation. The place for presentation under a credit available with any bank is that of any bank. A place for presentation other than that of the issuing bank is in addition to the place of the issuing bank.

④ A credit must state an expiry date for presentation. An expiry date stated for honour or negotiation will be deemed to be an expiry date for presentation.

22 Which of the following statements is not correct under UCP 600?

① An issuing bank undertakes to reimburse a nominated bank that has honoured or negotiated a complying presentation and forwarded the documents to the issuing bank.

② Banks deal with documents and not with goods, services or performance to which the documents may relate.

③ An issuing bank is irrevocably bound to honour as of the time it advises the credit.

④ If a bank is authorized or requested by the issuing bank to confirm a credit but is not prepared to do so, it must inform the issuing bank without delay and may advise the credit without confirmation.

23 Which of the following statements is not correct under UCP 600?

① Credit and any amendment may be advised to a beneficiary through an advising bank.

② A bank utilizing the services of an advising bank or second advising bank to advise a credit may use the different bank to advise any amendment thereto.

③ A credit can neither be amended nor cancelled without the agreement of the issuing bank, the confirming bank, if any, and the beneficiary.

④ If a bank is requested to advise a credit or amendment but cannot satisfy itself as to the apparent authenticity of the credit, the amendment or the advice, it must so inform, without delay, the bank from which the instructions appear to have been received.

24 Which of the following statements is not correct under UCP 600?

① An authenticated tele-transmission of a credit or amendment will be deemed to be the operative credit or amendment, and any subsequent mail confirmation shall be disregarded.

② By nominating a bank to accept a draft or incur a deferred payment undertaking, an issuing bank authorizes that nominated bank to prepay or purchase a draft accepted or a deferred payment undertaking incurred by that nominated bank.

③ An issuing bank is not relieved of any of its obligations to provide reimbursement if reimbursement is not made by a reimbursing bank on first demand.

④ In documents other than the commercial invoice, the description of the goods, services or performance, if stated, may be in general terms conflicting with their description in the credit.

25 Which of the following statements is not correct under UCP 600?

① A nominated bank acting on its nomination, a confirming bank, if any, and the issuing bank must examine a presentation to determine, on the basis of the documents alone, whether or not the documents appear on their face to constitute a complying presentation.

② A nominated bank acting on its nomination, a confirming bank, if any, and the issuing bank shall each have a maximum of five banking days following the day of presentation to determine if a presentation is complying.

③ Date in a document, when read in context with the credit, the document itself and international standard banking practice, need not be identical to, but must not conflict with, date in that document, any other stipulated document or the credit.

④ document must not be dated prior to the issuance date of the credit, must not be dated later than its date of presentation.

26 Which of the following statements is not correct under UCP 600?

① When an issuing bank determines that a presentation is complying, it must honour.

② When a confirming bank determines that a presentation is complying, it must honour or negotiate and forward the documents to the issuing bank.

③ When a nominated bank acting on its nomination, a confirming bank, if any, or the issuing bank determines that a presentation does not comply, it must not refuse to honour or negotiate.

④ When a nominated bank determines that a presentation is complying and honours or negotiates, it must forward the documents to the confirming bank or issuing bank.

27 Which of the following statements is not correct under UCP 600?

① At least two original of each document stipulated in the credit must be presented.

② A bank shall treat as an original any document bearing an apparently original signature, mark, stamp, or label of the issuer of the document, unless the document itself indicates that it is not an original.

③ If a credit requires presentation of copies of documents, presentation of either originals or copies is permitted.

④ If a credit requires presentation of multiple documents by using terms such as "in duplicate", "in two fold" or "in two copies", this will be satisfied by the presentation of at least one original and the remaining number in copies, except when the document itself indicates otherwise.

28 Which of the following statements is not correct under UCP 600?

① A commercial invoice must appear to have been issued by the beneficiary.

② A commercial invoice must be made out in the name of the shipper

③ A commercial invoice must be made out in the same currency as the credit.

④ A commercial invoice need not be signed.

29 Which of the following statements is not correct under UCP 600?

① The issuing bank must not accept a commercial invoice issued for an amount in excess or the amount permitted by the credit.

② The description of the goods, service or performance in a commercial invoice must correspond with that appearing in the credit.

③ A bill of lading, however named, must appear to indicate the name of the carrier and be signed by the carrier or a named agent for or on behalf of the carrier.

④ Transhipment means unloading from one vessel and reloading to another vessel during the carriage from the port of loading to the port of discharge stated in the credit.

30 Which of the following statements is not correct under UCP 600?

① A bill of lading may indicate that the goods will or may be transhipped provided that the entire carriage is covered by one and the same bill of lading.

② A bill of lading indicating that transhipment will or may take place is acceptable, even if the credit prohibits transhipment, if the goods have been shipped in a container, trailer or LASH barge as evidenced by the bill of lading.

③ Clauses in a bill of lading stating that the carrier reserves the right to tranship will be disregarded.

④ A bank must examine charter party contracts, if they are required to be presented by the terms of the credit.

31 Which of the following statements is not correct under UCP 600?

① An issuing bank should discourage any attempt by the applicant to include, as an integral part of the credit, copies of the underlying contract, pro-forma invoice and the like.

② Banks deal with documents and not with goods, services or performance to which the documents may relate.

③ A credit must state the bank with which it is available or whether it is available with any bank.

④ Transferable credit means a credit that specifically states it is "Divisible."

32 If the CIF or CIP value cannot be determined from the documents, a nominated bank will accept an insurance document, which covers:

① 110% of the gross amount of the invoice.

② 100% of the gross amount of the invoice.

③ 110% of the documentary credit amount.

④ 110% of the amount for which honor or negotiation is requested or the gross value of the goods as shown on the invoice whichever is greater.

33 A credit for USD 200,000.00 calls for a full set of bills of lading and an insurance policy to cover all risks. The bill of lading presented indicates an on board date of 15 July. Which of the following insurance documents are acceptable?

> 1. Policy for USD 230,000.00.
> 2. Certificate dated 17 July.
> 3. Declaration signed by a broker.
> 4. Subject to a franchise.

① 1 and 2 only

② 1 and 4 only

③ 2 and 3 only

④ 3 and 4 only

34 In accordance with UCP 600, which of the following terms may NOT be altered on a transferred documentary credit?

① amount

② required documents

③ period for presentation

④ amount of insurance cover

35 Which of the following statements is correct when an assignment of proceeds has been effected under a documentary credit issued in accordance with UCP 600?

① The assignee must present complying documents to receive payment.

② The assignee will receive payment of the proceeds directly from the applicant.

③ The value of the documentary credit is reduced by the amount of the assignment.

④ The beneficiary has assigned its rights to the stated amount of proceeds to the assignee.

36 Fill in the blank.

> A presentation including one or more original transport documents subject to UCP 600 must be made by or on behalf of the beneficiary not later than ( ) calendar days after the date of shipment as described in these rules, but in any event not later than the expiry date of the credit.

① 21   ② 14

③ 10   ④ 5

37 A Reimbursement Authorization cannot be amended or cancelled without the agreement of:

> 1. Beneficiary
> 2. Issuing Bank of the Credit
> 3. Applicant
> 4. Reimbursing Bank

① 1 and 2 only   ② 1 only

③ 2   ④ 1 and 4 only

38 If the Reimbursing Bank is unable to pay, it must notify:

① Claiming Bank
② Issuing Bank and Claiming Bank
③ Issuing Bank
④ None of the above

39 Should transhipments be prohibited in accordance with the terms and conditions of a Documentary Credit, which of the following cases is a valid discrepancy?

① Marine Bills of Lading show that carrier reserves the right to tranship the goods at their own discretion and without prior notice.
② Marine Bills of Lading evidence the movement of the goods from a vessel to another during the course of ocean carriage from the port of loading to the port of discharge stipulated in the Credit.
③ Marine Bills of Lading evidence the movement of the goods from a vessel to a truck after the sea part of the journey.
④ Marine Bills of Lading indicate that the relevant cargo is shipped in a container.

40 Which of the following statements is not correct under UCP 600?

① The fact that a credit is not stated to be transferable shall not affect the right of the beneficiary to assign any proceeds to which it may be or may become entitled under the credit.
② Transferring bank means a nominated bank that transfers the credit or, in a credit available with any bank, a bank that is specifically authorized by the issuing bank to transfer the credit. An issuing bank may be a transferring bank.
③ Transferred credit means a credit that has been made available by the transferring bank to a first beneficiary.
④ Unless otherwise agreed at the time of transfer, all charges(such as commissions, fees, costs or expenses) incurred in respect of a transfer must be paid by the first beneficiary.

41 Which is correct in the blank under UCP 600?

Even when partial shipments are not allowed, a tolerance not to exceed (   ) less than the amount of the credit is allowed, provided that the quantity of the goods, if stated in the credit, is shipped in full and a unit price, if stated in the credit, is not reduced or that sub-article 30 is not applicable. This tolerance does not apply when the credit stipulates a specific tolerance or uses the expressions referred to in the UCP 600.

① 5% ② 7%
③ 10% ④ 15%

42 Which is correct for the blank in the UCP 600?

If there is no indication in the credit of the insurance coverage required, the amount of insurance coverage must be at least (   )% of the CIF or CIP value of the goods.

① 50 ② 100
③ 110 ④ 130

43 Which of the following statements is not correct under UCP 600?

① When a nominated bank acting on its nomination, a confirming bank, if any, or the issuing bank determines that a presentation does not comply, it may refuse to honour or negotiate.

② When an issuing bank determines that a presentation does not comply, it may in its sole judgement approach the beneficiary for a waiver of the discrepancies.

③ When a nominated bank acting on its nomination, a confirming bank, if any, or the issuing bank decides to refuse to honour or negotiate, it must give a single notice to the effect to the presenter.

④ When an issuing bank refuses to honour or a confirming bank refuses to honour or negotiate and has given notice to that effect in accordance with this article, it shall then be entitled to claim a refund, with interest, of any reimbursement made.

44 Which of the following statements is not correct under UCP 600?

① An insurance document, such as an insurance policy, an insurance certificate or a declaration under an open cover, must appear to be issued and signed by an insurance company, an underwriter or their agents or their proxies.

② Any signature by an agent or proxy must indicate whether the agent or proxy has signed for or on behalf of the insurance company or underwriter.

③ When the insurance document indicates that it has been issued in more than two original, all originals must be presented.

④ Cover notes will not be accepted.

45 Which of the following statements is not correct under UCP 600?

① A credit should state the type of insurance required and, if any, the additional risks to be covered. An insurance document will be accepted without regard to any risks that are not covered if the credit uses imprecise terms such as "usual risks" or "customary risks".

② When a credit requires insurance against "all risks" and an insurance document is presented containing any "all risks" notation or clause, whether or not bearing the heading "all risks", the insurance document will be accepted without regard to any risks stated to be excluded.

③ An insurance document must not contain reference to any exclusion clause.

④ An insurance document may indicate that the cover is subject to a franchise or excess (deductible).

46 Which is correct for the blank in the UCP 600?

> If the expiry date of a credit or the last day for presentation falls on a day when the bank to which presentation is to be made is closed, it will be extended to the (   ) following banking day.

① three   ② first

③ next   ④ prior

47 Which is the correct word for the blanks in the UCP 600?

> The words "about" or "approximately" used in connection with the amount of the credit or the quantity or the unit price stated in the credit are to be construed as allowing a tolerance not to exceed (   ) more or (   ) less than the amount, the quantity or the unit price to which they refer.

① 5%   ② 10%
③ 15%   ④ 30%

48 Which of the following statements is not correct under UCP 600?

① A bank has no obligation to accept a presentation outside of its banking hours.

② A bank assumes liability or responsibility for errors in translation or interpretation of technical terms of the credit.

③ A bank will not, upon resumption of its business, honour or negotiate under a credit that expired during the Force Majeure interruption of its business.

④ A bank utilizing the services of another bank for the purpose of giving effect to the instructions of the applicant does so for the account and at the risk of the applicant.

49 Which of the following statements is not correct under UCP 600?

① A bank is under no obligation to transfer a credit except to the extent and in the manner expressly consented to by that bank.

② Unless otherwise agreed at the time of transfer, all charges(such as commissions, fees, costs or expenses) incurred in respect of a transfer must be paid by the first beneficiary.

③ A credit may be transferred in part to only one second beneficiary provided partial drawings or shipments are allowed.

④ Presentation of documents by or on behalf of a second beneficiary must be made to the transferring bank.

50 According to UCP 600, a requirement for a document to be presented in 3 copies means that the beneficiary is to present:

① 3 originals only

② 3 copies only

③ 1, 2 or 3 originals and any remainder in copies

④ 1 original only and 2 copies

51 A documentary credit pre-advice is issued on 1 July for USD 500,000.00 with the following terms and conditions:

- Partial shipment allowed.
- Latest shipment date 30 September.
- Expiry date 10 October.

On 10 July the applicant requests an amendment prohibiting partial shipment and extending the expiry date to 30 October. In accordance with UCP 600 what MUST the issuing bank do?

① Clarify with the applicant the period for presentation.

② Issue the documentary credit as originally instructed.

③ Issue the documentary credit incorporating only the extended expiry date.

④ Issue the documentary credit incorporating all the amendments.

52 On 03 March 2020 an irrevocable documentary credit for USD 100,000.00 is confirmed. On 15 March 2015 the confirming bank receives an amendment cancelling the documentary credit which it advises to the beneficiary. As at 18 March 2015, what is the liability of both banks?

① Issuing and confirming bank – USD 0.00

② Issuing and confirming bank – USD 100,000.00

③ Issuing bank – USD 0.00 Confirming bank – USD 100,000.00

④ Issuing bank – USD 100,000.00 Confirming bank – USD 0.00

53 Which of the following documents must be signed?

① Packing list

② Certificate of origin

③ Commercial invoice

④ Weight specification

54 A credit requires an 'invoice' without further definition. Which of the following MUST be considered a discrepancy?

① Presentation of a document identified as a tax invoice.

② An invoice which is not signed.

③ An invoice made out in a different currency to the credit.

④ An invoice issued for an amount in excess of that permitted by the credit.

55 An irrevocable Reimbursement Undertaking cannot be amended or cancelled without the agreement of:

> 1. Beneficiary
> 2. Issuing Bank of the Credit
> 3. Claiming Bank
> 4. Reimbursing Bank

① 1 & 3 only   ② 1, 2 & 3 only

③ 3 only   ④ 2 & 3 only

56 In accordance with UCP 600, which of the following alterations can the first beneficiary request the transferring bank to make under a transferable documentary credit?

① Extend the expiry date

② Decrease the unit price

③ Decrease insurance cover

④ Extend the period for shipment

57 Which of the following statements is not correct under URC?

① "Financial documents" means bills of exchange, promissory notes, cheques, or other similar instruments used for obtaining the payment of money.

② "Commercial documents" means invoices, transport documents, documents of title or other similar documents, or any other documents whatsoever, not being financial documents.

③ "Principal" is the party entrusting the handling of a collection to a bank.

④ "Documentary collection" means collection of financial documents not accompanied by commercial documents.

58 Which of the following statements is not correct under URC?

① The "remitting bank" is the bank to which the principal has entrusted the handling of a collection.

② The "collecting bank" is any bank, other than the remitting bank, involved in processing the collection.

③ The "presenting bank" is the collecting bank making presentation to the drawee.

④ The "drawer" is the one to whom presentation is to be made according to the collection instruction.

59 Which of the following statements is not correct under URC?

① Banks utilising the services of another bank or other banks for the purpose of giving effect to the instructions of the principal, do so for the account and at the risk of such principal.

② A party instructing another party to perform services shall be bound by and liable to indemnify the instructed party against all obligations and responsibilities imposed by foreign laws and usages.

③ If the documents do not appear to be listed, the remitting bank shall be precluded from disputing the type and number of documents received by the collecting bank.

④ Banks assume liability or responsibility should the instructions they transmit not be carried out, because they have themselves taken the initiative in the choice of such other bank(s).

60 Who is the party entrusting the handling of a collection to a bank under URC?

① principal   ② remitting bank

③ collecting bank   ④ presenting bank

61 Which of the following statement is not correct regarding URC?

① "Documents" means only commercial documents.

② "Commercial documents" means invoices, transport documents, documents of title or other similar documents, or any other documents whatsoever, not being financial documents.

③ "Clean collection" means collection of financial documents not accompanied by commercial documents.

④ "Presenting bank" means the collecting bank making presentation to the drawee.

62 Who has an obligation to pay the bill of exchange accepted for the document collection?

① Collecting bank

② Remitting bank

③ Seller

④ Buyer

63 Who is responsible for seeing that the form of the acceptance of a bill of exchange appears to be complete and correct under URC?

① Collecting bank

② Remitting bank

③ Presenting Bank

④ Buyer

64 Which of the following statement is not correct under URC?

① The presenting bank is not responsible for the genuineness of any signature or for the authority of any signatory to sign a promissory note, receipt, or other instruments.

② The collection instruction should give specific instructions regarding protest(or other legal process in lieu thereof), in the event of non-payment or non-acceptance.

③ Banks do not reserve the right to demand payment of charges and/or expenses in advance from the party from whom the collection instruction was received, to cover costs in attempting to carry out any instructions, and pending receipt of such payment also reserve the right not to carry out such instructions.

④ If the principal nominates a representative to act as case-of-need in the event of non-payment and/or non-acceptance the collection instruction should clearly and fully indicate the powers of such case-of-need. In the absence of such indication banks will not accept any instructions from the case-of-need.

65 Fill the suitable word in the blank under URC.

> On receipt of Advice of Non-Payment or Non-Acceptance advice the remitting bank must give appropriate instructions as to the further handling of the documents. If such instructions are not received by the presenting bank within (   ) days after its advice of non-payment or non-acceptance, the documents may be returned to the bank from which the collection instruction was received without any further responsibility on the part of the presenting bank.

① 10   ② 15
③ 30   ④ 60

66 무역계약 시 수량조건에 관한 것으로서, 포장단위 상품이나 개체물품의 경우와는 다르게 그 수량을 정확히 표시할 수 없는 상품의 거래에서 발생할 수 있는 '과부족'을 허용하는 것에 관한 조항을 (   )이라 한다.

*영어로 답하시오.

67 Banks deal with documents and not with goods, services or performance to which the documents may relate. A nominated bank acting on its nomination, a confirming bank, if any, and the issuing bank must examine a presentation to determine, on the basis of the documents alone, whether or not the documents appear on their face to constitute a complying presentation. 이 내용은 신용장의 독립성의 원칙(Principle of Independence)에 관한 설명이다. (O / X)

68 'Incoterms 2010'의 정형화된 거래조건 중 해상운송에서만 사용되는 거래조건이 아닌 것은?

① FOB   ② CFR
③ CIP   ④ CIF

69 선적기일 산정에 사용된 'from'은 명시된 일자를 포함하는 것으로 해석해야 하고, 환어음의 만기일 산정 시 이용되는 'from'은 명시된 일자를 제외하는 것으로 해석하여야 한다. (O / X)

70 할부선적에 관한 설명 중 잘못된 것은?

① 각 회차별 선적수량 및 선적일자가 별도의 할부일정에 따라 정해지는 선적 방식이며, 수입상이 자국의 시장상황을 고려하여 특정기간에 맞춰 특정수량을 수입하고자 하는 경우에 이용된다.
② 수출상은 정해진 Schedule에 따라 정확히 선적을 이행해야 하며, 만약 정해진 일정과 수량을 어기게 되면 해당 선적분은 물론 그 이후에 예정된 물량에 대해서도 신용장의 지급보증을 받을 수 없게 된다.
③ 수입상이 요구한 선적 Schedule에 따라 선적하지 않은 경우, 이미 Schedule에 맞춰 선적한 부분에 대해서도 신용장의 지급보증 확약이 무효가 된다.
④ 신용장에서 분할선적을 명시적으로 금지하고 있지 않는 한, 각 할부일정에 의해 지정된 수량을 분할하여 선적하는 것은 허용되는 것으로 본다.

71 국제 무역거래의 결제방식 중 가장 큰 거래비중을 차지하는 방식은?

① 송금 방식
② 신용장 방식
③ D/A, D/P
④ 추심결제 방식

72 다음에서 설명하는 결제 방식은?

> 수출입 당사자간의 계약을 근거하여 지속적으로 발생하는 거래를 결제하는 방식으로서, 수출상이 물품을 선적하고 '선적통지'를 하면, 매 선적통지일로부터 일정기간이 경과한 후에 해당 물품대금을 수출자의 계정(Account)으로 송금하여 결제하는 '선적통지 조건의 기한부 사후송금 결제방식'이다.

① COD
② CAD
③ Open Account
④ Post Remittance

73 국제무역거래에서 이용되는 신용장은 개설은행의 '조건부 지급확약서'라 할 수 있다. 여기에서 말하는 '조건'에 해당되는 사항은?

① 수입상이 대금을 결제하는 경우에 지급한다는 조건
② 신용장에서 명시한 내용에 일치하는 서류를 제시한다는 조건
③ 수출상이 수입상과 계약한 내용대로 상품을 선적한다는 조건
④ 수출상과 수입상이 사기(Fraud) 행위를 하지 않는다는 조건

74 수출입거래를 신용장(Letter of Credit) 방식으로 하는 경우의 유리한 점을 설명한 것 중 잘못된 것은?

① 수출상의 입장에서 볼 때, 수입상의 지급불능 또는 지급거절에 따른 신용위험이 제거된다.
② 수출상은, 무역금융 등 금융상의 지원정책을 활용할 수 있다.
③ 수입상은, 은행의 지급보증을 바탕으로 하여 수출상과의 계약시 계약조건을 유리하게 이끌어 낼 수 있다.
④ 수입상 입장에서는, 상품이 계약내용대로 정확히 수입될 것이라는 확신을 할 수 있다.

75 국제무역거래에서 이용되는 신용장과 관련된 국제규범과 가장 거리가 먼 것은?

① 신용장통일규칙(UCP 600)
② 은행 간 신용장 대금상환에 관한 통일규칙(URR 725)
③ 추심에 관한 통일규칙(URC 522)
④ 국제표준 은행관습(ISBP 745)

76 다음 산식을 완성하시오.

> Received B/L + (   ) = Shipped B/L

77 신용장에서 운송서류에 관해 다음과 같이 명시하였다. 이에 대한 해석으로 부적절한 것은?

> Full set of clean on board ocean B/L made out to order, endorsed in blank.

① 운송회사에서 발급하는 B/L 원본(Original) 전통의 제시를 요구하고 있다.
② 본선적재부기가 없는 Received B/L은 수리될 수 없다.
③ 화물의 수하인은 개설은행의 지시(Order)를 따르는 방법으로 발행해야 한다.
④ 백지식 배서에 의해 화물에 대한 권리를 양도해 주어야 한다.

78 다음 중 선적기간의 해석이 잘못된 것은?

① Before 15 March : 3월 14일까지
② After 15 March : 3월 16일부터
③ As soon as possible : 신용장 발행일로부터 1개월 이내
④ Second half of March : 3월 16일부터 31일까지

79 신용장에서 분할선적이 허용되었고 그에 따라 여러 Set의 선하증권 원본이 일시에 제시된 경우에는, 각각의 선하증권의 선적일 중 가장 빠른 선적일을 기준으로 서류제시 경과여부를 판단하고 가장 늦은 선적일을 기준으로 선적기일 경과여부를 판단한다. (○ / ×)

80 신용장에 신용장 유효기일만 명시되고 선적기일이 별도로 명시되지 않은 경우에는 신용장 유효기일을 선적기일로 보며, 신용장 조건변경에 의해 신용장 유효기간이 연장되는 경우에는 선적기일이 자동 연장된 것으로 본다. 신용장 유효기일이 은행의 '통상적 휴무일' 인 경우에는 동 유효기일이 익 영업일까지 자동연장 되며 선적기한도 자동연장 된다. (○ / ×)

81 무역거래의 가격조건이 FOB인 경우에는 운임이 포함되지 않은 가격조건이므로 B/L상에 'Freight Collect'라고 표시하여 수입상으로부터 운임을 징수토록 하며, CIF인 경우에는 수출상이 운임을 부담하는 조건인 바, 수입상으로부터 운임을 징수할 필요가 없다는 의미로 'Freight Prepaid'로 표시한다. (○ / ×)

82 신용장 개설은행은 수입하는 물품을 양도담보 형식으로 담보취득하게 되는 바, 해당물품이 훼손될 경우에 대비하여 해상보험을 가입하여야 한다. 무역거래의 가격조건인 CIF는 보험료를 수출상이 부담하는 조건인 바, 수출상으로 하여금 수출물품에 대한 해상보험에 가입할 것을 신용장에 명시하게 되고, 수출상의 보험가입 의무가 없는 FOB 가격조건 하에서는 신용장 개설신청 시 수입상으로 하여금 해상보험서류를 제출토록 함으로써 수입물품의 훼손 등에 대비하게 된다. (○ / ×)

83 해상보험의 부보금액은 CIF 또는 CIP금액의 110% 이상이어야 한다. 만일 CIF 또는 CIP금액을 산정하기 어려운 경우에는 신용장 매입금액(환어음 금액)과 상업송장 표시금액 중 더 큰 것을 기준으로 삼아야 한다. (○ / ×)

84 신용장 결제방식의 거래에서 선적서류의 제시는 신용장에서 정한 제시기일 이내에 행해져야 한다. 그러나, 신용장에 선적서류의 제시기일이 명시되지 않은 경우에는 선적일자 후 15일 이내에 제시되어야 하며, 어떠한 경우라도 신용장의 유효기일 이내에 제시되어야 한다. (○ / ×)

85 신용장 조건변경에 대한 효력은 수익자가 조건변경을 통지한 은행에 수락의사를 통보한 시점부터 유효하다. 그러나, 수익자가 조건변경을 수락한다는 사실을 통보하지 않다가 신용장 조건변경 내용에 일치하는 서류를 지정은행에 제시하는 경우에는 그 시점에서 신용장 조건변경을 수락한 것으로 본다. (○ / ×)

86 보험서류의 배서란, 보험서류에 '보험금 수령인(Assured)'으로 지정된 자가 해당 수령권리를 다른 사람에게 양도하는 절차이다. CIF 거래조건의 무역거래에서 수출상이 보험을 계약한 경우에는 보험금 수령인이 수출상 명의로 되어있을 것이므로, 이러한 보험금 수령권리를 매입은행 앞으로 배서(수출환어음 매입 시 백지배서 함)하여 양도 하여야 하며, 매입은행은 이를 개설은행 앞으로 배서양도 하여야 한다. (○ / ×)

87 해상보험과 관련하여 부보범위가 가장 작은 담보조건은?
① ICC(All Risks) ② ICC(A)
③ FPA ④ WA

88 신용장 양도은행은 제2수익자에게 직접적인 결제의무를 부담하지 않고 원신용장의 개설은행으로부터 결제가 이루어진 경우에만 양도신용장에 대한 지급책임을 지지만, 원신용장에 명시된 조건을 변경하여 양도하는 '조건변경부 양도'인 경우에는 제2수익자에 대해 독립된 지급책임을 부담하여야 한다. 다만, 양도차익을 수취해야 하는 중계무역을 고려하여 독립된 지급책임을 부담하지 않고 변경할 수 있는 항목이 있다. 다음 중 중계무역과 관련되어 변경되는 내용 중 발생 가능성이 낮은 것은?

① 신용장 금액 및 신용장에 명기된 단가의 감액
② 신용장 유효기일 및 선적기일의 단축
③ 해상보험 부보비율의 감축
④ 신용장 개설의뢰인 명의 변경

89 선하증권(B/L)에 관한 설명 중 잘못된 것은?
① 선박회사가 하주로부터 위탁받은 화물을 목적지의 양륙항까지 운송한 뒤 이 증권의 소지인에게 해당 증권과 상환하여 운송화물을 인도할 것을 약속하는 화물의 수취증권이다.
② 선하증권은 통상 3통의 원본이 발행되며, 물품을 찾기 위해서는 이들 원본 3통이 모두 필요하다.
③ B/L은 선적화물을 대표하는 유가증권으로서 배서양도에 의해 유통될 수 있다.
④ 선하증권을 소지하고 있는 것은 화물자체를 소유하고 있는 것과 동일한 효력을 갖게되므로 신용장 방식 거래에서의 B/L은 단순한 운송서류의 차원을 넘어 관련 여신거래(L/C Open, Nego)에 대한 담보로서의 의미를 갖게 된다.

90 FCL(Full Container Load, 滿載화물)인 경우에는 수출상이 직접 화물을 컨테이너에 적입(Stuffing)하고 봉인(Seal)을 하여 운송인에게 넘겨주므로 운송인의 입장에서는 컨테이너에 적입된 화물의 내용 및 상태에 관해 알지 못하게 된다. 이러한 경우 운송인은 선하증권의 상품명세 란에 'Shipper's Load & Count'라든가 'Said by Shipper to Contain'과 같이 화물의 내용이나 상태에 관한 면책성 문언을 표시하게 되는데 이를 (   )이라 한다.

91 선하증권의 수하인(Consignee)란에 'To order'로 표시된 경우에는 이를 'To order of shipper'와 동일하게 해석되므로, 선적된 수출물품의 1차적 권리자인 수출상(Shipper)이 매입은행에게 선적서류를 인도하면서 선하증권 뒷면에 배서를 해주어야 한다. 'To order of XXX Bank'와 같이 은행(대체로, 개설은행)의 지시에 따르라고 한 경우에는 수출상의 배서가 필요치 않다. (O / X)

92 다음의 신용장 내용에 대해 잘못 설명한 것은?

> DOCUMENTS REQUIRED(46A): FULL SET OF CLEAN ON BOARD BILLS OF LADING MADE OUT TO ORDER AND BLANK ENDORSED, MARKED FREIGHT PREPAID, NOTIFY APPLICANT, INDICATING CREDIT NUMBER.

① 발행된 선하증권의 원본 모두를 제시해야 한다.
② Consignee는 지시식인 'to order'로 발행해야 하며, 배서는 생략한다.
③ 운임이 선불되었다고 표시해야 하며, 화물도착 시 수입상에게 통지해야 한다.
④ 선하증권에 해당 신용장의 번호를 표시해야 한다.

93 항공운송장(AWB ; Air Waybill)에 관한 설명 중 잘못된 것은?
① '비유통증권'이어서 지시식(to order)으로 발행할 수 없고, 신용장결제방식의 경우 대부분 개설은행을 수하인으로 하는 기명식(Air Waybill consigned to XXX Bank)으로 발행된다.
② Consolidator인 항공화물 운송주선업자가 발행하는 AWB를 'House Air Waybill'이라 하며, '운송인' 또는 '운송인의 대리인' 자격으로 서명하고 발행한 경우라면 신용장에서 특별히 금지하지 않는 한 수리된다.
③ 신용장에서 'House AWB is acceptable'이라고 명시한 경우라면 '운송인 또는 운송인의 대리인' 자격을 표시하지 않고 운송주선인 자신의 명의로 발행된 AWB도 수리가 가능하다.
④ AWB의 'Original 1'은 Carrier가 보관하고, 'Original 2'는 수하인용으로서 물품을 통관하고 수령할 때 사용되며, 'Original 3'은 송하인용 원본으로서 항공회사가 화물의 수취사실 및 계약사실을 증거하는 운송인의 서명이 되어 있다. 수출상이 Nego 시 매입은행에 제출하는 원본은 'Original 2'이다.

94 계약 건당 미화 3만불을 초과하는 본지사 간의 수출거래로서 '무신용장 인수인도조건 방식(D/A)' 또는 외상수출채권매입방식에 의하여 결제기간이 물품의 선적 후 또는 수출환어음의 일람 후 3년을 초과하는 경우에는 한국은행 총재에게 신고하여야 한다. (○ / ×)

95 다음 중 신용장에서 특별히 허용하지 않는 한 수리가 거절되는 선하증권이 아닌 것은?
① Charter Party B/L
② Third Party B/L
③ 선박 및 선적항과 관련하여 '예정(Intended)' 또는 이와 유사한 표현이 있으면서 본선적재부기가 안되어 있는 선하증권
④ 대리인 자격이 없는 운송중개업자에 의해 발행된 선하증권(Forwarder's B/L)

96 신용장에 "Available with advising bank by negotiation"이라고 명시되어 있는 경우 이러한 신용장을 매입제한 신용장이라 하며, Advising Bank가 아닌 외국환은행이 수출환어음을 매입하는 경우에는 Advising Bank로 재매입(Re-nego) 의뢰하여야 한다. (○ / ×)

97 수출환어음을 매입하는 은행은 선적서류 등을 받고 바로 수출대금을 고객에게 지급하지만, 해당 수출대금은 선적서류 등을 개설은행에 송부한 뒤 상당기일이 지나야 매입은행의 예치환계정에 입금되게 된다. 따라서, 매입은행은 매입일로부터 실제 입금일까지 기간동안 자금부담을 지게 되는 바, 동 기간동안의 이자를 보상하는 성격으로 고객(수출자)으로부터 수수료를 징수하게 되는데 이를 (   )라 한다.

98 수출환어음 추심(D/A, D/P)과 관련한 당사자에 대한 설명으로서 잘못 연결된 것은?
① Principal : 수출자
② Remitting Bank : 수출자의 거래은행
③ Collecting Bank : 수입자로부터 물품대금을 결제받는 은행
④ Drawee : 수입자의 거래은행

99 다음 중 신용장에서 명시하지 않았더라도 반드시 서명을 해야하는 서류에 속하지 않는 것은?

① 환어음　　　　　　　　　　② 상업송장
③ 선하증권　　　　　　　　　　④ 보험증권

100 수입화물이 수입지에 도착하면 운송회사는 통지처(수입상)앞으로 (　　　)를 보내게 된다. 도착통지를 받은 수입상은 신용장개설은행에 수입대금을 결제하고 선적서류를 수령하며, 해당 (　　　)를 운송회사에 제출하면 운송회사의 보관창고로부터 물품을 찾을 수 있는 (　　　)를 받는 바, 이를 물품보관처에 제출하고 수입화물을 수령하여 통관한다.

101 수입물품의 해상운송서류가 도착하기 전에 보세구역에 반입된 물품을 수입자가 인수하고자 하는 경우에 개설은행이 선박회사 앞으로 발행하는 보증서를 (　　　)라 하고, D/A나 Usance와 같은 기한부결제 조건인 경우에 은행이 선적서류를 인도하여 수입자가 물품을 처분할 수 있도록 허용하되 해당 물품에 대한 소유권은 은행이 갖게 되는 '양도담보' 형식의 제도를 (　　　)라고 한다.

102 다음은 젖소에 대한 HS Code이다. 앞의 6자리 숫자 '0102.90'에 해당하는 품목분류상의 용어는?

> 0102.90-1000 (10단위 HSK)

① 류(Chapter)　　　　　　　　② 호(Heading)
③ 소호(Sub-heading)　　　　　④ 부(Section)

103 추심결제방식(D/A, D/P)에 대한 설명으로 옳지 않은 것은?

① 추심에 관여하는 은행은 제출된 서류에 대해 심사의무를 진다.
② 적용되는 국제규범은 URC(Uniform Rules for collections)이다.
③ 은행의 지급확약이 없다.
④ 환어음은 수입자를 지급인으로 하여 발행한다.

104 신용장은 기본적으로 취소불능이다. 하지만, 관련 당사자 모두의 동의가 있으면 취소할 수 있다. 다음 중 당사자에 포함되지 않는 것은?

① Applicant(수입자)
② Confirming Bank(확인은행)
③ Beneficiary(수출자)
④ Issuing Bank(신용장 개설은행)

105 FTA와 관련한 원산지 결정기준 중 '실적변형기준'과 거리가 먼 것은?

① 부가가치기준
② 완전생산기준
③ 세번변경기준
④ 가공공정기준

106 수입기업이 미화 1백만불 수입결제를 위해 외국환은행에 환전거래를 요청했을 때 적용될 가능성이 가장 높은 환율은?

① 시장평균환율   ② 전신환매도율
③ 우대환율   ④ 시장연동환율

107 M/L(More or Less) Clause에 관한 설명 중 잘못된 것은?

① 신용장결제방식의 경우에는 별도 언급이 없어도 5%의 수량과부족이 허용된다.
② 산적화물(Bulk Cargo : 곡물, 광물 등)에 적용되는 조항이다.
③ 신용장결제방식이 아닌 경우에는 계약서에 별도로 명시하여야 한다.
④ Bulk Cargo라 하더라도 수량에 'about'이 동반되었을 때는 10%의 과부족이 허용된다.

108 신용장거래에서 말하는 'Shipping Documents'에 대한 설명으로서 가장 적절한 것은?

① 운송서류(B/L 등)를 지칭한다.
② 환어음을 제외한 모든 서류를 지칭한다.
③ 원산지증명서는 제외된다.
④ 항공운송에 따른 AWB는 Shipping Documents라 하지 않는다.

109 다음 서류 중 운송서류로 볼 수 없는 것은?
① Third Party B/L
② Check B/L
③ Courier Receipt
④ Air Waybill

110 신용장에서의 금액이 'US $100,000'으로 명시되어 있는 경우, 상업송장에 '$100,000'으로 표시하면 하자가 된다. (O / ×)

111 다음 중 'Freight Prepaid'와 가장 관계가 먼 가격조건은?
① FOB
② CIF
③ CPT
④ CFR

112 다음 환어음의 작성내용 중 잘못된 것은?

BILL OF EXCHANGE

No.____(어음번호)___   DATE ___(어음발행일 및 발행지)_____
FOR ___(어음발행 숫자금액)_____
AT ___(① Tenor)___SIGHT OF THIS FIRST BILL OF EXCHANGE(SECOND OF THE SAME TENOR AND DATE BEING UNPAID)
PAY TO ___(② 수취인: 매입은행)___ OR ORDER
THE SUM OF _____(문자금액)_____
VALUE RECEIVED AND CHARGE THE SAME TO ACCOUNT OF ___(③ 개설은행의 명칭)
_____ _____
DRAWN UNDER_____
L/C NO.____(신용장 번호)_____Dated____(신용장 개설일)_____
TO ___(④ 지급인: 신용장상의 "Drawee" 또는 "Drawn on" 다음에 기재된 은행의 명칭과 주소. 단, D/A, D/P 방식인 경우에는 수입상의 명칭 및 주소)_____
_____ ____(발행인의 명칭과 서명)_____

---

① Tenor : 어음 지급기한
② 매입은행 명칭
③ 개설은행의 명칭
④ 상환은행 또는 수입자의 명칭

113 Incoterms 2010에서 다루고 있는 내용이 아닌 것은?

① 물품거래와 관련한 위험부담 의무
② 물품거래와 관련한 비용부담 의무
③ 매도인의 서류제공 의무
④ 매수인의 보험부보 의무

114 수출입거래의 송금결제방식에 관한 내용으로서 잘못된 것은?

① 물품의 인수도 시점보다 송금을 먼저 하느냐 나중에 하느냐에 따라 위험부담자가 달라진다.
② 선적서류와 환어음은 수입자에게 직접 송부한다.
③ 적용되는 국제규범이 없다.
④ 무역거래에서 가장 많이 이용되는 결제방식이다.

115 추심결제방식(D/A, D/P)에 관한 내용 중 잘못된 것은?

① 환어음의 지급인은 수입자의 거래은행이 된다.
② 수출상은 선적서류 및 환어음을 자신의 거래은행에 인도하여 추심의뢰한다.
③ 추심의뢰은행과 추심은행은 서류심사 의무가 없다.
④ 추심에 관한 국제규칙인 URC522이 적용된다.

116 수출입계약이 체결되면 계약당사자들은 자신의 계약의무를 이행하여야 한다. 그러나, 전쟁이나 천재지변이 발생하거나 기타 계약당사자가 통제할 수 없는 사유로 인해 계약조건을 이행하지 못하는 경우 그로 인한 책임을 부담하지 않는다는 것에 관한 조항을 일컫는 것은?

① Indemnity
② Governing Law
③ Force Majeure
④ Breach

117 상업송장을 보완하는 서류로서 상업송장의 내용과 거의 유사하지만, 물품의 가격내용 대신에 Gross Weight, Net Weight, Measurement 등이 기재되는 서류는?

① Packing List
② Pro-forma Invoice
③ Bill of Lading
④ Inspection Certificate

118 "Shipper's load & count" 및 "Said to contain"과 같은 용어와 가장 거리가 먼 것은?

① LCL   ② Unknown Clause
③ 운송인의 면책   ④ Shipper's Seal

119 신용장에서 'date of expiry'가 3월 26일이고, 'period for presentation'이 선적일 후 10일 이내로 요구되었다. 선하증권의 발행일이 3월 13일이고 본선적재부기일자가 3월 15일 경우, 수익자가 Nego를 위해 서류를 제시해야 하는 기한은?

① 3월 23일   ② 3월 24일
③ 3월 25일   ④ 3월 26일

120 신용장에서 요구하는 서류에 관한 해설 중 적절하지 않은 것은?

① Commercial Invoice : 원본 1통을 요구
② Commercial Invoice 1 copy : 원본 1통을 요구
③ Invoice in 4 copies : 원본 1통과 사본 3통으로 무방
④ Invoice in duplicate : 원본 2통

121 다음 중 외상거래가 아닌 것은?

① D/A   ② D/P
③ Usance L/C   ④ Open Account

122 무역을 관리하기 위해 수출입에 적용되는 '무역관리 3대 법규'는 (　　　　), (　　　　), (　　　　)이다.

123 수출입거래품목에 관한 고시로서, 수출금지품목과 수출입제한품목을 규정하는 (　　　　), 다양한 부처와 단체에 의해 시행되는 수출입 요건확인 및 절차에 관한 (　　　　), 국제평화 및 안전유지를 위해 대량파괴무기 제조에 이용될 수 있는 품목들의 관리에 관한 (　　　　)가 있다. 따라서, 특정품목의 수출입을 위해서는 사전에 이러한 공고 및 고시들을 잘 살펴보아야 한다.

124 수출입공고에서 수입금지 또는 수입제한 품목에 해당되지 않더라도 통합공고에서 수출입 요건이 요구되는 품목이면 그 요건을 충족시켜야 한다. (O / X)

125 수출입거래품목에 대한 관리로서, 열거된 품목들 외에는 자유롭게 거래를 허용하는 것을 Positive List System이라 하며, 고시하는 품목의 분류는 HS Code 체계를 따른다. (O / X)

126 국내에서 소비되는 상품과는 달리 외국으로 수출되는 상품에는 부가가치세 세율을 0%로 적용하며, 이러한 '부가가치세 영세율 제도'는 직수출인 경우에만 적용될 뿐, 중계무역 방식의 수출, 위탁판매수출, 외국인도수출, 위탁가공무역 방식의 수출 등 대외무역법에서 정하는 특수형태의 수출에 대해서는 적용되지 않는다. (O / X)

127 HS Code의 활용되는 분야가 아닌 것은?
① FTA 협정관세율 적용 　　　　　② 수출실적 인정 가능여부
③ 원산지 판정 　　　　　　　　　　④ 수출입 금지품목 확인

128 원산지관리의 필요성과 거리가 먼 것은?
① FTA 협정관세율 적용 판정 　　　② 소비자 보호
③ 특정 수입물품의 Quata 적용 　　④ 자유무역 및 투자의 확대

129 다음에서 서술하는 무역관리 법규는?

- 대외거래의 자유를 보장
- 국제수지의 균형과 통화가치의 안정을 도모
- 국민경제의 건전한 발전에 이바지

① 대외무역법 　　　　　　　　　　② 외국환거래법
③ 관세법 　　　　　　　　　　　　④ 국제통상법

130 대외무역법상 특정거래 형태의 무역에 해당되지 않는 수출입은?

① 중개무역　　　　　　　　　　　② 연계무역
③ 외국인수수입　　　　　　　　　　④ 무환수출입

131 과부족용인조건(More or Less Clause)에 대한 설명으로서 옳지 않은 것은?

① 곡물이나 광물과 같은 산적화물(Bulk Cargo)에는 항상 적용된다.
② 산적화물의 경우 신용장결제방식이라면 별도 언급이 없어도 5%의 수량과부족이 허용된다.
③ 수량과 관련하여 About, Approximately 등이 표시되었을 때는 10%의 과부족이 허용된다.
④ 수량이 특정 숫자의 포장단위나 개수로 표시되는 경우에는 적용되지 않는다.

132 수출기업에 대한 수출지원제도가 아닌 것은?

① 무역금융　　　　　　　　　　　② 관세환급
③ 부가가치세 영세율 적용　　　　　④ 우대환율 적용

133 수출환어음 추심당사자가 아닌 것은?

① Reimbursing Bank　　　　　　② Principal
③ Remitting Bank　　　　　　　④ Collecting Bank

134 신용장결제방식의 무역거래에서는, 수출상이 신용장에서 요구하는 조건에 일치되게 서류를 제시하는 경우 지급을 확약하는 신용장이 발행된다. 그러나 신용장의 조건과 일치하는 서류가 제시된다 해서 수입상이 수출입계약내용과 일치하는 물품을 받으리라는 보장은 없다. 이는 신용장의 어떠한 측면을 언급한 것인가?

① 신용장의 독립성　　　　　　　　② 신용장의 추상성
③ 신용장의 한계성　　　　　　　　④ 신용장의 불일치성

135 다음 중 대금회수와 관련하여 수출상의 부담이 가장 큰 조건은?

① D/P   ② D/A
③ Sight L/C   ④ Usance L/C

136 Incoterms 2010의 가격조건 중 FOB에 관한 설명으로 잘못된 것은?

① 수출자의 위험부담은 본선에 적재된 후 종료된다.
② 선적상품에 대한 해상보험 가입은 수입자의 의무이다.
③ 해상운임은 수입자 부담이다.
④ 해상운송인 경우에만 사용되는 가격조건이다.

137 해상보험과 관련한 설명 중 잘못된 것은?

① Insurance Policy는 보험증권을 말한다.
② 부보금액은 통상 상업송장 금액의 110%로 한다.
③ 신용장에서 표시통화가 USD일 때 부보통화를 단순히 '$'로 해서는 안 된다.
④ 매매당사자 간에 부보조건에 관한 언급이 없는 경우 부보범위가 가장 넓은 ICC(A)로 부보해야 한다.

138 Incoterms 2010에 관한 설명 중 잘못된 것은?

① 당사자 간에 가격조건에 관한 별도 합의가 있는 경우 당사자 간 합의가 Incoterms에 우선한다.
② 물품의 인수도 시점에 따른 비용부담 및 위험부담에 관한 규칙이다.
③ 국내에서의 거래에는 적용할 수 없다.
④ 운송방식에 관계없이 사용되는 거래조건과 해상운송에서만 사용되는 조건이 있다.

139 다음 중 무사고 선하증권에 관한 내용으로 틀린 것은?

① 이동 수단에 물품을 적재할 때 그 물품의 상태가 양호하고 수량이 맞으면 비고란(remark)에 아무 것도 기재되지 않는 것이다.

② 무사고 선하증권은 clean B/L이라고도 한다.

③ 무사고 선하증권에 반대되는 개념은 Foul B/L이다. 이는 운송사가 물품을 인수했을 때 포장 상태가 불완전하거나 수량이 모자랄 경우 이 사실을 증권에 표시하게 되고, 그런 표시가 있는 선하증권을 Foul B/L이라고 한다.

④ 신용장에서 '무사고 본선적재선하증권'을 요구하는 경우에 선하증권에는 '무사고(clean)'라는 용어가 표시되어 있어야 한다.

140 다음 중 수출자에게 가장 유리한 결제조건은?

① CWO
② CAD
③ COD
④ At Sight L/C

141 다음 괄호에 적절한 용어는?

> 신용장은 수출입계약서 등을 기초로 하여 개설되지만 일단 신용장이 개설되면 당해 신용장은 그 기초가 되었던 계약의 진정한 이행여부와 관계없이 신용장통일규칙에 따라 결제의무를 이행해야 하는데, 이를 (   )이라 한다. 은행이 신용장업무를 수행함에 있어 관련되는 거래계약의 진정성을 일일이 확인한다는 것은 현실적으로 불가능하므로, (   )은 은행을 보호함과 동시에 신용장거래를 원활하게 하기 위한 기본전제가 된다.

① 신용장의 독립성의 원칙
② 신용장의 추상성의 원칙
③ 신용장의 한계성
④ 신용장의 지급보증 확약

142 신용장결제방식의 거래에서 상품명세를 다음과 같이 표시하였을 경우 서류의 하자로 간주되는 것은?

① 'Model 123' 대신 'Model 321'로 표시
② Machine을 Mashine으로 표시
③ Model을 Modle로 표시
④ 신용장의 상품명세에는 pants로 되어 있는데 포장명세서에서 garments로 표시

143 다음 중 Commercial Documents에 해당되지 않는 것은?

① 상업송장   ② 환어음
③ 선하증권   ④ 보험증권

144 기한부조건 수입인 경우 외국환은행이 수입상에게 선적서류를 인도할 때 징구하여야 하는 서류는?

① T/R   ② L/G
③ D/O   ④ S/R

145 신용장결제방식의 거래에 적용되는 국제규범이 아닌 것은?

① URC 522   ② ISBP 745
③ URR 725   ④ UCP 600

146 선적서류보다 수입물품이 먼저 도착하는 경우, 수입상이 물품을 찾기 위해 외국환은행으로부터 발급받는 서류는?

① L/G   ② T/R
③ D/O   ④ P/I

147 다음 중 빈칸에 들어갈 말과 그에 대한 영단어가 올바르게 짝지어진 것은?

> 신용장결제방식의 거래에서 신용장을 매입하는 은행 또는 결제하는 발행은행은 관련 서류들에 대해 문면상으로 판단하여 (   ) 여부를 심사하여야 한다.

① 일치성 – a suitability
② 상충 – a contradiction
③ 충돌 – a conflict
④ 일치하는 제시 – a complying presentation

148 'received by the carrier…' 혹은 'received in apparent good order…'와 같이 쓰여
있는 선하증권에 대한 명칭은?

① 선적 선하증권   ② 수취 선하증권
③ 본선적재 선하증권   ④ 무고장 선하증권

149 다음 서류 중에서 성격이 전혀 다른 하나를 고르시오.

① Commercial Invoice   ② Pro-forma Invoice
③ Consular Invoice   ④ Customs Invoice

150 다음 중 수출자의 입장에서 서류제시와 동시에 대금을 수령하는 조건이 아닌 것은?

① Shipper's Usance   ② Domestic Usance
③ Banker's Usance   ④ At Sight

151 Incoterms와 관련하여 잘못 설명된 것은?

① 최신 개정판으로 Incoterms 2020이 발표된 바, Incoterms 2010의 적용은 중지된다.
② Incoterms 2020에는 매수인이 지정하는 특정 장소에서 양하된 상태로 물품을 인도하는 조건인
   DPU(Delivered at Place Unloaded)가 새로운 가격조건으로 추가되었다.
③ Incoterms 2010에서의 의무 부보범위는 ICC(C)로 충족되었으나, Incoterms 2020에서는 CIP조
   건의 경우 ICC(A)를 의무 부보범위로 하는 등 최소 의무 부보범위가 이원화되었다.
④ Incoterms 2020에서는 지상에서의 운송수단을 독립된 운송인이 아닌 매도 또는 매수인이 각각
   자신의 운송수단을 이용할 수 있다고 규정하였다.

152 FCA 가격조건인 경우 매도인은 매수인이 지정하는 운송인에게 물품을 인도하면 의무를 다하는
것이어서 본선적재 여부에 관여할 수 없게 된다. Incoterms 2020은 이러한 상황에서 매도인이
Nego를 위해 선하증권이 필요한 경우 매도인은 매수인에게 '매수인이 지정한 운송인'으로 하여
금 매도인 앞으로 본선적재 선하증권을 발행하도록 요구할 수 있게 하였다. (○ / ×)

정답 및 해설

01 ④

02 ④

03 ○
신용장 결제방식이 아닌 경우에는 계약서에 과부족 용인내용을 기재했을 때만 적용

04 ○

05 ④
CIF = FOB + 해상운임 + 해상보험료

06 ①

07 ③

08 ○
'D/P 30 days after B/L date'로 표시된 추심결제 방식인 경우, 추심은행은 해당 선적서류를 선하증권 발행일로부터 30일이 되는 날까지 보관하였다가 수입상에게 제시하고 대금을 수취하여야 한다.

09 ④
신용장 거래는 서류에 의해서만 판단하므로 물품의 진정성에 대한 보장은 없다(신용장 거래의 한계).

10 ②
상업송장(Commercial Invoice)은 수출상(Beneficiary)에 의해 서명되지 않아도 무방하다(신용장에서 특별히 요청한 경우에도 필요).

11 ③

12 ②

13 ×
가장 늦은 선적일을 기준으로 판단한다.

14 ③
환어음상의 정보만으로도 만기일을 산정할 수 있도록 작성되어야 한다.

15 ②
수입결제대금을 전액 결제한 셈이므로 별도로 양도담보 형식의 T/R 징구가 필요치 아니한다.

16 ③
Covering Letter에 하자내용 기재여부와 무관하게 접수일로부터 5영업일 이내에 통보해야 한다.

17 ②
이런 경우는 외국환은행을 통하지 않고 지급하더라도 신고예외사항이다.

18 ③
신용장이라 함은 그 명칭이나 기술에 관계없이 취소불능(irrevocable)이며 일치하는 제시를 지급이행할 발행은행의 확약을 구성하는 모든 약정을 말한다.

19 ④
"부터(from)" 및 "이후(after)"라는 단어가 만기일을 결정하기 위하여 사용된 경우에는 언급된 당해 일자를 제외(exclude)한다.

20 ①
5일이다. "~경에(on or about)" 또는 이와 유사한 표현은 사건이 명시된 일자 이전의 5일부터 그 이후의 5일까지의 기간 동안에 발생하는 것으로서 초일 및 종료일을 포함하는 조건으로 해석한다.

21 ②
발행의뢰인(the applicant)을 지급인으로 하여 발행된 환어음에 의하여 사용될 수 있는 신용장은 발행되어서는 안 되며, 상환은행이나 발행은행 앞으로 발행되어야 한다.

22 ③
발행은행은 신용장을 발행(issues)하는 시점부터 지급이행할 취소불능의 의무를 부담한다.

23 ②
신용장을 통지하기 위하여 통지은행 또는 제2통지은행의 서비스를 이용하는 은행은 이에 대한 모든 조건변경 통지 시 동일한 은행을 이용하여야 한다(must use the same bank).

24 ④
상업송장 이외의 서류에 있어서, 물품, 용역 또는 이행의 명세는 명기된 경우 신용장상의 이들 명세와 상충되지 아니하는(not conflicting) 일반용어로 기재될 수 있다.

25 ④
서류는 신용장의 일자보다 이전의 일자가 기재될 수 있으나 그 서류의 제시일보다 늦은 일자가 기재되어서는 안 된다(must not → may).

26 ③
지정에 따라 행동하는 지정은행, 확인은행(있는 경우) 또는 발행은행은 제시가 일치하지 아니한 것으로 결정하는 경우에는, 지급이행 또는 매입을 거절할 수 있다.

27 ①
적어도 신용장에 명시된 각 서류의 1통의 원본(one original of each document)은 제시되어야 한다.

28 ②
must be made out in the name of the applicant

29 ①
발행은행은 신용장에 의하여 허용된 금액을 초과한 금액으로 발행된 상업송장을 수리할 수 있다(The issuing bank may accept a commercial invoice issued for an amount in excess of the amount permitted by the credit).

30 ④
용선계약서가 신용장의 조건(terms)에 따라 제시되도록 요구되더라도, 은행은 그 용선계약서를 심사하지는 아니한다(A bank will not examine charter party contracts, even if they are required to be presented by the terms of the credit).

31 ④
양도가능신용장이란 "양도가능(transferable)"이라고 명기하고 있는 신용장을 말한다.

32 ④
보험은 송장금액 또는 매입(결제)요청금액 중 큰 금액의 최소 110% 이상 부보되어야 한다.

33 ②
송장 금액의 110% 이상과 All Risk 부보일 경우 소손해 면책(franchise)은 관습적으로 인정된다.

34 ②

양도신용장과 관련하여 양도은행이 제2수익자에게 직접적인 결제의무를 부담하지 않고 변경이 가능한 것은 금액의 감액 및 유효기일의 단축과 보험 부보의 경우 증액이다.

35 ④

수익자가 신용장상의 대금수령의 권리를 양수인에게 양도한 것이다.

36 ①

37 ③

The issuing bank may issue a reimbursement amendment or cancel a reimbursement authorization at any time upon sending notice to that effect to the reimbursing bank.

38 ②

지급불능 시에는 청구은행(Claiming Bank)과 개설은행(Issuing bank)에 통보하여야 한다.

39 ②

② 선적항과 하역항 중에 다른 선박으로 환적되었으므로 환적을 금지하고 있는 신용장에서 하자가 된다.
① 환적유보약관에 해당되므로 신용장에서 환적을 금지하더라도 기재가 허용된다.
③ 하역항에서 하역 후 트럭에 적재된 것이므로 하자가 아니다.
④ 화물이 컨테이너에 적재된 것이므로 하자가 아니다.

40 ③

양도된 신용장은 양도은행에 의하여 제2수익자에게 사용될 수 있도록 되는 신용장을 말한다(Transferred credit means a credit that has been made available by the transferring bank to a second beneficiary).

41 ①

분할선적이 허용되지 아니하는 경우에도, 신용장금액의 5%를 초과하지 아니하는 과부족은 허용된다.

42 ③

요구된 보험담보에 관하여 신용장에 아무런 표시가 없는 경우에는, 보험담보의 금액은 적어도 CIF 또는 CIP 가격의 110%이어야 한다.

43 ②

발행은행은 제시가 일치하지 아니하다고 결정하는 경우에는, 독자적인 판단으로 발행의뢰인 (applicant)과 불일치에 관한 권리포기의 여부를 교섭할 수 있다.

44 ③

보험서류가 2통 이상의 원본으로 발행되었다고 표시하고 있는 경우에는, 모든 원본은 제시되어야 한다 (When the insurance document indicates that it has been issued in more than one original, all originals must be presented).

45 ③

보험서류는 모든 면책조항(exclusion clause)의 참조를 포함할 수 있다(An insurance document may contain reference to any exclusion clause).

46 ②

최초의 다음 은행영업일까지 연장된다(will be extended to the first following banking day).

47 ②

신용장에 명기된 신용장의 금액 또는 수량 또는 단가와 관련하여 사용된 "약(about)" 또는 "대략 (approximately)"이라는 단어는 이에 언급된 금액, 수량 또는 단가의 10%를 초과하지 아니하는 과부족을 허용하는 것으로 해석된다.

48 ②
은행은 전문용어의 번역 또는 해석상의 오류에 대하여 어떠한 의무 또는 책임도 부담하지 아니하며 신용장의 용어를 번역함이 없이 이를 송달할 수 있다(A bank assumes no liability or responsibility for errors in translation or interpretation of technical terms and may transmit credit terms without translating them).

49 ③
분할어음발행 또는 분할선적이 허용되는 한, 신용장은 2 이상의 제2수익자에게 분할 양도될 수 있다(A credit may be transferred in part to more than one second beneficiary provided partial drawings or shipments are allowed).

50 ③
서류 3통을 요구한 경우 원본 1통 이상과 나머지 사본 서류를 제시하면 된다.

51 ②
사전 통지(pre-advice)한 내용과 다른 신용장 개설을 요청 받은 경우 사전 통지한 내용과 일치하는 신용장을 개설하고 이후에 조건변경을 발행하여 수익자의 동의를 받아야 한다.

52 ②
신용장의 취소 및 조건변경시에 수익자(확인은행이 있는 경우 확인은행 포함)의 동의가 필요하다. 동의가 없으면 신용장은 계속 유효하다.

53 ②
원산지 증명서의 요건은 상품의 원산지를 증명하는 서명이 있어야 하고 일자가 표시된 서류를 제시해야 한다.

54 ③
신용장의 표시통화와 송장의 표시통화는 일치해야 한다.

55 ③
A reimbursement undertaking cannot be amended or cancelled without the agreement of the claiming bank.

56 ②
감액이나 유효기일의 단축은 가능하다.

57 ④
"Clean collection" means collection of financial documents not accompanied by commercial documents.

58 ④
"지급인"이란 추심지시서에 따라 제시를 받아야 할 자를 의미한다(The "drawee" is the one to whom presentation is to be made according to the collection instruction).

59 ④
Banks assume no liability or responsibility should the instructions they transmit not be carried out, even if they have themselves taken the initiative in the choice of such other bank(s).

60 ①
the "principal" who is the party entrusting the handling of a collection to a bank는 은행에 추심업무를 의뢰하는 당사자인 "추심의뢰인"이다.

61 ①
"Documents" means financial documents and/or commercial documents.

62 ④

The "drawee" is the one to whom presentation is to be made according to the collection instruction.

63 ③

The presenting bank is responsible ~ : 제시은행은 환어음의 인수의 형식이 완전하고 정확한지 여부를 확인해야 할 책임이 있다. 그러나 제시은행은 모든 서명의 진정성이나 인수의 서명을 한 어떠한 서명인의 권한에 대하여 책임을 지지 아니한다.

64 ③

Banks reserve the right to demand payment ~은행은 어떤 지시를 수행하려고 시도하는 데 있어서의 소요경비를 충당하기 위하여 수수료 및 모든 비용의 지급을 추심지시서를 송부한 당사자에게 요구할 권리를 보유하며 그 지급을 받을 때까지 그 지시를 수행하지 아니할 권리를 지닌다.

65 ④

66 M/L(More or Less) Caluse

67 ×

신용장의 '추상성의 원칙'에 관한 설명이다.

68 ③

CIP는 운송방식에 관계없이 사용가능한 가격조건이다.

69 ○

만기일 산정 시의 from은 after와 같은 뜻으로 해석한다.

70 ③

이미 Schedule에 맞춰 선적한 부분에 대해서는 지급보증 효력이 미친다.

71 ①

무역거래의 약 60~70%가 송금방식으로 결제됨

72 ③

73 ②

Complying Presentation이 이루어져야 한다는 조건부 지급확약서

74 ④

수출상 입장에서는 서류상으로만 만족시키면 수출대금을 지급받을 수 있으므로 계약내용과 전혀 다른 상품을 선적할 수도 있다. 따라서, 수입상 입장에서 계약 내용대로 정확한 물품을 인수할 수 있다는 보장은 없다.

75 ③

D/A 및 D/P 등 추심방식의 거래에 적용되는 국제규범이다. 신용장 방식의 거래에서도 '추심 후 지급' 시 선택적으로 적용될 수가 있으나, 신용장과는 상대적으로 거리가 먼 규범이다.

76 본선적재부기(On Board Notation)

77 ③

개설은행의 명칭을 지정하는 '기명지시식'이 아니라 'to order' 형식의 '단순지시식'을 주문하고 있다.

78 ③

as soon as possible, prompt, immediately와 같은 모호한 용어는 무시됨

79 ○

신용장에서 분할선적을 허락하지 않는다고 명시한 경우와 대비하여 기억해둔다(13번 문제 참조).

80 ✕

신용장의 유효기일이 은행의 '통상적 휴무일'과 겹치면, 신용장의 유효기일은 익영업일로 자동연장 되지만 선적기일은 연장되지 않는다.

81 ○

82 ○

83 ○

84 ✕

21일 이내에 제시되어야 한다. 선적 후 21일이 경과한 선하증권을 Stale B/L이라 한다.

85 ○

86 ○

87 ③

88 ③

신용장 금액을 감액하여 양도한 경우에는 원신용장에서 요구되는 부보금액에 맞추기 위해 부보비율은 높아져야 한다.

89 ②

원본 B/L 1통만 있으면 된다. B/L은 분실 및 훼손에 대비하여 3통이 발급되고, 이들의 기능은 동일하며, 이중 1통이 사용되면 나머지 2통은 기능을 잃는다. 수출환어음 매입 시 원본 전체를 요구하는 이유는 그 중 1통만 없어도 화물에 대한 통제권을 확보할 수 없기 때문이다.

90 부지(不知)약관(Unknown Clause)

91 ○

92 ②

'Blank Endorsed'란 배서를 하되 '백지식'으로 하라는 요구이다. 백지식 배서란, 배서문구 없이 배서인이 기명날인만 하는 배서이고, 소지인 출급식 배서는 B/L의 소지인에게 양도한다는 문구를 기재한 후 기명날인한 배서를 말한다.

93 ④

'Original 2'는 항공화물과 함께 보내므로 Nego 시에는 'Original 3'를 제시한다. 수입상은 수입대금을 결제(인수)한 후 은행으로부터 Original-2(for Consignee)와 화물인도승낙서를 발급받아 항공대리점에 넘겨주고 물품을 수령하여 통관한다.

94 ✕

계약 건당 5만불 초과가 대상, 비정상적인 방법으로 자금을 차입하는 효과를 얻으려는 시도를 제한하기 위함이다.

95 ②

Third Party B/L은, 수출입거래 당사자가 아닌 제3자가 송하인(Shipper)인 선하증권으로서 중계무역의 경우처럼 물품이(수출환어음 매입이 이루어지는 곳이 아닌) 수출지에서 수입지로 직송되는 경우에 보게 되는 선하증권이다. 신용장에서 별도로 금지하지 않는 한 은행은 이를 수리한다.

96 ○

97 환가료(換價料, Exchange Commission)

98 ④

D/A 및 D/P와 같은 비신용장 방식의 거래에서는 수입자가 어음의 지급인(Drawee)이 된다. 신용장 방식에서는 신용장 개설은행이 Drawee가 된다.

99 ②
상업송장은 신용장에서 특별히 요구하지 않는 한 서명이 없어도 무방하다.

100 Arrival Notice, 운송서류(B/L 등), 화물인도지시서(D/O ; Delivery Order)

101 수입화물선취(先取)보증서(Letter of Guarantee), 수입화물대도(貸渡, T/R ; Trust Receipt)

102 ③
앞 두자리 숫자는 류, 네자리 숫자는 호, 여섯자리 숫자는 소호

103 ①
은행은 단지 추심업무를 중개하는 역할만 한다.

104 ①

105 ②
'실적변형기준'에 ①, ③, ④가 포함된다.

106 ④
거래시점에 은행 간(Inter-bank) 외환시장에서 형성되고 있는 환율에다가 약간의 마진만을 고려한 환율인 시장연동환율이 적용될 가능성이 가장 높다. 은행마다 명칭을 달리하므로 공식적인 용어라 할 수는 없으나, 시장의 시세를 고려하여 환율을 제시한다는 의미를 지닌다. 우대환율은, 고객에게 일반적으로 적용하는 환율보다 조금 우대하여(= 마진을 덜 붙여) 적용한다는 의미이다.

107 ①
신용장결제방식이라 하더라도 포장단위 상품이나 개체물품의 경우처럼 그 수량을 정확히 표시할 수 있는 상품에는 M/L조항을 적용할 수 없다.

108 ②
환어음을 제외한 모든 서류를 'Shipping Documents'라 통칭한다. 운송서류는 기타의 다른 서류들과 함께 'Shipping Documents'에 포함된다.

109 ②
Check B/L은 Original B/L을 발급하기 전에 기재내용에 대한 수출상의 확인을 받기위해 임시적으로 만들어지는 것으로 정식 B/L이 아니다.

110 O
신용장에 명시된 통화단위로 정확히 표시해야 한다.

111 ①
FOB는 수입상이 운임을 부담하는 조건이므로 운송서류에 'Freight Collect'로 표시된다.

112 ③
to account of ~ 다음에 오는 칸에는 수입자의 명칭 및 주소를 기입해야 한다.

113 ④
CIF 가격조건의 경우처럼 매도인이 보험료를 부담하는 조건인 경우에는 매도인이 보험부보 의무가 있으나, FOB 가격조건의 경우처럼 매도인의 부보의무가 없는 가격조건에서는 해당 물품에 대한 보험가입 여부는 매수인의 선택사항이 된다.

114 ②
송금결제방식에서는 환어음이 이용되지 않는다. 송금방식결제에서는 선적서류를 직접 수입자에게 송부한다(은행과 관련 없음).

115 ①
D/A, D/P 방식에서는 은행의 지급보증이 없는 바, 수입자가 환어음의 지급인이 된다(신용장결제방식에서는 신용장개설은행이나 상환은행이 환어음의 지급인이 됨).

116   ③

117   ①

118   ①
부지조항(Unknown Clause)은 FCL 화물의 경우 수출자(Shipper)에 의해 컨테이너 적입이 끝나면 Shipper가 Seal을 하게 되므로 운송인의 입장에서는 내용물을 확인할 수 없게 되는 바, 화물의 상태 및 수량 등에 대한 책임을 지지 않는다는 의미의 면책조항이다.

119   ③
선하증권 발행일과 본선적재부기일이 다른 경우 본선적재부기일을 선적일로 취급한다. 어떠한 경우라도 신용장유효기일을 넘겨서는 안 된다.

120   ④
최소한 원본 1통과 나머지는 사본으로 제시하는 것으로 충족된다. 다만, 'One copy of Invoice'와 같이 요구된 경우에는 사본 또는 원본 어느 것으로 제시하여도 수리된다. "One copy of Invoice", it will be satisfied by presentation of either a copy or an original of an invoice.

121   ②

122   대외무역법, 외국환거래법, 관세법

123   수출입공고, 통합공고, 전략물자 고시

124   O

125   ×
Negative List System이라 한다.

126   ×
모두 부가가치세 영세율 적용대상이다.

127   ②

128   ④

129   ②

130   ①
중개무역은 해당되지 않으며, '중계무역'은 특정거래 형태의 무역에 해당된다.

131   ①
신용장결제방식에서는 별도의 언급이 없어도 과부족용인조건(5%)이 적용되지만 신용장결제방식이 아닌 경우(예 D/A · D/P 거래 등)에는 계약서 내용에 별도로 표시하여야 한다.

132   ④
우대환율은 외국환은행이 자신의 고객들에게 임의적으로 적용하는 것으로 수출지원제도와는 거리가 멀다.

133   ①
Reimbursing Bank는 신용장결제방식에서 개설은행의 지급지시 수권(Reim. Authorization)을 받아 대금을 상환(지급)하는 은행으로서 통상 개설은행의 예치환거래은행이 이 역할을 담당한다.

134   ③

135   ②
D/P와 Sight L/C는 선적서류 등을 제시함과 동시에 결제대금을 받는 조건이지만, D/A와 Usance는 외상거래이다. 그러나, Usance L/C는 개설은행의 지급보증 확약이 있는 반면 D/A는 은행의 보증이 없는 거래인 바, 수출상에서 볼 때는 D/A거래가 가장 부담스러운 결제조건이다.

PART 01

136 ②
CIF인 경우에는 매도자가 보험료를 부담하는 가격조건이기 때문에 수출자는 보험가입 의무를 가지지만, FOB 가격조건인 경우에는 가격에 보험료가 포함되지 않으므로 수출자의 보험가입 의무가 없다. 따라서, FOB 조건하에서는 보험가입 여부를 수입자가 선택할 수 있다(수입자가 꼭 보험에 가입해야 할 의무가 있는 것은 아님).

137 ④
Incoterms 2010에서는 부보조건에 관한 언급이 없는 경우 부보범위가 가장 좁은 ICC(C)로 해도 무방하다. 그러나 Incoterms 2020에서는 보험의 부보범위를 이원화 하였는데, 주로 산적화물의 경우에 이용되는 CIF 조건에서는 종전처럼 ICC(C)를 최소 부보범위로 하고, CIP 조건의 경우에는 ICC(A)를 의무 부보범위로 변경하였다.

138 ③
국내 및 국외 거래에 모두 적용할 수 있다.

139 ④
신용장에서 '무사고 본선적재선하증권' 또는 '무사고 본선적재' 라고 기재된 선하증권을 요구하는 경우에도 '무사고(clean)' 라는 용어가 선하증권에 기재될 필요는 없다.

140 ①
Cash with Order는 주문을 받을 때 대금을 수령하는 사전송금방식으로서, 수출상의 대금미회수 위험이 없는 결제방식이다.

141 ①

142 ①
사소한 Type Error는 하자로 간주하지 않으나 'Model 123' 을 'Model 321' 으로 표시하는 것은 명백한 하자이다. 상업송장 이외의 서류에서는 상품의 명세를, 신용장의 상품명세와 충돌하지 않는다면, 일반적인 용어(General Terms)로 표시할 수 있다.

143 ②
환어음은 Financial Document라 하여 Commercial Documents와 구분하여 칭한다.

144 ①
Trust Receipts(수입물품 대도 신청서)를 제출하여야 하며, 이렇게 하면 개설은행이 수입상에게 수입화물을 넘겨주어 자유롭게 처분할 수 있도록 하지만 수입대금이 결제될 때까지 수입화물에 대한 소유권을 갖게 되는 효과가 있다.
L/G(Letter of Guarantee), D/O(Delivery Order), S/R(Shipping Request)

145 ①
URC 522는 무신용장방식의 추심거래(D/A, D/P)에 적용되는 국제규범이다.
URR 725는 신용장거래에서 '상환은행' 의 상환에 관한 국제규범이며, 상환방식 결제의 신용장에는 준거규칙으로 UCP 600과 URR 725를 지정하는 게 일반적이다.
ISBP 745는 신용장을 해석하는 데 적용되는 실무지침이다.

146 ①
L/G ; Letter of Guarantee, 수화물선취보증서
T/R ; Trust Receipts, 기한부 결제인 경우 외국환은행이 수입상으로부터 징구
D/O ; Delivery Order, 운송회사가 수입상 앞으로 발급하며 물품을 찾을 때 필요함
P/I ; Pro-forma Invoice, Offer와 같은 성격의 서류

147 ④

148 ②

149 ②

Pro-forma Invoice는 명칭이 'Invoice'로 되어있으나 성격은 'Offer'와 동일하며, 신용장에서 요구하는 송장을 대체할 수 없다.

150 ①

At Sight는 일람불지급. Domestic Usance 및 Banker's Usance는 은행이 자금공여를 하며, 수입상의 입장에서는 '외상'이지만 수출상의 입장에서는 Nego 시 대금을 바로 지급 받게 됨. 다만, Shippper's Usance는 신용(자금)의 공여를 수출상이 하는 것이어서 실제로 Usance 기간이 지난 후에 대금을 수령하는 조건이다.

151 ①

국제상업회의소는 Incoterms 8번째 개정판인 Incoterms 2020을 발표하여 2020년 1월 1일부터 적용되었다. 그러나 Incoterms는 임의규칙이므로 계약 당사자 간의 합의가 우선할 뿐 아니라, Incoterms 2020이 아닌 Incoterms 2010을 적용하기로 합의해도 무방하다.

152 O

02

외환관련여신

학습안내

취급지침이나 운용절차에 관한 학습은 역시 지루하고 어려울 수 있습니다. 그리고 그러한 지침이나 절차는 실무를 수행하면서 그때그때 필요한 부분을 찾아 확인하는 과정을 거쳐야 탄탄하게 내 것이 되는 것 같습니다. 한 번에 모든 것을 해결하겠다는 욕심을 버리시고, 해당 지침이나 절차의 생성배경 및 당위성 등을 생각하면서 학습하시길 권합니다.

내국신용장이나 구매확인서 관련 업무는 수출입실무 과정에서 설명해도 전혀 어색하지 않은 주제이지만 무역금융을 설명하는 과정에 포함하여 다뤄지고 있습니다. 주문을 받아서 선적하기 전까지 국내에서 이루어지는 여러 과정들을 학습하면서 수출입 Process와도 연관 지어 이해하시길 바랍니다.

무역금융과 외화대출은 여신업무와 외국환업무가 결합된 분야이므로 여신업무에 관한 이해가 뒷받침 되어야 완벽하다 할 수 있을 것입니다. 추후 외국환업무를 수행할 때 여신업무에 관한 사항들도 어렵게 생각하지 말고 적극적인 자세로 대하시길 바랍니다.

전산거래 조작만을 수행하다 보면 자칫 소홀히 할 수 있는 회계처리 과정에 관한 '외환 회계'는 경과계정을 비롯하여 포지션조정거래나 우발채무 관련 난외계정 처리 등이 일반 은행회계와 구별되는 바, 잘 살펴두시기 바랍니다.

외환관련여신

01 | 무역금융

무역금융 개요

무역금융이란 수출업체에 지원해주는 각종 금융지원을 말한다. 물품의 수출 및 용역의 제공을 통해서 외화를 획득하려는 수출업체에 대하여 수출물품의 생산, 원자재 구매, 완제품 구매에 필요한 자금을 지원함으로써 수출기업의 국제경쟁력을 제고시키는 정책으로 활용되고 있으며, 수출물품의 선적 전에 또는 외화입금 전에 취급되는 대출(원화) 및 지급보증(수입신용장, 내국신용장) 형식으로 제공된다. 무역금융의 확대가 국제무역기구의 보조금 협정에 위배된다는 지적이 있으나 선진국에서도 수출기업에 대한 운전자금을 지원하고 있으며, 우리나라에서는 한국은행의 금융중개지원대출 관련 무역금융지원 프로그램 제도를 통해 무역 관련 정책금융이 시행되고 있다.

> **금융중개지원대출**
>
> 금융중개지원대출은 신용공급이 부족한 중소기업에 대해 은행의 자금중개기능이 강화되도록 지원하는 한국은행의 대출제도이다. 한국은행은 글로벌 금융위기 이후의 정책 여건의 변화를 감안하여 중소기업 금융지원 강화를 위한 신용정책 기능을 재정립하고 대출제도의 명칭을 총액한도 대출제도에서 금융중개지원 대출제도로 변경하였다(2014. 2. 1).

금융중개지원대출의 대출금리는 기준금리보다 낮다. 금융중개지원대출은 지원 대상에 따라 5개 프로그램인 신성장 · 일자리, 무역금융, 영세자영업자지원, 지방중소기업지원, 중소기업대출 안정화 등으로 운용되고 있다.

* 대표적인 수출지원제도 : 부가가치세 영세율, 관세환급, 무역금융

무역금융은 정책금융

외국환은행들이 수출기업에 대해 무역금융을 취급하면 해당 자금의 일정부분(10%~30%, 이를 차입비율이라 함)을 한국은행으로부터 저금리로 차입할 수 있으며, 이때 적용되는 금리는 기준금리보다 낮은 수준에서 결정된다. 따라서, 무역금융을 이용하는 수출기업의 부담금리는 일반대출금리보다 낮게 되는 바, 이는 수출기업의 국제경쟁력을 제고시킬 수 있는 정책금융이 되는 것이다.

> 무역금융 자금 조달금리 = {(한국은행 차입금 × 차입금리) + (자체자금 × MOR)} ÷ 무역금융 잔액

은행들은 각 자금의 조달금리에 일정 마진을 가산하여 대출금리를 적용하므로, 일반대출의 MOR보다 낮은 조달금리가 적용되는 무역금융금리는 일반대출금리보다 낮게 결정된다.

* 수출신용장(Master L/C)을 근거하여 발행된 내국신용장(Local L/C)에 의해 국내에서 물품을 생산하여 수출업자에게 공급하는 내국신용장 수혜자도 직수출업자와 동등하게 무역금융을 지원받을 수 있다.

무역금융의 제공형태

무역금융은 수출신용장의 수출대금을 수령하여 상환해야 하는 단기의 원화자금 대출이며, 국내에서 생산된 완제품 구매 및 원자재 구입(해외로부터 수입, 이미 수입된 원자재를 국내에서 구입)의 결제자금을 대출하거나, 해외 원자재 수입을 위한 수입신용장 개설 및 국내에서 완제품 및 원자재 등을 구매하기 위한 내국신용장 발행에 따른 지급보증 형태로 제공된다.

> 📦 **한국은행 금융중개지원대출 관련 「무역금융지원 프로그램」 운용세칙(2025.2.17. 개정)**
> * 학습목적상 해당 세칙을 편집하여 설명한 자료인 바, 배열 및 내용이 원문과 다름
> Source : 한국은행 홈페이지/한국은행/법규정보/법령검색/통화정책/한국은행 여수신

무역금융의 범위 및 지원방법

① 무역금융지원 프로그램 한도배정에 반영하는 금융기관의 무역 관련 대출(이하 "무역금융")은 이 세칙에서 정하는 바에 따라 금융기관이 취급한 원화대출을 말한다.

* 한도배정에 반영되어야 한국은행으로부터 저금리 자금차입을 할 수 있다.

② 무역금융은 「중소기업기본법」 제2조 및 같은 법 시행령 제3조에 따른 중소기업에 대한 대출로 한다. 다만, 다음 각 호의 어느 하나에 해당하는 무역금융 취급실적은 무역금융지원 프로그램별 한도 배정에 반영하지 아니한다.

- 「은행업감독규정」에서 정하는 주채무계열 소속 기업체(계열기업군 중 상위 30대 계열기업군 소속 기업체)에 대한 무역관련대출

  * 상위 30대 계열기업군 소속 기업체에 대하여 은행 자체자금에 의한 대출 및 지급보증은 가능하나 한국은행 차입대상에서는 제외된다.

- 「신용정보 관리규약」에 따라 최종부도거래처로 분류된 기업체에 대한 무역관련대출
- 폐업업체에 대한 무역관련대출

③ 무역금융지원 프로그램 한도는 금융기관의 무역금융 취급실적 등을 고려하여 배정한다.

④ 금융기관의 무역금융 취급실적을 산정할 때 다음 각호의 어느 하나에 해당하는 신용대출의 취급실적은 2.5배(2023.4.1.부터 시행)로 인정한다.

- 전액을 담보나 보증 없이 취급한 순수 신용대출
- 동업자 보증대출
- 민적 보증대출

무역금융 융자 취급은행 및 적정융자

한국은행 금융중개지원대출 관련 무역금융지원프로그램 운용세칙에 따른 무역금융 및 무역금융관련 지급보증은 각 외국환은행이 취급한다. 외국환은행은 무역금융 융자신청업체의 수출실적과 수출능력, 수출 또는 국내공급에 필요한 실제 소요금액과 기간 및 그 밖의 수출관련금융 융자현황 등을 종합적으로 심사하여 적정수준의 무역금융이 융자되도록 하여야 한다.

* 수출이행 및 수출대금 회수에 관한 확실성을 고려하여야 하며, 중계무역 방식의 수출, 한국수출입은행의 수출자금대출금(인도전 금융), 무역어음 할인금액, 중소기업협동조합 공동사업자금 융자금 등은 융자대상에서 제외하여 중복금융을 방지해야 한다.

적정융자 운용절차

① 외국환은행은 무역금융 융자신청업체가 무역어음을 할인받거나 한국수출입은행의 수출자금대출(인도 전 금융) 등을 융자받는 경우에는 적정수준의 무역금융을 융자함으로써 중복금융을 방지하여야 한다.

  * 동일 신용장에 의한 중복금융을 방지하기 위하여 수출신용장 등의 무역금융 융자대상 증빙서류 뒷면에 수출신용장 등에 대한 융자내용, 무역어음의 인수 취급내용, 관련 수입신용장 및 내국신용 장 등의 개설 및 결제내용, 수출대금 또는 공급대금 입금 사항을 기재해야 한다.

② 외국환은행은 무역금융 이용업체가 융자방법을 변경하는 경우에는 무역금융이 과다하게 융자되지 않도록 유의하여야 한다.

  * 융자방법 : 신용장기준 또는 실적기준

③ 「중소기업협동조합법」에서 정하는 중소기업협동조합 또는 사업협동조합은 중소기업협동조합 공동사업 자금을 융자받는 경우 무역금융의 융자대상이 되지 아니한다.

무역금융 융자대상

① 무역금융은 다음 각호의 어느 하나에 해당하는 자에 대하여 취급한다.
  • 수출신용장 또는 지급인도(D/P)와 인수인도(D/A) 조건 및 그 밖의 수출관련 계약서(이하 수출계 약서)에 따라 물품(대외무역법에서 정하는 전자적 형태의 무체물을 포함), 건설 및 용역을 수출하 거나 국내 공급하고자 하는 자

무역금융 융자대상에 포함되는 수출관련 계약서에 따른 수출

단순송금방식에 의한 수출, 대금교환인도(COD, CAD) 방식에 의한 수출, 팩터링 방식에 의한 수출 등 의 경우로서, 수출이 이행되고 그에 따른 대금이 전액 회수될 수출대금

  * COD ; Cash On Delivery, CAD ; Cash Against Documents

  • 내국신용장 또는 「대외무역법」에 따른 외화획득용 원료·물품 등 구매확인서(이하 구매확인서)에 따라 수출용 완제품 또는 원자재를 공급(수탁가공 포함)하고자 하는 자
  • 위에서 정한 방식에 의한 수출 또는 공급실적(이하 수출실적)이 있는 자로서 동 수출실적을 기준 으로 융자를 받고자 하는 자
  • 그 밖에 외화획득, 수출증대 등을 위하여 한국은행 통화정책국장이 정한 자

② 제1항에도 불구하고 중계무역방식에 따른 수출은 융자대상에서 제외한다.

> * 무역금융의 취지가 국내 중소기업 수출산업 육성을 위한 것이므로 국내 부가가치를 증진시키는 수출만 지원하며, 국내 부가가치가 증진되지 않는 중계무역 등은 제외

무역금융 융자금의 구분

① 무역금융은 자금용도에 따라 구분하여 취급(이하 용도별금융)하거나 자금용도의 구분 없이 일괄하여 취급(포괄금융)할 수 있다.

② 용도별 금융은 다음 각 호와 같이 구분하여 취급하여야 한다.

- 국내에서 수출용 완제품 또는 원자재를 제조 · 가공 · 개발하거나 용역을 수출하기 위해(외국인에 대한 국내에서의 용역수출 포함) 소요되는 자금(생산자금)

  > * 생산자금은 신용장금액(FOB)에서 소요원자재액을 차감하여 계산하며, 제조시설을 보유하지 않은 업체에게도 수출품의 기획 · 개발 및 위탁가공 등에 필요한 자금을 생산자금으로 지원할 수 있음
  > ** 중고품, 농수산물, 자가생산한 원자재 등과 같이 상거래 관례상 내국신용장에 의해 조달하기 곤란한 수출용 원자재 및 완제품을 구매하는데 소요되는 자금은 생산자금으로 융자할 수 있음

- 수출용 원자재를 해외로부터 수입하거나, 내국신용장에 따라 구매하는 데 소요되는 자금(원자재자금)

  > * 수출용 원자재를 해외로부터 수입하는 경우에는 수입대금(수입화물 운임 및 보험료를 포함)의 외화금액에 평균매매율을 곱한 금액 범위 내에서 융자
  > ** 선수출 후수입을 위하여 개설된 수입신용장은 원자재자금의 융자대상이 되지 아니한다. 다만, 수출(외화표시 물품공급을 포함)대금이 입금되지 아니한 경우에는 해당 수출대금의 입금 시까지 이미 개설된 수입신용장에 대하여 원자재자금을 취급할 수 있다.
  > *** 구매확인서에 따른 구매자금은 지원대상에 포함되지 않는다.

- 국내에서 생산된 수출용 완제품을 내국신용장에 따라 구매하는 데 소요되는 자금(완제품구매자금)

  > * 구매확인서에 따른 구매자금은 지원대상에 포함되지 않는다.

③ 포괄금융은 전년도(1월 1일부터 12월 31일까지) 또는 과거 1년간(신청일 기준으로 소급하여 1년간) 수출실적이 미화 2억「달러」미만인 업체에 대하여 취급할 수 있다.

포괄금융

용도별 금융에서 자금용도별로 구분을 두는 것과는 다르게, 수출신용장 등 융자대상 증빙서류나 과거 수출실적에 따라 포괄적으로 한도를 산정한 후 용도 구분없이 일괄 지원하는 방식으로서, 전년도(또는, 과거 1년간) 수출실적이 미화 2억 달러(타사제품 수출실적 포함) 미만인 업체가 이용할 수 있다. 복잡한 무역금융제도를 이해하는 데 애로를 겪는 소규모 중소수출기업들의 편의를 도모하기 위한 제도이며, 어느 한 은행에서 포괄금융을 이용하는 업체는 다른 은행에서도 포괄금융으로 이용해야 한다.

무역금융 융자방법

무역금융은 자금별(포괄금융의 경우에는 업체별)로 해당 업체가 보유한 수출신용장, 수출계약서, 내국신용장 및 구매확인서 등(이하 수출신용장 등)을 기준으로 취급(이하 신용장기준금융)하거나, 당해 업체의 과거 수출실적을 기준으로 취급(이하 실적기준금융)할 수 있다.

* 신용장기준금융은 신규업체나 원자재를 사전에 확보하지 않아도 수출을 하는데 지장이 없는 업종에 유리하고, 수출실적이 충분히 있거나 원자재를 사전(신용장이 개설되기 전)에 확보할 필요가 있는 업체인 경우는 대부분 실적기준을 이용함

무역금융 융자한도

① 외국환은행은 실적기준금융을 이용하는 업체에 대해 융자한도를 산정해야 한다.

* 실적기준금융의 융자한도는 편의상 USD 환산금액으로 관리

② 융자한도는 해당 업체의 과거 수출실적 등을 고려하여 산정하되, 용도별 금융은 각 자금별로 산정하고 포괄금융은 업체별로 산정하여야 한다.

* 수입대행업체가 실수요자를 위하여 수출용 원자재의 수입신용장을 개설 의뢰하는 경우에는 해당 수입신용장의 개설액과 동 수입대금의 결제를 위한 원자재자금의 융자취급액을 실수요자의 원자재자금 한도관리대상에 포함하여야 한다.

** 융자한도에는 해당 원자재의 일람불 수입신용장개설분(지급인도조건(D/P) 및 대금교환 인도조건(CAD 및 COD)에 의한 수입의 경우에는 수입승인분, 수입계약서 또는 물품매도확약서상의 수입금액을 말함)과 내국신용장 개설분을 포함한다.

자금별 융자한도 산정 例(각 외국환은행별로 자율 산정)		

구 분	신용장기준	실적기준
생산자금	원수출신용장금액 × 가득률 (가득률 : 1 - 원자재의존율)	과거 1년간 수출실적 × 평균가득률
원자재자금	원수출신용장금액 × 원자재의존율	과거 1년간 수출실적 × 평균원자재 의존율
완제품구매자금	원수출신용장 금액 이내	과거 1년간 수출실적 × 1/2
포괄금융	원수출신용장 금액 이내	과거 1년간 수출실적

* 외화 가득액 = 수출금액(FOB) - 원자재 수입액(CIF) - 원자재 구매액(내국신용장)

** 원자재의존율 : 원자재 의존액이 수출신용장금액(FOB 기준)에서 차지하는 비율

*** 위와 같은 방식을 통해 무역금융 융자한가 산정된다 하더라도 각 외국환은행이 행하는 융자금에 대한 채권보전(담보, 보증서, 신용 등)은 순전히 취급은행의 책임이므로, 각 행은 업체별 여신등급에 따른 대출가능금액 범위 내에서 취급하게 된다.

● 무역금융 융자금액

① 신용장기준금융을 이용하는 업체(이하 신용장기준금융 이용업체)에 대하여는 해당 업체가 보유한 수출신용장 등의 외화금액에 「외국환거래규정」에서 정하는 매매기준율(이하 매매기준율)의 융자취급일 전월 평균환율(이하 평균매매기준율)을 곱한 금액 범위에서 융자한다.

② 실적기준금융을 이용하는 업체(이하 실적기준금융 이용업체)에 대하여는 다음 각 호의 금액 범위에서 융자한다.

- 생산자금 및 포괄금융은 융자한도에 평균매매기준율을 곱한 금액
- 원자재자금 및 완제품구매자금은 내국신용장에 따라 발행된 판매대금 추심의뢰서, 수입어음 및 수입대금(수입화물운임을 포함)의 외화금액에 평균매매기준율을 곱한 금액. 다만, 판매대금 추심의뢰서의 금액이 원화로만 표시되어 있는 경우에는 동 금액으로 한다.

무역금융 융자시기 및 융자기간

① 융자는 다음 각 호와 같이 자금소요시기에 맞추어 취급하여야 한다.

- 생산자금 및 포괄금융은 필요할 때 수시로 융자할 수 있다.
- 원자재자금은 선적서류나 물품의 인수와 동시에 수입어음을 결제하거나, 수입대금을 지급할 때, 또는 판매대금 추심의뢰서(내국신용장)를 결제할 때 융자한다. 다만, 수입화물운임을 따로 지급하는 경우 동 운임은 지급할 때 융자할 수 있다.

판매대금 추심의뢰서
내국신용장과 관련하여 내국신용장의 수혜자인 물품공급자가 물품공급을 완료한 후 대금 추심을 위해 내국신용장 네고은행에 제시하는 것으로서 종전의 환어음(내국신용장용)을 대체하는 서류이다.

- 완제품구매자금은 판매대금추심의뢰서를 결제할 때 융자한다.

② 위에서 정한 융자시기에도 불구하고 내국신용장 및 수출용원자재에 대한 일람불 수입신용장과 관련된 지급보증대지급금을 상환하기 위하여 원자재자금 및 완제품구매자금을 융자할 수 있다.

③ 융자기간은 자금소요기간 등을 고려하여 외국환은행이 정한다.

내국신용장(Local L/C)

내국신용장(內國信用狀, Local L/C)

수출업자로 하여금 수출상품 또는 수출용 원자재를 국내에서 조달할 수 있게 하는 역할을 해주는 동시에 공급업자에 대해서는 대금지급보증 및 수출지원금융을 융자지원 해주고, 무역관리 및 세제 면에서 내국신용장에 의한 공급실적을 수출실적으로 인정하여 원신용장의 경우와 동일한 혜택을 줌으로써 국산원자재의 사용촉진 및 외화가득률 제고시책으로서 중요한 기능을 갖고 있다.

수출용 원자재를 내국신용장에 의해 마련하는 수출업체는 원자재 구매 시 원자재 구매자금을 융자(무역금융)를 받아 결제할 수 있을 뿐만 아니라, 은행의 공급대금 지급보증을 바탕으로 원자재를 원활하게 조달받을 수 있는 이점이 있다. 또한 내국신용장의 수혜자인 공급업체는, 수출자의 거래은행이 그 공급대금의 지급을 보증한 것이므로 대금회수의 확실성이 보장될 뿐만 아니라 수취한 내국신용장을 근거로 공급물품을 제조·가공하는 데 필요한 자금(무역금융)을 지원받을 수도 있다. 아울러 내국신용장에 의한 공급실적은 수출실적으로 인정되며, 관세환급 및 부가가치세 영세율 적용 등의 혜택을 받게 된다.

내국신용장 개설대상

① 외국환은행은 수출용 수입원자재와 국내에서 생산된 수출용 원자재 또는 완제품을 구매(임가공위탁을 포함) 하고자 하는 업체의 신청을 받아 내국신용장을 개설할 수 있다.

  * 이미 물품공급이 완료된 부분에 대하여는 해당 물품대금결제를 위한 내국신용장을 개설할 수 없다.

② 내국신용장의 개설신청과 내국신용장 개설은 「전자무역촉진에 관한 법률」에서 정하는 바에 따라 전자무역기반시설을 이용한 전자무역문서(전자문서교환방식)로 하여야 한다.

  * 2014.2.14.부터 내국신용장 관련 모든 업무(개설, 통지, 매입, 추심) 전자화
  * EDI : Electronic Data Interchange, 전자문서교환

유트레이드 허브(www.uTradeHub.or.kr)

U-Trade Hub는 무역업체 및 중소기업의 경쟁력 강화를 위해 산업통상부와 한국은행이 20여개 시중은행과 공동으로 시행하는 내국신용장 업무 전자화에 이용되는 전자무역 단일창구로서 KTNET이 운영한다. 내국신용장의 개설 및 통지업무는 2013.2.1.부터 전자문서 교환방식(EDI)으로 전환되었고, 내국신용장의 매입 및 추심업무도 2014.2.14.부터 전면 전자화되어, 기존 환어음을 대신하여 전자적으로 작성·전송되는 판매대금 추심의뢰서는 물론, 내국신용장 매입 및 추심 시 징구하는 세금계산서와 물품수령증명서도 전자문서 교환방식으로만 가능하다.

③ 내국신용장 수혜자는 해당 내국신용장을 근거로 수출용 원자재 및 완제품을 구매하기 위하여 또 다른 내국신용장의 개설을 의뢰할 수 있다.

> * 내국신용장 발행신청인은 원수출신용장을 근거로 다수의 내국신용장을 발행할 수 있으며, 그렇게 발행된 내국신용장들을 근거로 물품의 제조·가공·유통 과정에서 단계별로 또 다른 다수의 내국신용장 발행이 가능하다.

◯── 내국신용장 개설한도

다음 각 호의 어느 하나에 해당하는 내국신용장은, 수출신용장 등의 금액 또는 외국환은행이 정하는 원자재자금 및 완제품구매자금의 융자범위에서 개설할 수 있다.

- 원자재내국신용장 : 원자재 구매를 위한 내국신용장
- 완제품내국신용장 : 완제품 구매를 위한 내국신용장

◯── 내국신용장 개설조건

① 외국환은행은 내국신용장 개설의뢰인의 신청 내용이 다음 각 호의 조건에 일치하는 경우에 한정하여 내국신용장을 개설할 수 있다.
- 양도가 불가능한 취소불능신용장일 것
- 표시통화는 다음 중 어느 하나로 하는 것일 것 : 원화, 외화, 원화로 하되 개설일 현재 매매기준율로 환산한 외화금액을 부기
- 내국신용장의 금액은 물품대금 전액으로 하고, 원화표시 외화금액 부기 내국신용장의 경우에는 부기외화금액을 판매대금추심의뢰서의 매입일(추심 시 추심의뢰일) 현재의 매매기준율로 환산한 금액으로 하는 것일 것

원화 신용장, 외화 신용장, 원화표시 외화부기 신용장

① 원화 신용장

내국신용장은 결제통화를 원화, 외화, 원화표시 외화부기 방식으로 개설한다. 원화로 개설하면 개설당시에 원화로 금액이 확정되며 개설신청인이나 수혜자(공급자)나 동 금액의 원화로 수수한다.

② 외화 신용장

외화로 개설하면 공급자는 결제대금을 외화를 수령한다. 해당 외화를 외화계정(거주자 계정)에 입금하거나, 원화가 필요하면 환전하게 된다. 개설신청인은 외화로 결제해야 한다. 따라서 자기 명의의 외화계정(거주자 계정)에서 인출하여 결제하거나, 원화를 대가로 외화를 매입하여 결제하게 된다.

③ 원화표시 외화부기 신용장

원화표시 외화부기로 개설하면 부기하는 외화금액은 원화표시금액을 개설일의 매매기준율을 고려하여 결정된다. 개설신청인은 결제일에 원화로 결제해야 한다. 그런데 그 결제금액은 공급자(내국신용장 수혜자)가 Nego 시 수령한 원화금액으로 결정되며, 공급자가 Nego 시 수령하는 원화금액은 부기한 외화금액에다 해당 은행이 Nego 당일 최초로 고시한 해당 통화의 매매기준율을 곱하여 결정된다(환율변동에 따라 원화결제금액이 달라짐).

예 내국신용장 개설일의 USD/Won 환율(매매기준율) : 1,000원
  내국신용장 개설 원화금액 : 1,000,000원(부기 : USD 1,000)
  내국신용장 매입일의 USD/Won 환율(매매기준율) : 1,100원
  내국신용장 결제 : 원화로 하며, 결제금액은 1,100,000원(= 부기외화금액에 매입일의 환율을 곱하여 결정)

참고 외화로 개설하는 경우와 원화표시 외화부기로 개설하는 경우, 궁극적으로 원화로 환전하는 과정에서 환율변동에 의해 수수해야 할 원화금액이 변동하게 되는 환율변동위험에 노출되며, 원화로 개설하면 환리스크는 없다. 로컬신용장을 원화로 개설하는 경우 수출실적은 Nego 당일 최초로 고시한 해당 통화의 매매기준율을 고려하여 환산 산정한다.

- 물품의 인도기일은 대응수출 또는 물품공급이 원활히 이행되는 데 지장이 없도록 책정된 것일 것
- 유효기일은 물품의 인도기일에 최장 10일을 더한 기일 이내일 것(다만, 원수출신용장 등을 근거로 하여 개설되는 내국신용장의 유효기일은 대응되는 원수출신용장 등의 선적 또는 인도기일 이전이어야 한다)
- 서류제시기간은 물품수령증명서 발급일부터 최장 5영업일 범위에서 책정된 것일 것
- 판매대금추심의뢰서의 형식은 개설의뢰인을 지급인으로 하고, 개설은행을 지급장소로 하며 일람출급식일 것

- 판매대금추심의뢰서의 대금결제방식은 다음 각 목의 어느 하나일 것
  - 일람불 내국신용장 : 개설의뢰인이 자체자금으로 결제하는 방식
  - 기한부 내국신용장 : 개설은행이 융자하여 결제하는 방식
- 판매대금추심의뢰서의 발행조건은 원수출신용장 매입조건부 결제 등 수혜자에게 불리한 조건이 아닐 것(다만, 선박 또는 대외무역법에서 정하는 산업설비의 수출을 위하여 개설되는 완제품내국신용장의 경우에는 원수출신용장 등의 대금결제조건에 따른 제조공정별 분할지급조건으로 할 수 있다)
- 본 항에서 언급한 사항 이외의 조건은 국제상공회의소(ICC) 제정 「화환신용장에 관한 통일규칙 및 관례」를 준용한다는 문언이 기재된 것일 것

② 제1항에 따라 개설된 내국신용장의 조건은 제1항 각호의 규정을 위반하지 않는 범위에서 그 내국신용장의 관계당사자(개설의뢰인, 수혜자, 개설은행) 전원의 합의에 의해서만 변경할 수 있다.

> * 증액 시에는 여신한도 범위 이내인지 확인하고, 감액 시에는 관련 무역금융 취급액을 감액비율만큼 회수한 후 처리한다.

내국신용장 통지

내국신용장을 개설한 외국환은행은 내국신용장을 전자문서로 개설하였다는 사실을 내국신용장 수혜자에게 통지하고, 개설된 내국신용장을 수혜자에게 전자문서교환방식으로 전달하여야 한다.

내국신용장의 결제

① 전자문서교환방식 내국신용장을 개설한 은행은 다음 각 호의 어느 하나에 해당하는 지급거절사유가 있는 경우를 제외하고는 지급제시를 받은 날부터 3영업일 이내에 판매대금추심의뢰서에 따라 결제하여야 한다.
- 판매대금추심의뢰서의 추심의뢰일이 전자문서교환방식 내국신용장의 유효기일을 경과한 경우
- 전자문서교환방식 물품수령증명서상의 물품명세가 전자문서교환방식 내국신용장상의 대표물품명세와 불일치한 경우
- 판매대금추심의뢰서와 전자문서교환방식 물품수령증명서가 전자문서교환방식 내국신용장상의 기타 조건 등과 불일치한 경우

② 개설은행은 제1항 각 호의 어느 하나에 해당하는 지급거절사유가 있는 경우라도 그 내국신용장의 관계당사자 전원이 동의하는 경우에는 그 판매대금추심의뢰서에 따라 결제할 수 있다.

내국신용장 관련 당사자

① **발행신청인(구매자 또는 임가공 위탁자)**

수출신용장 보유자, 융자대상 수출실적 보유자, 외화표시 건설·용역 공급계약자로서 수출용원자재나 수출용완제품을 구매(또는, 임가공 위탁)하기 위해 발행은행에 내국신용장 발행을 신청하며, 수익자로부터 제공받은 물품에 대한 물품수령증명서를 발급하고, 추후 수익자(공급자)에 의해 제시된 판매대금 추심의뢰서에 따라 해당 대금의 결제의무를 부담하게 된다. 무역금융은 이러한 결제자금 충당에 지원되는 융자금이며, 발행신청인은 무역금융 융자대상자가 된다.

② **수익자(공급자)**

지급보증서인 내국신용장을 수령하여 수출용 원자재, 물품, 용역을 공급하는 자로서 공급이 완료된 후 개설신청인(공급받는 자) 앞으로 세금계산서를 발행하고, 매입은행에 판매대금 추심의뢰서를 제출(매도 또는 추심의뢰)하여 공급대금을 회수하는 자이다.

③ **발행은행**

발행신청인의 신청에 따라 내국신용장을 발행하고 무역금융을 취급하는 외국환은행이다.

④ **매입은행**

내국신용장 수익자가 물품공급을 완료한 후, 물품대금 회수를 위해 제출한 '판매대금 추심의뢰서'를 매입 또는 추심하는 외국환은행이다.

내국신용장 관련 당사자 및 거래흐름

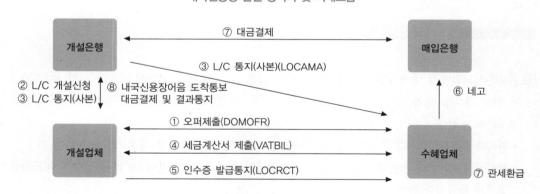

(출처 : KTNET)

◯━━━◯ 무역금융 관련 사후관리 및 제재

융자취급은행은 무역금융이 지정된 용도 외의 다른 목적에 사용되지 아니하도록 관리하여야 한다.

① 무역금융은 융자기간이 만료되기 이전이라 하더라도 당해 융자대상 수출관련 대금이 입금된 때 동 대금으로 회수하여야 한다. 다만, 실적기준금융의 경우에는 융자기간 만료 시 회수할 수 있다.

  * 신용장기준은 해당 신용장의 수출대금 입금 시 동 대금으로 융자금을 회수하고, 실적기준금융은 별도로 정해진 대출만기일(대체적으로 취급일로부터 180일 이내)에 회수함

② 제1항에도 불구하고 실적기준 생산자금, 실적기준 포괄금융의 경우에는 융자기간 만료 시 새로이 산정된 융자한도 범위에서 회전 대출할 수 있다.

③ 다음 각 호의 어느 하나에 해당하는 업체는 무역금융 및 무역금융관련 지급보증에 관한 제재대상이 된다.
  • 융자대상증빙, 관련계약서, 물품수령증명서, 그 밖의 융자관계서류를 위조 · 변조하거나 허위로 작성하였을 경우
  • 내국신용장 개설의뢰인이 정당한 사유 없이 물품인수를 지연 또는 거부하거나 물품을 인수하고 물품수령증명서를 공급자발행 세금계산서상의 발행일부터 10일 이내에 발급하지 않고 내국신용장 수혜자 또는 중소기업협동조합중앙회가 신고한 경우
  • 내국신용장 개설의뢰인이 물품을 인수하고 물품수령증명서를 공급자의 세금계산서 발행일부터 10일을 경과하여 발급한 경우(다만, 중소기업이 대기업으로부터 물품을 인수한 경우에는 적용하지 아니한다)

    * 중소기업이 대기업으로부터 물품을 인수하는 경우에는 10일 이내에 발급하여야 한다는 제한을 받지않음
  • 동일한 수출 건에 대하여 관련서류를 중복 발급하거나 사용하는 등으로 정해진 융자한도를 초과하여 무역금융을 지원받는 경우

④ 외국환은행은 제3항에 해당되는 업체에 대하여 다음 각 호의 기준에 따라 제재조치를 하고 지체 없이 한국은행 및 다른 외국환은행에 제재사실을 통지하여야 한다. 다만, 외국환은행장이 부득이 하다고 인정하여 특별히 승인하는 경우에는 제재를 감면할 수 있으며, 동 제재 감면 사유 및 내용을 한국은행에 보고하여야 한다.
  • 제3항 제1호 또는 제4호에 해당하는 업체 : 1개월 이상 1년 이내 무역금융 및 무역금융관련 지급보증 수혜자격 정지

- 제3항 제2호에 해당하는 업체 : 경고 다만, 동 경고를 받은 날부터 5일 이내에 물품수령증명서를 발급하지 않은 업체 : 1개월간 내국신용장의 개설자격 정지
- 제3항 제3호에 해당(제2호의 경고를 받은 날부터 5일 이내에 발급한 경우를 포함)하는 업체는 다음의 구분에 따른 제재
  가. 연중(1월 1일부터 12월 31일까지) 1차 발견 시 : 경고
  나. 연중 2차 발견 시 : 관련금융 융자한도의 5% 해당 금액을 1개월 이상 3개월 이내 동 융자한도에서 차감
  다. 연중 3차 발견 시 : 관련금융 융자한도의 15% 해당 금액을 1개월 이상 3개월 이내 동 융자한도에서 차감
  라. 연중 4차 이상 발견 시 : 관련금융 융자한도의 25% 해당 금액을 1개월 이상 3개월 이내 동 융자한도에서 차감
  마. 나목에서 라목까지의 규정에도 불구하고 관련 판매대금추심의뢰서의 금액이 차감대상금액을 초과하는 경우에는 그 판매대금추심의뢰서의 금액을 해당 융자한도에서 차감

⑤ 제3항에 따라 제재사실을 통지받은 외국환은행은 해당 업체에 대하여 통지받은 제재내용과 동일한 제재조치를 하여야 한다.

⑥ 한국은행 금융결제국장 또는 지역본부장은 이 세칙 및 이의 시행을 위한 절차 또는 지시를 위반하는 외국환은행에 대하여 대출한도 감축 또는 기존대출금 회수 등의 제재조치를 할 수 있다.

[보칙]

① 금융기관은 한국은행 통화정책국장이 별도로 정하는 서식에 따라 이 세칙에 따른 무역금융 취급상황을 한국은행에 제출하여야 한다.

② 한국은행 금융결제국장 또는 지역본부장은 금융기관에 대하여 무역금융과 관련된 세부자료의 제출을 요구할 수 있다.

이 세칙의 시행에 필요한 세부사항은 한국은행 통화정책국장이 정한다. 다만, 대출한도 감축 또는 기존대출금 회수, 무역금융과 관련된 세부자료 제출요구에 관한 사항은 한국은행 금융결제국장이 정한다.

◈ 한국은행 금융중개지원대출 관련 「무역금융지원 프로그램」 운용절차(2023.1.12. 개정)
 * 해당 세칙을 학습목적상 편집하여 설명한 자료인 바, 배열 및 내용이 원문과 다름
 Source : 한국은행 홈페이지/한국은행/법규정보/법령검색/통화정책/한국은행 여수신

━━━━━○ **동일 수출신용장 등에 대한 중복금융 취급 방지**

① 외국환은행은 다음 각 호의 사항을 수출신용장, 수출계약서(지급인도(D/P)와 인수인도(D/A) 조건 및 그 밖의 수출 관련 계약서, 내국신용장 및 구매확인서 등 무역금융의 융자대상 증빙서류의 뒷면에 기재하여야 한다.
 • 수출신용장 등에 대한 융자내용(취급일자, 금액, 기일, 취급점명)
 • 무역어음의 인수 취급내용(취급일자, 금액, 기일, 취급점명)
 • 관련 수입신용장 및 내국신용장 등의 개설 및 결제 내용
 • 수출 또는 공급대금 입금상황(매입 또는 입금일자, 금액, 취급점명 등)

② 외국환은행은 구매확인서에 의한 수출실적 산정 시 해당 구매확인서의 뒷면에 수출실적 산입내역을 기재하여야 한다.

━━━━━○ **무역금융의 포괄금융 이용업체 선정 등**

① 포괄금융을 이용하고자 하는 업체는 해당 업체의 수출실적 관리 등을 담당할 외국환은행(1개 영업점을 기준으로 하며 주거래 외국환은행이라 한다)을 지정하여야 한다.

② 주거래외국환은행은 세칙에서 정하는 요건에 해당하는 업체의 신청에 따라 동 업체를 포괄금융 이용업체로 선정할 수 있다. 다만, 수출실적 보유기간이 1년 미만인 신규업체는 동 기간 동안의 수출실적이 미화 2억 「달러」 미만인 경우에만 포괄금융 이용업체로 선정할 수 있다.

③ 주거래외국환은행은 제2항에 따라 선정한 포괄금융 이용업체의 자격을 매년 1월 중에 전년도 수출실적을 기준으로 재심사하여 선정하여야 한다.

④ 포괄금융 이용업체의 주거래외국환은행으로 신규 또는 변경 지정되어 포괄금융 이용업체를 선정한 주거래외국환은행은 〈별지 제1-1호 서식〉에 따라 동 사실을 지체 없이 해당 업체가 무역금융 및 무역금융관련 지급보증을 이용하고 있는 다른 외국환은행(이하 부거래 외국환은행이라 한다)에 통보하여야 한다.

⑤ 부거래외국환은행은 제4항에 따라 주거래외국환은행으로부터 포괄금융 이용대상 선정통보를 받은 후 해당 업체에 대한 무역금융 및 무역금융관련 지급보증을 취급하여야 한다.

⑥ 제1항의 주거래외국환은행이 포괄금융 이용업체의 선정을 취소한 경우에는 〈별지 제1-2호 서식〉에 따라 동 사실을 지체 없이 해당 업체의 부거래외국환은행에 통보하여야 한다.

무역금융 융자대상 수출실적

① 세칙에서 정하는 수출실적은 본선인도(FOB)가격을 기준으로 한다. 다만, 전자적 형태의 무체물 수출실적은 「대외무역관리규정」에서 정하는 수출실적 인정금액을 기준(한국무역협회장 또는 한국소프트웨어산업협회장이 외국환은행을 통해 입금확인한 금액)으로 한다.

  * 대금결제조건이 FOB 가격이 아닌 경우에는(CIF 등) 해당 가격을 본선인도가격으로 환산하여 수출실적으로 인정한다.

② 무역어음이 인수취급된 수출신용장 등에 따른 수출실적은 해당 인수취급분을 제외한 부분만을 융자대상 수출실적에 포함한다.

③ 「대외무역관리규정」에서 정하는 위탁가공무역(이하 위탁가공무역)의 경우 융자대상 수출실적은 위탁가공무역에 소요되는 국산원자재를 무상으로 수출한 실적으로 한다. 다만, 가공물품을 현지 또는 제3국으로 수출하는 경우만 해당하며, 국산원자재를 구매하여 가공하지 않고 수출한 실적은 생산자금 및 포괄금융 융자한도의 산정대상이 되는 수출실적에서 제외한다.

  * 위탁가공무역에 소요되는 국산원자재를 구매하여 가공하지 않은 채 무상으로 수출한 실적도 수출실적으로는 인정되지만, 동 수출실적을 근거로 해서는 생산자금 및 포괄금융은 지원받을 수 없고 원자재자금으로만 가능함

④ 구매확인서에 따른 수출실적은 융자한도관리 외국환은행이 해당 업체로부터 징구하는 구매확인서 및 세금계산서상의 금액을 기준으로 한다.

⑤ 국제기구 발급 구매주문서의 수출실적에 대해서는 제1항을 준용한다.

수출신용장 등의 무역금융 융자대상금액

① 수출신용장 등의 융자대상금액은 해당 수출신용장 등의 금액 중에서 본선인도(FOB)가격을 기준으로 한다. 다만, 전자적 형태의 무체물 수출의 경우에는 수출신용장 등의 금액을 기준으로 한다.

> * CIF(운임 및 보험료가 포함된 가격)에서 해당 운임 및 보험료를 제외한 가격이 FOB 가격이며, 실제 운임 및 보험료를 고려하여 산정해야 한다.

② 선수금영수조건 수출신용장 등의 융자대상금액은 해당 수출신용장 등의 금액에서 이미 영수한 선수금을 차감한 금액을 기준으로 한다.

③ 무역어음이 인수취급된 수출신용장 등의 경우 융자대상금액은 해당 인수취급액을 차감한 금액을 기준으로 한다.

④ 회전신용장의 경우 융자대상금액은 해당 신용장의 액면금액을 초과할 수 없다.

⑤ 위탁가공무역방식 수출신용장 등의 경우 융자대상금액은 위탁가공무역에 소요되는 국산원자재를 무상으로 수출하는 금액 범위로 한다. 다만, 가공물품을 현지 또는 제3국으로 수출하는 경우만 해당하며, 국산원자재를 구매하여 가공하지 않고 수출하는 경우에는 생산자금 및 포괄금융 융자대상에서 제외한다.

⑥ 수출대금을 수입대금과 상계처리 하는 경우 동 수출대금은 융자대상 수출실적에서 차감한다.

⑦ 국제기구 발급 구매주문서의 융자대상금액에 대해서는 제1항을 준용한다.

무역금융 융자금액 산정 시 미 「달러」화 이외 통화의 미화 환산

① 원화로 표시된 수출신용장 등의 경우 융자대상금액은 해당 원화금액을 융자취급 당일의 매매기준율로 환산한 미 「달러」 금액을 기준으로 한다. 다만, 동 수출신용장 등에 미 「달러」화가 명시되어 있을 경우에는 이를 기준으로 한다.

원화표시 신용장

원화표시 신용장의 발행통화는 원화이며 결제통화는 외화(수출국의 통화)로서 결제일에 해당 원화금액을 당일의 환율로 환산한 외화로 결제하므로 국내 수입업자가 수입신용장의 통화를 달러화나 엔화와 같은 외화로 개설하는 경우 환율 상승에 따라 더 많은 수입대금을 결제해야 하는 위험을 회피할 수 있다. 원화 신용장은 발행통화도 원화이고 결제통화도 원화라는 점에서 원화표시 신용장과 구별된다.

② 미 「달러」화가 아닌 외국통화로 표시된 수출신용장 등의 경우 융자대상금액은 융자취급 당일의 해당 통화의 「외국환거래규정」에 따라 재정된 매매기준율 및 미 「달러」화의 매매기준율로 환산한 금액을 기준으로 한다.

무역금융의 대상이 되는 수출실적의 인정시점

① 수출실적의 수출방식별 인정시점은 다음 각 호의 구분에 따른다.

- 수출신용장 및 내국신용장 : 해당 수출환어음 또는 내국신용장 판매대금추심 의뢰서가 매입 또는 추심 의뢰된 때

- 수출계약서 및 외화표시물품공급계약서 : 해당 수출 또는 공급대금이 입금된 때(다만, 선수금영수방식 수출의 경우에는 동 수출이 이행된 때)
  * 단순송금방식 수출, 대금교환인도방식 수출(CAD, COD), 팩토링방식에 의한 수출이 여기에 해당됨

- 구매확인서 : 해당 물품관련 세금계산서가 발급된 때
  * 전자적 형태의 무체물 수출은, 수출대금이 외국환은행에 입금되는 시점에 입금 해당액을 수출실적으로 인정함

② 제1항 제1호에 따른 수출환어음 또는 내국신용장 판매대금추심의뢰서의 매입금액 또는 추심의뢰금액 중 소정기일까지 미회수되어 부도처리한 부분은 부도발생월의 매입실적에서 차감하고, 부도처리 후 입금된 부분은 해당 입금월의 매입실적에 재산입하여야 한다.

○ 무역금융의 대상이 되는 수출실적의 관리

① 외국환은행은 거래업체별로 수출실적을 관리하여야 한다.

② 포괄금융 이용업체의 부거래외국환은행은 〈별지 제2호 서식〉에 따른 「수출실적관리카드」를 매년 1월 10일까지 주거래외국환은행으로 송부하여야 한다.

③ 주거래외국환은행은 매년 1월 중에 부거래외국환은행으로부터 송부받은 「수출실적관리카드」를 종합하여 해당 업체에 대한 「수출실적관리카드」를 작성하여야 하며, 해당 업체가 주거래외국환은행을 변경하는 경우에는 동 「관리카드」 사본을 지체 없이 새로 지정된 주거래외국환은행에 송부하여야 한다.

○ 수출실적의 승계 및 이관

① 외국환은행(포괄금융의 경우 주거래외국환은행을 말한다)은 업체 간 영업의 양수도, 기업의 합병 등의 사유가 있는 경우 업체 간 수출실적의 승계를 인정할 수 있다. 다만, 수출실적의 승계를 인정한 외국환은행은 무역금융이 중복 취급되지 않도록 승계된 수출실적에 대응하는 융자한도를 해당 업체의 융자한도에서 차감하는 등의 조치를 하여야 한다.

② 외국환은행은 업체의 요청에 따라 수출실적을 다른 외국환은행으로부터 이관 받아 해당 업체의 융자한도 산정 시 동 수출실적을 반영할 수 있다. 다만, 수출실적을 이관한 외국환은행은 무역금융이 중복취급되지 않도록 이관된 수출실적에 대응하는 융자한도를 해당 업체의 융자한도에서 차감하는 등의 조치를 하여야 한다.

무역금융 융자한도 관리

① 수입대행업체가 실수요자를 위하여 수출용 원자재의 수입신용장을 개설 의뢰하는 경우에는 해당 수입신용장의 개설액과 동 수입대금의 결제를 위한 원자재자금의 융자취급액은 실수요자의 원자재자금 한도관리대상에 포함하여야 한다.

② 세칙 제8조의 융자한도에는 해당 원자재의 일람불 수입신용장개설분(지급인도조건 및 대금교환 인도조건(CAD 및 COD)에 의한 수입의 경우에는 수입승인분, 수입계약서 또는 물품매도확약서상의 수입금액을 말한다)와 내국신용장 개설분을 포함한다.

무역금융 융자취급기준

① 원자재자금 및 완제품구매자금의 경우 해당 수입신용장 또는 내국신용장이 융자한도 범위에서 개설된 경우에는 해당 어음 등의 결제시점에서 융자한도가 부족하더라도 융자할 수 있다.

② 외국환은행은 업체가 융자방법을 변경하는 경우 융자방법의 변경시점에서 기취급된 대출금 및 지급보증잔액이 융자방법 변경 대상자금의 융자한도를 이미 초과한 경우에는 소정 융자한도로 축소될 때까지 신규 금융을 취급할 수 없다.

  * 융자방법 : 신용장기준금융 또는 실적기준금융

③ 중고품, 농수산물 및 자가생산한 원자재 등과 같이 상거래 관례상 내국신용장으로 조달하기 곤란한 수출용 원자재 및 완제품을 구매하는 데 소요되는 자금은 생산자금으로 융자할 수 있다.

④ 제3항의 생산자금에는 수출용 중고품의 수리 및 수출용 농수산물의 비축에 필요한 자금을 포함할 수 있다.

⑤ 선수출 후수입을 위하여 개설된 수입신용장은 원자재자금의 융자대상이 되지 아니한다. 다만, 수출(외화표시 물품공급을 포함)대금이 입금되지 아니한 경우에는 해당 수출대금의 입금 시까지 이미 개설된 수입신용장에 대하여 원자재자금을 취급할 수 있다.

⑥ 수입화물운임에 대하여 원자재자금을 별도로 취급하는 경우의 융자대상금액은 해당 선박회사 또는 대리점이 발급한 운임증명서의 운임금액을 기준으로 한다.

내국신용장 판매대금추심의뢰서 매입은행의 제한

① 하나의 수출신용장 등과 관련된 무역금융의 취급 및 수출대금의 영수는 동일 외국환은행을 통하여 이루어져야 한다.

② 실적기준금융 이용업체 및 포괄금융 이용업체가 발행한 수출환어음 또는 내국신용장 판매대금추심의뢰서의 매입과 추심은 동 업체에 대한 융자취급은행을 통하여 이루어져야 한다.

③ 제1항 및 제2항을 위반하여 수출 또는 공급대금을 영수한 실적은 해당 업체의 수출실적에 포함하지 아니한다.

무역금융 이용방법 제한

과거 수출실적을 기준으로 무역어음을 이용하는 업체가 무역금융을 이용하고자 하는 경우에는 실적기준금융으로만 이용하여야 한다.

내국신용장

 내국신용장 개설대상

① 내국신용장 개설 이전에 이미 물품공급이 완료된 부분에 대하여는 해당 물품대금결제를 위한 내국 신용장을 개설할 수 없다.

② 국내업자 간의 매매계약에 따라 국외에서 어획물을 수집하여 직접 수출하는 경우라도 동 거래의 특수성에 비추어 내국신용장을 개설할 수 있다.

③ 수출입업자가 원자재 및 완제품을 임가공계약에 따라 위탁생산하고자 하는 경우 해당 수탁가공업 자에 대한 가공임을 지급하기 위하여 내국신용장(이하 원자재임가공 내국신용장 및 완제품임가공 내국신용장)을 개설할 수 있다.

④ 선수금영수조건 수출신용장 등의 경우 동 수출신용장 등을 근거로 해당 원자재 및 완제품 조달을 위하여 내국신용장을 개설할 수 있다. 다만, 원자재자금 및 완제품구매자금의 융자금액은 동 선수금을 제외한 금액 범위로 한다.

 내국신용장 개설 시 징구서류

외국환은행이 내국신용장의 개설 시 개설의뢰인으로부터 징구하여야 할 서류는 다음 각 호와 같다.
- 공급자발행 물품매도(수탁가공을 포함) 확약서. 다만, 실적기준금융 이용업체의 신청으로 내국신용 장을 개설하는 경우에는 예외로 한다.
- 해당 내국신용장의 개설근거가 되는 원수출신용장 등 다만, 개설의뢰인이 실적기준금융 이용업체 (실적기준 포괄금융 이용업체를 포함)인 경우에는 예외로 한다.

  * 개설근거가 되는 원신용장 등 : 수출신용장, 수출관련 계약서, 내국신용장, 구매확인서

 내국신용장 개설금액

수출용 원자재를 구매하기 위한 내국신용장의 개설금액에는 해당 공급물품의 제조·가공에 투입된 수입원자재 및 수입원자재와 관련된 관세 등 제공과금 부담액을 포함할 수 있다.

⬤━━━◯ **내국신용장의 개설근거 및 용도의 표시**

내국신용장을 개설한 외국환은행은 해당 내국신용장의 앞면에 내국신용장 개설근거가 된 원수출신용장 등의 내용과 내국신용장의 용도를 나타내는 문언을 표시하여야 한다.

내국신용장의 개설근거별 용도표시방법

개설근거	용도	표시방법		비 고
		표시문언	표시장소	
Ⅰ. 원자재내국신용장^{주)}				
1. 신용장기준원자재자금이용업체 및 신용장기준포괄금융이용업체의 개설의뢰분	1. 원자재구매	원자재	"용도"란	"원수출신용장내용"란에 원수출신용장 등의 내용 기재
	2.원자재임가공위탁	원자재임가공	〃	〃
		완제품임가공	〃	〃
2. 실적기준원자재자금이용업체 및 실적기준포괄금융이용업체의 개설의뢰분	1. 원자재구매	원자재(실적)	〃	
	2. 원자재 임가공위탁	원자재임가공(실적)	〃	
	3. 완제품 임가공위탁	완제품임가공(실적)	〃	
Ⅱ. 완제품내국신용장				
1. 신용장기준완제품구매자금이용업체의 개설의뢰분	1. 완제품구매	완제품	〃	"원수출신용장내용"란에 원수출신용장 등의 내용 기재
	2. 수출대행	완제품(수출대행)	〃	〃
2. 실적기준완제품구매자금이용업체의 개설의뢰분	1. 완제품구매	완제품(실적)	〃	
	2. 수출대행	완제품(수출대행)(실적)	〃	

주 : 위탁가공무역에 소요되는 국산원자재를 내국신용장에 의해 구입하는 경우는 현행 표시문언인 원자재 앞에(위탁가공)이라 표시

* 원자재금융 이용업체가 수출원자재를 제조·가공하는 과정에서 생산공정의 일부가 없거나 부족한 경우 해당 공정을 보유한 업체와 임가공계약을 체결하고 가공임 결제를 위해 발행하는 내국신용장을 원자재 임가공 내국신용장, 원수출신용장을 수령한 직수출업체가 소요자재 전량을 확보하여 수출용완제품을 가공하는 업체에 위탁하고 가공임 결제를 위해 발행하는 내국신용장을 완제품 임가공 내국신용장이라 한다(개설근거별 표시문언에 의해 구분).

판매대금추심의뢰서 결제 시의 전송 전자문서

① 외국환은행이 전자문서교환방식 내국신용장에 따라 전자적 형태로 작성·전송된 판매대금추심의 뢰서의 추심 또는 결제 시 전송받아야 할 전자문서는 다음 각 호와 같다.
- 판매대금추심의뢰서
- 물품수령증명서(물품수령증명서는 공급자발행 세금계산서 건별로 발급되어야 한다)
- 「부가가치세법」상 전송가능한 공급자발행 세금계산서. 다만, 세금계산서의 교부대상과 내국신용 장의 개설의뢰인은 일치하여야 하며, 완제품내국신용장의 수혜자가 수출대행위탁자인 경우 등 「부가가치세법」에서 정한 세금계산서 발급 대상이 아닌 경우에는 물품명세가 기재된 송장으로 갈음할 수 있다.

    * 수출대행계약을 체결한 후 수출대행자에게 물품을 공급하는 경우에는 부가가치세법에 의해 세금계산서 발급이 면제되므로 세금계산서 대신에 물품명세가 기재된 송장으로 대신할 수 있다. 수출대행에 따라 발행하는 내국신용장은 해당 신용장 앞면에 수출대행 또는 수출대행(실적)이라 표시해야 한다.

② 물품수령증명서는 공급자발행 세금계산서 건별로 발급되어야 하지만, 내국신용장에 명시된 조건에 따라 수출용원자재 또는 완제품을 분할 공급받는 경우에는 매 반월 또는 월을 단위로 하는 경우에 한정하여 동 기간 중 분할 공급 시마다 교부된 세금계산서상의 공급가액을 일괄하여 하나의 물품 수령증명서를 발급할 수 있다.

③ 제1항에도 불구하고 세칙 제14조 제1항 제9호 단서에 따라 개설된 완제품내국신용장인 경우에는 다 음 각 호의 전자문서 또는 서류를 전송받거나 징구하여야 한다. 다만, 계약체결 시 수령하는 금액에 대하여는 제3호 및 제4호에 따른 서류 징구를 아니할 수 있으며, 물품인도 시 수령하는 금액에 대하 여는 제1항의 전자문서 또는 서류를 전송받거나 징구하여야 한다.
- 판매대금추심의뢰서
- 개설은행이 발급한 원수출신용장 등의 대금입금증명서
- 개설의뢰인이 발급한 공정 또는 제조확인서
- 공급자발행 세금계산서

    * 세칙 제14조 제1항 제9호
    판매대금추심의뢰서의 발행조건은 원수출신용장 매입조건부 결제 등(과 같이) 수혜자에게 불리한 조건이 아닐 것 다만, 선박 또는 대외무역법에서 정하는 산업설비의 수출을 위하여 개설되는 완제품내국신용장의 경우에는 원수출신용장 등의 대금결제조건에 따른 제조공정별 분할지급조건으로 할 수 있다.

판매대금추심의뢰서
(내국신용장용)

전자문서번호 :　　　　　　　　　　　　　　　신청일자 :

아래와 같이 귀 행에 판매대금의 추심을 의뢰합니다.

〈신 청 내 용〉

추심은행　　　　　　　　:　___은행___지점
추심금액　　　　　　　　:
원화환산금액　　　　　　:
적용환율　　　　　　　　:

추심관련 서류	전자문서번호	발급은행	발급번호	발급일
– 내국신용장				
– 물품수령증명서		—		
– 세금계산서		—		

〈추심대금 지급관련〉

지급받을 은행명　　　　:　___은행___지점
계좌번호　　　　　　　　:
금액　　　　　　　　　　:
예금주　　　　　　　　　:
*해당사항이 있는 경우만 기재

〈신 청 인〉

신청인　　　　　　　　　:
주소　　　　　　　　　　:
전자서명　　　　　　　　:

* 내국신용장과 관련하여 내국신용장의 수혜자인 물품공급자가, 물품공급을 완료한 후 대금 추심을 위해 내국
신용장 네고은행에 제시하는 것으로서, 종전의 환어음(내국신용장용)을 대체하는 서류이다.

PART 02

① 외국환은행은 세칙에 따라 무역금융 및 무역금융관련 지급보증에 관한 제재조치를 취하거나 제재를 감면한 때에는 동 내용을 〈별지 제5호 서식〉에 따라 지체 없이 한국은행 취급점 및 각 외국환은행(본점기준)에 통보하여야 한다.

② 금융기관은 매월 무역금융의 취급상황을 〈별지 제6호 서식〉에 따라 다음 달 20일까지 한국은행 통화정책국에 제출하여야 한다.

구매확인서

구매확인서는 특정거래가 외화획득을 위한 거래임을 확인해 줌으로써 해당 구매확인서를 근거로 한 물품 등의 공급자가 직수출자의 경우처럼 다양한 혜택을 누릴 수 있게 하고자 만들어진 증서이다. 내국신용장이 결제대금의 지급을 보증하는 것과는 달리 구매확인서는 지급보증 기능이 없다는 점을 제외하고는 그 기능이 내국신용장과 거의 같다고 할 수 있다. 따라서 구매확인서에 의한 공급도 내국신용장과 마찬가지로 수출실적으로 인정되고 무역금융 융자대상이 되며, 관세를 환급받을 수 있고, 부가가치세 영세율도 적용된다.

구매확인서에 의한 수출실적 확인	

① 수출실적 인정시점
  • 은행을 통하여 대금을 결제한 경우 : 결제일
  • 당사자 간 대금을 결제한 경우 : 세금계산서 발행일
② 수출실적 발급
  • 은행을 통하여 대금을 결제한 경우 : 공급자 거래은행
  • 당사자 간 대금을 결제한 경우 : 구매확인서를 발급한 은행	

구매확인서는, 수출자가 국내물품공급자로부터 특정 물품을 구매하면서, 해당 물품이 수출을 위해 구매하는 것임을 확인 해주는 서류이다. 물품공급업자는 국내에서 소비되는 물품을 공급하는 경우 부가가치세율 10%를 적용하여 부가가치세를 징수하여야 하나, 구매확인서를 근거로 물품을 공급할 때는 해당 물품이 수출될 것임을 확인받았기 때문에 부가가치세율을 0%로 하는 영세율세금계산서를 발급하게 되며, 이러한 공급은 국내에서 이루어지는 거래이지만 수출실적으로 인정받게 될 뿐 아니라 무역금융 대상이 된다.

구매확인서의 의의

구매확인서란 외화획득용 원료·기재를 구매하려는 경우 또는 구매한 경우 외국환은행의 장 또는 「전자무역 촉진에 관한 법률」 제6조에 따라 산업통상자원부장관이 지정한 전자무역기반사업자가 내국신용장에 준하여 발급하는 증서를 말한다(구매한 경우에는 구매확인서 신청인이 세금계산서를 발급받아 「부가가치세법 시행규칙」에서 정한 기한 내에 신청하여 발급받은 증서에 한함).

* 외화획득용 원료·기재란 외화획득용 원료, 외화획득용 시설기재, 외화획득용 제품, 외화획득용 용역 및 외화획득용 전자적 형태의 무체물을 말함

** 내국신용장은 결제대금의 지급을 보증하는 것이므로 이미 구매한(물품공급이 완료된) 부분에 대하여는 개설할 수 없으나, 구매확인서는 구매사실만을 확인하는 것이므로 이미 구매한 경우에도 발급대상이 될 수 있음

부가가치세법 시행규칙에서 규정한 구매확인서

「대외무역법 시행령」 제31조 및 제91조 제11항에 따라 외국환은행의 장이나 전자무역기반사업자가 내국신용장에 준하여 재화나 용역의 공급시기가 속하는 과세기간이 끝난 후 25일 이내에 발급하는 확인서
• 부가가치세 1기 과세기간 : 1.1~6.30
• 부가가치세 2기 과세기간 : 7.1~12.31

따라서 1기 과세기간에 공급한 것은 7월 25일까지, 2기 과세기간에 공급한 것은 다음해 1월 25일까지 사후발급이 가능하다(세금계산서 사후발급 기한과 동일함).

외화획득의 범위

① 대외무역법에서 정한 외화획득의 범위(대외무역법 시행령 제26조)
• 수 출
• 주한 국제연합군이나 그 밖의 외국군 기관에 대한 물품 등의 매도
• 관 광
• 용역 및 건설의 해외 진출
• 국내에서 물품 등을 매도하는 것으로서 산업통상자원부장관이 정하여 고시하는 기준에 해당하는 것

② 무역거래자가 외국의 수입업자로부터 수수료를 받고 행한 수출 알선은 제1항에 따른 외화획득행위에 준하는 행위로 본다.

③ 산업통상자원부장관이 정하여 고시하는 기준에 해당하는 외화획득(대외무역관리규정 제 31조)
- 외국인으로부터 외화를 받고 국내의 보세지역에 물품 등을 공급하는 경우
- 외국인으로부터 외화를 받고 공장건설에 필요한 물품 등을 국내에서 공급하는 경우
- 외국인으로부터 외화를 받고 외화획득용 시설·기재를 외국인과 임대차계약을 맺은 국내업체에 인도하는 경우
- 정부·지방자치단체 또는 정부투자기관이 외국으로부터 받은 차관자금에 의한 국제 경쟁입찰에 의하여 국내에서 유상으로 물품 등을 공급하는 경우(대금 결제통화의 종류를 불문)
- 외화를 받고 외항선박(항공기)에 선(기)용품을 공급하거나 급유하는 경우
- 절충교역거래(off set)의 보완거래로서 외국으로부터 외화를 받고 국내에서 제조된 물품 등을 국가기관에 공급하는 경우

━━━━○ 구매확인서 신청 및 발급

① 국내에서 외화획득용 원료·기재를 구매하려는 자 또는 구매한 자는 외국환은행의 장 또는 전자무역기반사업자에게 구매확인서의 발급을 신청할 수 있다.

② 구매확인서를 발급받으려는 자는 외화획득용원료·기재구매확인신청서를 「전자무역 촉진에 관한 법률」에서 정하는 바에 따른 전자무역문서로 작성하여 외국환은행의 장 또는 전자무역기반사업자에게 제출(구매한 자는 구매확인신청서에 세금계산서 번호, 작성일자, 공급가액 등을 기재하여 「부가가치세법 시행규칙」에서 정한 기한 내에 구매확인서를 발급받으려고 신청한 경우에 한함)하여야 하고, 외화획득용 원료·기재임을 입증하는 서류 중 어느 하나에 해당하는 서류를 제출하여야 한다.

   * 은행 창구를 통한 구매확인서 발급은 폐지됨

③ 외국환은행의 장 또는 전자무역기반사업자는 외화획득용원료·기재구매확인서를 전자무역문서로 발급하고 신청한 자에게 발급사실을 알릴 때 승인번호, 개설 및 통지일자, 발신기관 전자서명 등 최소한의 사항만 알릴 수 있다.

④ 외국환은행의 장 또는 전자무역기반사업자는 제1항에 따라 신청하여 발급된 구매확인서에 의하여 2차 구매확인서를 발급할 수 있으며 외화획득용 원료 · 기재의 제조 · 가공 · 유통(완제품의 유통을 포함) 과정이 여러 단계인 경우에는 각 단계별로 순차적으로 발급할 수 있다.

⑤ 구매확인서를 발급한 후 신청 첨부서류의 외화획득용 원료 · 기재의 내용 변경 등으로 이미 발급받은 구매확인서와 내용이 상이하여 재발급을 요청하는 경우에는 새로운 구매확인서를 발급할 수 있다.

⑥ 외화획득의 범위에 해당하는지를 확인이란 외국환은행의 장 또는 전자무역기반사업자가 구매확인서 발급 신청인으로부터 외화획득용 원료 · 기재임을 입증하는 서류 중 어느 하나에 해당하는 서류를 확인하는 것을 말한다.

외화획득용 원료 · 기재임을 입증하는 서류(대외무역관리규정 제36조)

• 수출신용장
• 수출계약서(품목 · 수량 · 가격 등에 합의하여 서명한 수출계약 입증서류)
• 외화매입(예치)증명서(외화획득 이행 관련 대금임이 관계 서류에 의해 확인되는 경우만 해당)
• 내국신용장
• 구매확인서
• 수출신고필증(외화획득용 원료 · 기재를 구매한 자가 신청한 경우에만 해당)
• 외화획득에 제공되는 물품 등을 생산하기 위한 경우임을 입증할 수 있는 서류

  * 구매확인서 발급 시 해당 발급내용을 입증서류의 뒷면에 기재

외화획득용원료 · 기재구매확인서

※ 구매확인번호

① 구매자   (상호)

             (주소)

             (성명)

             (사업자등록번호)

② 공급자   (상호)

             (주소)

             (성명)

             (사업자등록번호)

1. 구매원료 · 기재의 내용

③ HS부호	④ 품명 및 규격	⑤ 단위 및 수량	⑥ 구매일	⑦ 단가	⑧ 금액	⑨ 비고

2. 세금계산서(외와획득용 원료 · 기재를 구매한 자가 신청하는 경우에만 해당)

⑩ 세금계산서 번호	⑪ 작성일자	⑫ 공급가액	⑬ 세액	⑭ 품목	⑮ 규격	⑯ 수량

⑰ 구매원료 · 기재의 용도명세 : 원자재구매, 원자재 임가공위탁, 완제품 임가공위탁, 완제품구매, 수출대행 등 해당용도를 표시하되, 위탁가공무역에 소요되는 국산원자재를 구입하는 경우는 "(위탁가공)" 문구를 추가표시

  * 한국은행 총액한도대출관련 무역금융 취급절차상의 용도표시 준용

위의 사항을 대외무역법 제18조에 따라 신청합니다.

                                  신청일자   년
                                  월   일
                                  신 청 자
                                  전자서명

이 전자무역문서는 「전자무역 촉진에 관한 법률」에 따라 전자문서교환방식으로 발행된 것으로서 출력하여 세관 또는 무역우관기관 등 제3자에게 제출하려는 경우 업체는 동 법률 시행규정 제12조제3항에 따라 적색고무인을 날인하여야 합니다.

02 | 무역어음

무역어음 개요

수출입기업은 수출품 제조를 위한 원자재 구입 및 수출물품 구입을 위해 자금이 필요하다. 이에 정부가 수출기업들의 수출경쟁력을 강화시키기 위해서 제공하는 무역지원 프로그램이 바로 무역금융이다.

그러나 무역금융지원 프로그램이 적용되지 않는 30대 계열 기업들은 무역금융으로 수출자금을 지원받을 수 없기 때문에, 이를 해결하기 위해 만들어진 것이 무역어음제도이다. 정부가 대기업에게 직접적으로 자금을 지원하게 되면 무역자유화에 반하는 것이 되므로 자금공여는 민간부문인 외국환은행에 의해 행해지며 무역어음에 의한 자금공여를 여신규제한도에서 제외시킨다든가 신용보증서 발급을 용이하게 하는 등의 방법을 통해 일반대출과 차별되는 지원을 하기도 한다.

무역어음제도는 수출업자가 수출신용장 등을 근거로 선적 전에 발행한 기한부어음(무역어음)을 금융기관이 인수하고 이를 중재기관을 통해 할인·매각하여 그 대금으로 수출자금에 충당하는 방식으로 이루어지며, 무역금융을 지원받을 수 없는 30대 계열 대기업들이 주로 이용한다.

이 제도는 수출업자가 수출에 필요한 자금을 선적 전에 조달한다는 점에서는 무역금융과 비슷하지만 자금조달방식으로 무역어음을 발행한다는 점이 다르다. 또한, 무역금융은 재원의 일부가 한국은행의 재원으로 뒷받침되는 반면, 무역어음제도는 금융기관의 자체 자금 또는 할인·매입한 무역어음을 일반 투자가에게 재매각하여 조달된 자금을 재원으로 한다는 점에서 차이가 있다.

무역어음의 유통구조

① 무역어음의 발행
   수출신용장 등 수출관련 신용장 등을 보유한 수출기업이나 수출실적이 있는 수출기업은 무역어음을 발행할 수 있다(한국은행 금융중개지원대출 관련 무역금융지원 프로그램 운용세칙의 무역금융 융자대상과 같음).

PART 02

수출업자는 무역금융지원 프로그램 운용세칙 상의 융자대상 증빙서류를 첨부하여 매 건별로 무역어음을 발행하거나, 과거 수출실적 등을 기준으로 거래은행이 설정한 업체별 무역어음 발행한도 내에서 무역어음을 수시로 발행할 수도 있다.

무역어음 발행 수출업자는 무역어음 인수기관(통상, 외국환은행)을 지급장소(지급지)로 하여 인수기관 소정의 환어음 용지를 사용하여 무역어음을 발행한다.

무역어음의 금액은 신용장 등의 금액(FOB)의 이내에서 인수 당일 전신환매입율로 환산한 원화금액 범위 내로 하되 10만원 단위로 발행하며 무역어음은 통합 또는 분할 발행이 가능하기 때문에 수개의 신용장 등을 통합하여 발행하거나, 신용장 등의 금액이 거액인 경우에는 어음의 원활한 매출을 위해 여러 개의 무역어음으로 발행할 수도 있다.

여러 개의 신용장 등을 통합하여 발행하는 경우에는 어음만기일을 선적기간이 가장 늦게 도래하는 수출신용장 등을 기준으로 한다. 무역어음의 지급기일은 신용장 등의 유효기일 범위 내에서 최종 선적기일(내국신용장의 경우 물품의 인도기일)에 10일을 가산한 기간 이내로 하되 최장 180일을 초과할 수 없다.

② **무역어음의 인수**
무역어음의 인수는 수출업자 등이 발행한 기한부 환어음에 대해 인수기관이 지급기일에 지급의무를 부담하는 것으로 인수기관 입장에서는 수출업자 등에게 지급보증을 하는 것과 동일하며 신용도가 양호한 금융기관이 무역어음을 인수함으로써 어음발행인은 무역어음 중개(할인)기관으로부터 용이하게 자금을 융통할 수 있게 된다.

무역어음의 인수기관은 은행 및 종합금융회사 등이며, 인수금액은 수출신용장 등의 금액 이내에서 수출업자의 수출실적, 생산능력 등을 감안하여 금융기관이 자율적으로 산정하고, 연 1.5% 이내의 인수수수료를 받는다.

* 무역금융을 이미 지원받은 부분에 대해서는 무역어음 인수 불가(중복금융)

무역어음 인수절차	
• 무역어음의 앞면에 인수일자, 인수번호, 인수기관명을 기재하고 날인	
• 수출신용장 등의 원본 뒷면에 무역어음 인수에 관한 내용을 기재하고 날인	

③ **무역어음의 할인 및 매출**

무역어음의 할인이란 인수기관이 인수한 무역어음을 수출업자의 요청에 의해 할인 매입하는 것으로, 이렇게 함으로써 수출기업에 대한 선적 전 자금지원이 이루어지게 된다. 할인 의뢰인은 당해 무역어음의 발행인이 되고 할인대상 어음은 어음법상 요건을 구비한 환어음으로서 인수기관이 인수한 무역어음이다.

무역어음의 매출이란 할인기관이 할인하여 매입한 무역어음을 일반투자자들에게 판매하는 것으로서, 할인기관이 수출기업의 요청으로 무역어음을 할인할 때 소요된 자금을 조달하는 방법이다. 일반적으로 해당 할인어음을 근거로 하여 일반투자자들이 투자하기 용이한 금액으로 발행되는 표지어음 형태로 판매된다.

* 무역어음 할인금리와 표지어음 금리와의 차이가 할인기관의 금리수익

> **표지(表紙)어음**
>
> 표지어음이란 말 그대로 몇 가지 어음을 근거로 대표적인 어음(표지)을 만든다는 뜻이다. 기업들은 자금조달을 목적으로 기업어음(CP) 및 무역어음 등을 발행하고, 금융기관들은 이들 어음을 근거로 별도의 자체 어음을 발행하여 일반투자자들에게 판매하는데 바로 이것이 표지어음이다.
>
> 기업들이 발행하는 상업어음이나 무역어음 등은 발행기업 사정에 따라 금액과 만기일이 각각 다르고 어음을 소지한 사람에게는 만기일까지 기다리거나 어음할인을 통해 자금을 회수해야 하는 등 불편이 따른다. 이런한 불편을 덜기 위해 은행들은 돈을 빌려주고 건네받은 여러가지 어음을 묶어 금액과 기간이 일정한 별도 어음, 즉 표지어음을 만들어 판매한다. 표지어음은 금융기관으로 하여금 어음할인 자금을 신속하게 회수할 수 있게 하고 기업들에 대한 자금지원 기능을 원활하게 수행할 수 있도록 해준다.
>
> (출처 : 매일경제용어사전, 네이버지식백과)

④ **무역어음의 결제**

만기일에 해당 어음의 인수기관으로 무역어음이 지급제시 되면 동 무역어음 발행의 근거가 되었던 수출신용장 등의 수출대금으로 지급 제시된 어음을 상환하고, 인수기관은 수출기업이 결제한 자금을 가지고 일반투자자들에게 매출한 무역어음(또는, 표지어음)을 결제한다. 만약, 어음의 만기일 이전에 당해 수출신용장 등의 수출대금을 영수하였을 경우에는 이를 수입보증금 등의 계좌에 예치한 후 무역어음의 만기일에 결제자금으로 충당한다.

03 | 외화대출

◉━━━◯ 외화대출 개요

외화대출은 대출을 원화가 아닌 외국통화로 하는 대출을 말한다. 대출기간 동안 이자의 지급도 외화로 하며, 만기에 원금상환도 외화로 해야 하기 때문에 해당 외화의 환율변동에 따라서 채무자가 부담해야 하는 원화금액이 달라지는 환율변동위험에 노출되는 대출이다.

외화대출을 실행하는 은행은 자신의 외화조달금리에 일정 마진을 가산하여 외화대출 적용금리를 결정하고, 대출의 만기 시 고객으로부터 회수한 외화로 자신이 조달했던 외화를 상환하므로 환율변동위험을 부담하지 않는다. 다만, 부동산담보대출의 경우 근저당권설정을 외화로 한다 하더라도 환율이 큰폭으로 상승하는 경우 담보부족이 발생할 수도 있으므로 추가적인 담보제공을 요구해야 하는 일이 발생할 수 있다.

외화대출을 실행하는 외국환은행 입장에서는 대출에 필요한 외화를 어디선가 조달해야 하기 때문에, 외화대출 가능 통화를 자금조달이 용이한 외화(예 USD, YEN 등)로 제한하는 게 일반적이다.

◉━━━◯ 외화대출 자금용도

한국은행의 외국환거래업무 취급세칙에서는 해외에서 사용함을 목적으로 하는 실수요가 있는 경우에만 외화대출을 허용하고 있다. 따라서 외화대출을 받아서 원화로 환전하여 운영자금에 사용하기 위한 대출은 할 수 없다.

> * 해외사용 목적 실수요는 해외투자, 수입결제, 해외차입금 상환 등의 사유가 있으며, 사유 발생일로부터 1개월 이내에 대출을 실행하되 대출실행 사실을 실수요증빙 서류 원본에 기재하여야 함

다만, 외국환은행의 2010년 6월 30일자 중소제조업체에 대한 해당 외국환은행의 국내 시설자금 대출잔액을 한도로 중소제조업체에 대하여 국내 시설자금 용도의 외화대출은 해외에서 사용함을 목적으로 하지 않아도 취급할 수 있다.

한국은행의 외국환거래업무 취급세칙 제2-9조

① 외국환은행은 다음 각 호의 어느 하나에 해당하는 자금의 지원을 위한 외화대출을 제공하여서는 아니 된다.
- 원화로 환전하여 사용할 목적으로 제공하는 자금
- 기타 해외에서 사용함을 목적으로 하지 않는 자금

② 제1항에도 불구하고 외국환은행은 2010년 6월 30일자 중소제조업체에 대한 해당 외국환은행의 국내 시설자금 대출잔액을 한도로 중소제조업체에 대하여 국내 시설자금 용도의 외화대출을 제공할 수 있다.

외화대출 모범규준

외화대출 취급 시에는 금융감독원의 외화대출 모범규준에 따라 채무자에게 외화대출과 관련된 리스크에 관해 자세히 설명하고 외화대출 위험고지 확인서를 징구하여야 한다. 외화대출을 변동금리로 하는 경우 대출금리가 기준금리(LIBOR 등)에 연동하여 수시로 변동할 수 있을 뿐 아니라 환율변동에 따라 상환해야 하는 이자와 원금의 원화환산액이 변동할 수 있다는 점 등을 설명해야 하고, 환 및 금리 리스크 헤징상품을 안내한 후, 이 모든 내용들을 잘 이해하였음을 확인받아야 한다.

또한, 외화대출 외환리스크 평점표에 의해 외화대출기업의 환 리스크 관리능력을 평가하여 대출여부 및 여신조건 등에 반영하여야 한다. 외화대출이 실행된 후에는, 외화대출 불완전판매 여부에 대해 모니터링을 실시하고, 환율 및 금리변동 정보를 주기적으로 제공해야 한다.

환 리스크 관리

업체별 여신한도 이내에서는 원화대출이 얼마든지 가능한 현 상황에서, 환율변동위험이 큰 외화대출을 굳이 이용할 필요가 있을까 하는 생각을 해봐야 한다.

만약, 해외에 투자를 해야 하는 경우가 있고 해당 투자금을 조만간 회수할 계획이라면 외화대출을 받아 해외투자금을 마련해야 환 리스크를 회피할 수 있다. 그렇지 않고 원화로 투자금을 매입하여 투자한다면 추후 투자금을 회수하여 원화로 환전할 때 환율하락으로 인해 당초 투자원금(원화)도 회수하지 못하는 위험이 있기 때문이다.

해외차입금 상환을 위해 외화대출을 받는 경우도 살펴볼 필요가 있다. 위에서 예를 든 투자기업이 당초 투자를 위해 사용했던 차입금(해외에서 차입했다고 가정)이 만기가 되어 상환해야 한다면 어떻게 해야 할까? 만약, 원화로 외화를 매입하여 해당 차입금을 상환한다면, 이는 결과적으로 원화로 외화를 매입하여 해외에 외화로 투자한 셈이 되어 투자금을 환리스크에 노출시키는 결과를 초래한다.

수입결제자금에 충당하기 위해 외화대출을 이용하게 되면 수입결제를 외화대출 기간만큼 기한부(Usance)로 하는 것과 같은 결과가 되어 환 리스크에 그대로 노출되게 된다. 그러나 외화대출 만기일 즈음에 어디선가 외화를 수령할 일이 있다면, 해당 외화수령액을 현재의 수입결제에 충당하는 구조를 외화대출을 이용하여 구축할 수 있기 때문에 환 리스크를 회피할 수 있게 된다.

이러한 이유들로 인하여, 해외투자자금이나 해외차입금 상환자금 및 수입결제자금에 충당할 목적인 경우에는 외화대출을 해주는 것이며, 그렇게 해야만 환 리스크를 관리할 수 있기 때문이다.

외화대출의 대출금리가 원화대출 금리보다 낮아서 외화대출을 이용하는 경우가 있다. 이런 경우에는, 이자절감액보다 훨씬 큰 환차손을 볼 수도 있는 가능성을 고려해야 한다. 환 리스크를 회피하기 위해 선물환거래 등을 이용하여 헤지(Hedge)를 하게 되면, 환 리스크는 제거할 수 있으나 외화대출 이용자가 부담하게 되는 대출금리는 원화대출 금리와 같아지게 된다(선물환율 결정원리가 그렇게 되어 있음).

04 | 외화지급보증

외화지급보증의 의의

외화지급보증은 은행실무상 거래처(보증의뢰인)의 요청에 따라 해당 거래처가 제3자에 대하여 현재 부담하고 있는 채무나 또는 장래에 부담하게 될지도 모르는 채무에 대하여 외국환은행이 그 지급을 보증하는 것이다. 거주자가 외국 또는 비거주자에 대하여 행하는 외국통화 표시 지급보증을 대외 외화표시 지급보증이라 하며, 거주자가 국내 또는 다른 거주자에 대하여 하는 외국통화 표시 지급보증을 대내 외화표시 지급보증이라 한다. 이러한 은행 지급보증은 은행이 자신의 공신력을 바탕으로 신용을 공여함으로써 거래 당사자 들이 신뢰를 갖고 거래에 임할 수 있게 되므로 국제거래에 필수불가결한 수단이 되었다.

  * 신용장 발행도 외국환은행이 수익자에게 발행하는 외화지급보증이다.

⬤━━━━━○ **외화지급보증의 용도**

① 해외 건설, 용역사업 및 플랜트 수출에 따른 보증(이행 보증)

이행성 보증은 발주자의 요청에 따라 이행단계별로 보증서를 발행하는 게 일반적이며, 청구보증 (Demand Guarantee) 형식으로 발행하거나 보증신용장(Stand-by Credit) 형식으로 개설한다.

■ **입찰보증(Bid Bond, Bid Guarantee)**

건설이나 용역 등에 관한 입찰에서 발주자가 입찰참가자(Bidder, Tenderer)에게 요구하는 보증이 며, 낙찰 받은 후 계약을 포기하는 경우 보증서의 수익자인 발주자에게 보증서 금액을 지급하기로 하는 보증이다.

■ **계약이행 보증(Performance Bond)**

수출업자나 해외건설용역업자가 발주자에 대하여 해당 계약을 성실히 이행할 것을 보증하기 위한 지급보증이다. 일반적으로 해당 계약금액의 5~20% 정도의 보증서를 요구한다.

■ **선수금 환급보증(Advance Payment Bond)**

국내 수출업자나 해외건설용역업자가 외국수입상 또는 발주처로부터 선수금(착수금이나 전도자금) 을 영수하고 관련된 수출 또는 계약을 이행하지 못하는 경우 동 선수금 환급을 보증하기 위한 지급 보증이다. 선박건조 등과 관련하여 실무적으로 빈번히 이용되는 보증이다.

> * 선박건조 선수금 환급보증을 RG(Refund Guarantee)라 하며, RG 발행은행은 해당 선수금을 선수금관 리계좌(E/A ; Escrow Account)에 예치하여 관리함

■ **하자보증(Maintenance Bond, Warranty Guarantee)**

건설공사 완료 후 특정기간 동안 그 공사에 하자가 발생하거나, 플랜트 수출 완료 후 일정기간 동안 의 고장에 대비하여 잔금 중 일부를 하자보수 담보 명목으로 지급을 유보하는 게 일반적이다. 공급 자가 하자보증서를 제출하면 유보된 금액을 지급받을 수 있게 된다.

■ **유보금 환급보증(Retention Guarantee)**

기성고에 따른 대금지급방식을 취하는 건설용역 및 플랜트 수출 등에서 각 기성단계별 대금을 지급 하면서 수주자의 계약이행 불능에 대비하여 유보금을 공제하는 경우, 유보금 환급 지급보증서를 제 출하면 유보된 금액을 지급받을 수 있게 된다.

② 금융거래 및 수출입거래에 따른 보증

■ 현지금융 담보보증

한국 회사의 해외 현지법인이나 해외지사가 외국에서 금융을 이용하는데 필요한 담보조로 국내 본사 등의 의뢰에 의해 국내 외국환은행이 발행하는 지급보증서이며, 해외교포 등이 해외은행에서 대출을 받고자 하는 경우에도 이용된다.

■ 운임 지급보증

수입 시 운임을 제외한 부분만 기한부신용장으로 개설하고, 운임에 대해서는 별도의 신용장을 개설하게 하는 경우 이용되는 지급보증이다.

■ 수출선수금 환급보증

수출계약을 미이행하는 경우, 수출전대신용장과 관련하여 받았던 선수금의 반환을 보증하는 지급보증이다.

■ 상업보증신용장(Commercial Stand-by L/C)

O/A(Open Account) 방식 등과 같은 사후송금결제 방식의 거래에서 수입상의 대금지급 의무이행을 보장할 목적으로 이용되는 지급보증이다. 상업보증신용장은 수익자의 지급청구(Demand 또는 Call)가 있을 경우 무조건 지급해야 하므로 조건부 지급보증인 일반적인 상업신용장에 비해 더 강력한 지급확약 기능을 가진다.

 * 보증신용장은 수익자로부터 불이행 진술서에 의한 지급청구가 있는 경우 무조건 지급함(일반 상업신용장은 일치된 제시(Complying Presentation)를 조건으로 하는 조건부 지급확약임)

━━━━━○ 지급보증의 형식

외화지급보증은 보증신용장(Stand-by L/C) 형식으로 개설되거나 은행보증서(Bank Guarantee) 형식으로 발행된다. 특정 채무나 계약에 대한 은행의 보증이라는 면에서 동일한 기능을 가지며 실무적으로도 대체상품이라 볼 수 있다.

Stand-by L/C는 신용장통일규칙(UCP 600) 또는 보증신용장통일규칙(ISP 98)의 적용을 받으며 보증서의 내용이 비교적 간단한 데 비해, Bank Guarantee는 통상적으로 청구보증통일규칙(URDG 758)을 적용하며 보증서의 내용이 복잡한 경향이 있다.

 * Stand-by L/C에 UCP 600과 ISP 98을 동시에 적용하기로 하는 경우, 두 규칙이 충돌하면 ISP 98이 우선함

02 외환 회계

CHAPTER 02

외국환 회계는 외국환은행에서 취급하는 외국환업무에 관한 회계로서, 본질적으로는 은행의 일반 회계와 다를 것이 없지만, 각 외화별로 환율이 개입되고 보유자산 및 부채의 가치가 환율변동에 따라 변동하며, 외국환거래가 격지 간 대외거래인 탓에 고객과의 거래와 동 거래에 따른(외화타점예치 계정)자금의 입출시점이 서로 다름으로 인해 부득이 경과계정(Tunnel A/C)을 이용하게 된다는 등의 특징이 있다.

외화자산 및 외화부채에 관하여는 원화자산 및 원화부채와 구분하여 별도의 외화대차대조표를 작성하지만, 외국환업무 관련 손익은 외화로 발생하더라도 원화로 환산하여 회계처리하므로 외화손익계산서는 작성되지 않고, 모든 외환관련 손익은 원화 손익계산서에 포함하여 작성된다.

> **외국환업무 관련 이익 유형**
>
> • 외환 매매이익
> • 환가료 : 외화자금 부담에 대한 이자보상 성격의 수익
> • 수수료

01 | 외국환 회계의 특성

① 환율변동에 따른 자산 및 부채 가치의 변화

원화자산 및 원화부채와는 다르게 외화자산 및 외화부채는 환율의 변동에 따라 가치가 변하게 된다. 이러한 까닭에 외국환은행의 영업점들은 대고객거래에서 발생한 외화포지션을 본점으로 집중하여 영업점의 포지션을 Square시키고(= 포지션을 '0'으로 하여 추후 환율변동에 따른 자산부채의 가치가 변하지 않게 하는 것이며, 환 Exposure를 '0'으로 만든다는 것과 같은 의미임), 영업점들로부터 포지션을 넘겨받은 본점은 외환시장에서의 반대거래를 통해 포지션을 커버하게 된다. 각 외국환은행은 보유하고 있는 자산 및 부채에 대해 매 영업일 마감 시 당일의 환율에 의해 평가손익이 계상된다.

> * 외국환은행은 외국환 매매를 하는 경우 거래통화 및 적용환율을 전표나 장부에 기재하여야 하며, 외화금액뿐 아니라 해당 외화에 적용환율을 고려한 원화금액도 병기하여야 함

외국환 자산 및 부채가 계상되는 당시의 환율에 비해 결산 또는 평가시점의 환율이 변동하면 외환평가손익이 발생한다. 외환평가손익은 거래가 종결된 것은 아니지만 특정시점에서 외화자산과 외화부채를 평가할 때 각각 취득시점의 환율로 환산한 금액과 특정시점의 환율로 환산한 금액을 비교하여 유리하게 변동했으면 외환평가이익으로 처리되고 불리하게 변동했으면 외환평가손실로 처리된다.

예를 들어, USD를 매매하는 경우에는 매입가격과 매도가격을 비교하여 외환매매 손익이 확정되겠지만 USD를 보유한 상태에서 특정시점의 가격을 기준으로 평가하여 산정하는 손익은 일시적인 평가손익이다. 보유기간 동안 발생한 평가손익을 모두 합하면 결과적으로 매입·매도 간 가격차이와 같게 되며, 평가손익은 회계 목적상 각 결산일에 시장가격으로 평가한 결과 나타나는 손익일 뿐이다.

평가손익과 매매손익 비교

구 분	평가일 가격	평가손익	평가손익 누계	매매손익
매입가격 10,000	11,000	1,000	1,000	–
–	9,000	−2,000	−1,000	–
–	12,000	3,000	2,000	–
매도가격 15,000	15,000	3,000	5,000	5,000

② 경과계정(Tunnel Account) 운용

외국환은행들은 각 통화별로 해외 또는 국내 외국환은행에 자신의 예금계좌를 개설·유지하는데 이러한 계정을 외화타점예치 계정이라 하며, 이 계정들을 통해서 각 통화별 자금들이 입금되거나 출금된다. 그런데, 외국환업무는 실제 자금의 입금 및 출금이 고객과의 거래와 동시에 이루어지지 않는 특징이 있다. 이러한 상황을 고려하여 고객과의 거래 시에는 경과계정으로 회계처리를 하였다가 실제 자금의 입출이 발생하거나 발생할 것으로 예상되는 시점(예정대체)에 외화타점예치 계좌를 조정하는 과정을 거치게 된다. 경과계정 과목은 외화타점예치 계좌를 조정하는 시점에 결제계정 과목으로 전환되는 구조를 가지고 있다.

외화타점예치 계정

국내 외국환은행들은 각 통화별로, 각 통화 해당국의 은행에, 외화타점예치 계정을 가지고 있다. 뿐만 아니라, 국내에 소재하는 타 외국환은행에도 국내 외화자금 이체를 위해 외화타점예치 계정을 보유하고 있다. 하나은행과 KB국민은행에는 국내 타 외국환은행들의 명의로 각 통화별 계좌가 개설되어 있어서 국내에서의 외화자금 이체 시 이용되고 있다(국내 외국환은행들은 한국은행에도 외화타점예치계정을 보유하고 있으나, 은행 간 USD/Won 거래나 지급준비금 관리 등에 제한적으로 이용하고 있음).

* 금융선물 거래 등을 위해 선물회사에 예치하는 증거금은 외화기타예치금 계정으로 계상

■ 매입외환(Bill Bought)

수출환어음이나 외화수표를 매입하는 경우, 고객에게는 매입하는 외화에 해당하는 원화를 바로 지급하지만 은행이 매입한 외화는 (일반적인 국내 거래와는 달리) 관련 서류를 상대은행에 보낸 후 상당기간(우편일수 등)이 지나야 해외 외화타점예치 계정으로 입금되기 때문에, 외화타점예치계정에 자금이 실제 입금될 때까지 일시적으로 유지되는 경과계정이다.

■ 매도외환(Drafts Sold)

송금수표를 매도했을 경우를 떠올리면 된다. 수표를 매도하면서 고객으로부터 원화는 받았지만 해당 외화는 수표가 수취인에게 도착한 후에나 외화타점예치 계정에서 빠져나갈 것이기 때문이다.

■ 미결제 외환(Bills Unsettled)

외국환은행의 외화타점예치 계정에서는 자금이 출금되었으나 고객으로부터는 아직 결제받지 못한 경우에 이용되는 경과계정이다. 예를 들면, 수입대금 결제를 상환방식(Reimbursement)으로 지정한 수입신용장의 경우에는 해외의 매입은행이 지정된 상환은행 앞으로 대금을 청구하여 이미 가져갔으므로, 매입은행으로부터 해당금액을 청구하였다고 표시한 환어음이나 선적서류를 수령한 경우 국내의 수입자가 수입대금을 결제하기까지는 경과계정으로 미결제외환 계정을 운영한다. Banker's Usance 수입신용장의 경우처럼 관련 환어음을 인수하고 할인하는 은행이 인출해가는 인수 수수료 및 할인료(A/D Charge ; Acceptance Commission & Discount Charge)라든가 수출환어음 매입대금에서 차감되는 Less Charge 등은 모두 이 계정에서 처리한다.

245

■ 미지급 외환(Inward Remittance Payable)

타발송금의 경우 송금은행은 지급지시서(P/O ; Payment Order) 송신과 동시에 송금대전을 지급은행의 외타계정에 입금시키지만, 지급은행은 송금수취인에게 아직 지급하지 않은 경우 등에 처리하는 경과계정이다. 송금수표에 의한 송금의 경우에도 수표발행과 동시에 해당 자금을 지급은행의 외타계정에 입금시키는 경우에는 수표가 수취인에게 도착하여 지급은행에 제시되기까지 미지급외환계정으로 계상된다.

경과계정 요약

- 매입외환 : 수출환어음 매입, 외화수표 매입
- 매도외환 : 송금수표 방식 송금, 여행자수표 판매
- 미결제외환 : 수입대금 결제(Reim.방식 수입신용장)
- 미지급외환 : 타발송금(지급이 지연되는 경우, 송금수표)

당방계정(當方, Nostro Account), 선방계정(先方, Vostro Account)

상대은행에 개설한 자기명의의 계좌를 당방계정이라 하고, 상대은행이 자기에게 개설한 계좌를 선방계정이라 한다. 해외 외국환은행들이 자신들의 원화계정(= 비거주자 자유원계정)을 국내 외국환은행에 개설한 경우, 해당 원화계정은 국내 외국환은행들의 입장에서 볼 때 선방계정이 되는 것이다.

02 | 외환업무별 회계처리

자산 및 부채, 차변 및 대변

재무상태표는 차변과 대변으로 구분된다. 차변에는 자산을 기록하며 내게서 돈을 빌려간 사람들을 기록하므로 Debtor(Dr.)라 한다. 대변에는 부채를 기록하며 나한테 돈을 빌려준 사람들을 기록하므로 Creditor(Cr.)라 한다. 외국환은행이 고객으로부터 받는 예금(원화 및 외화 공통)은 추후에 고객에게 내 주어야 할 부채이므로 대변에 기록한다.

재무상태표

차변(Debtor)	대변(Creditor)
자산의 발생 및 증가	부채의 발생 및 증가
부채의 감소	자산의 감소

- 주요 자산계정 : 외국통화, 외화타점예치, 매입외환, 미결제외환, 외화대출
- 주요 부채계정 : 외화예수금, 매도외환, 미지급외환, 외화차입금
  * 계정처리 과정을 설명할 때 차변과 대변의 구분을 Slash(/)로 한다. Slash의 왼편은 차변, Slash의 오른편은 대변을 나타낸다.

◯━━━━━━◯ **외국통화의 매매**

① 외국통화 매입

고객으로부터 외국통화를 받고 원화를 고객의 계좌로 지급하는 거래이므로, 자산인 외국통화가 차변에 계상된다.

외국통화 / 고객계정(입금, 보통예금 등)

② 외국통화 매도

고객계정(출금, 보통예금 등) / 외국통화

③ 외국통화 본점앞 현송

외화본지점 / 외국통화

* 외화본지점은 차변에도 나타날 수 있고 대변에도 나타날 수 있음. 차변은 상대(본점 또는 다른 지점)에 대한 채권을, 대변은 부채를 나타냄

④ 외국통화를 본점으로부터 현수

외국통화 / 외화본지점

⑤ 외국통화 매매분에 대한 포지션 조정거래

* 포지션조정거래는 모든 포지션거래에 적용됨

■ 매입초과 통화

고객으로부터 USD를 980원에 매입하고, 포지션 조정 시 적용하는 환율(= 대고객거래 당시의 매매기준율)이 1,000원인 경우 다음과 같이 계상된다.

> 외화본지점 1,000   /   원화본지점 980
> 외환매매익 20

여기서 보듯이, 포지션 조정 시 적용되는 환율은 대고객 거래 당시의 매매기준율이며, 매매기준율은 곧 영업점에 적용되는 원가환율 개념이다. 그러므로 원가환율과 대고객거래 적용환율인 현찰매입률과의 차이가 영업점의 이익으로 남게 된다. 거래내용을 살펴보면, 고객에게 지급했던 980원은 본점에서 갖다가 지급한 것처럼 처리하고(그러므로 본점에 대한 부채로 계상), 고객으로부터 매입한 외화는 본점으로 집중시키면서 대가로 1,000원을 청구하는 구조이다.

■ 매도초과 통화

고객에게 USD를 1,020원에 매도하고, 포지션 조정 시 적용하는 환율(= 대고객거래 당시의 매매기준율)이 1,000원인 경우 다음과 같이 계상된다.

> 원화본지점 1,020   /   외화본지점 1,000
> 외환매매익   20

여기서 보듯이, 포지션 조정 시 적용되는 환율은 대고객 거래 당시의 매매기준율이며, 매매기준율은 곧 영업점에 적용되는 원가환율 개념이다. 그러므로, 원가환율과 대고객거래 적용환율인 현찰매도율과의 차이가 영업점의 이익으로 남게 된다. 거래내용을 살펴보면, 고객으로부터 받았던 1,020원은 원화본지점 계정을 통해 본부에 보내고(그러므로 본점에 대한 자산으로 계상), 고객에게 매도한 외화는 본점으로 청구하면서 대가로 1,000원을 주는 구조이다.

당발송금

① 전신송금(T/T ; Telegraphic Transfer)
전신송금은 외국환은행 영업점에서 계정처리와 동시에 지급은행에 송금지급지시서(P/O)가 발송되므로 경과계정을 사용하지 않는다.

고객계정	/	외화타점예치

일부(KB, KEB) 국내 외국환은행의 경우는 자체적으로 결제시스템을 구축하고 있고, 동남아 근로자들의 본국 송금 등을(동남아 은행들이 미국에 보유하고 있는 계정으로 보내는 게 아니라) 동남아 환거래은행들이 국내은행에 개설한 선방계정(필리핀, 태국 등에 소재하는 외국환은행들이 자신들 명의의 USD 계좌를 KB나 KEB에 개설)에 바로 입금하기도 한다. 이러한 경우에는 국내은행이 동남아 은행들의 명의로 예금을 받는 것과 같으므로 다음과 같이 회계처리 된다.

고객계정	/	외화타점예수

② 송금수표(D/D ; Demand Draft)

송금수표를 발행하여 송금하는 경우에는 고객으로부터 대금을 받는 시점과 외국환은행의 외화계정에서 대금이 빠져나가는 시간 사이에 우편일수 등 만큼 차이가 나게 되므로 경과계정인 매도외환계정을 이용하게 된다.

■ 송금수표 발행(송금수수료, 전신료, 우편료 징수)

고객계정	/	매도외환
		외환수입수수료
		가수금(우편료)

■ 차기통지서(= 출금통지서) 접수

매도외환	/	외화타점예치

━━━━━━○ **여행자수표 판매**

① **판매 시**

고객계정 / 매도외환

② **영업마감 시** : 당일 영업마감 시 여행자수표 발행은행(Amex, Citi 등)별로 일괄하여 처리한다.

매도외환 / 외화타점예치

━━━━━━○ **타발송금**

외국에 있는 은행 또는 국내 외국환은행으로부터 외화가 송금되어 오는 경우에는 이를 수취인의 원화계정이나 외화계정으로 입금처리한다. 외화계정으로 입금하게 되면 외국환은행에게는 외환매매익이 발생하지 않는 대체거래이므로 매매이익 기회 상실에 대한 보상 성격으로 대체료를 징수하기도 한다.

① **전신송금**

상대은행이 지급지시 전문을 보내면서 당방계정에 입금하였을 것이므로 수취인 계정에 입금처리하면 되고, 수취인이 불명하여(계좌번호나 성명 등이 상이) 확인이 필요한 경우에는 경과계정인 미지급외환에 계상하고 추후 지급 시 경과계정을 정리한다.

■ 지급지시 전문 수령과 동시에 지급

외화외타점예치 / 고객계정

■ 지급지시 전문은 받았으나 수취인 불명

| (전문 수신 시) | 외화타점예치 | / | 미지급외환 |
| (수취인 앞 지급 시) | 미지급외환 | / | 고객계정 |

② 송금수표에 의한 타발송금

■ 해외 송금은행으로부터 송금통지서 도착 시

외화타점예치　/　미지급외환

■ 수취인으로부터 송금수표를 제시받은 때

미지급외환　/　고객계정

◖━━━◗ 외화수표 매입 및 추심

① 외화수표 추심 전 매입

*수출환어음 매입 시와 구조가 동일함

■ 매입 시

매입외환　/　고객계정
　　　　　　　외환수입이자(환가료)
　　　　　　　외환수입수수료

■ 예정대체일 : 경과계정인 매입외환으로 처리한 후 표준추심일수가 경과한 날에 예정대체 기표처리한다.

외화타점예치	/	매입외환

② 외화수표 추심 후 지급

예치환거래은행으로부터 Credit Advice(= 입금통지서)를 받으면 관련된 수수료를 공제한 금액을 고객 앞 지급한다.

외화타점예치	/	고객계정
		수입수수료

⬤━━━━━━━○ 수입신용장

① 일람불 수입신용장

■ 신용장 개설

고객계정	/	외환수입수수료(개설수수료)
		가수금(전신료)
[(난외계정) 미확정 외화지급보증(수입신용장 발행)] ← 우발채무를 계상		

■ 수입보증금 징수

고객계정	/	수입보증금(외화 또는 원화)

■ 수입화물 선취보증서(L/G) 발급

> (보증금 수령)　고객계정　/ 수입화물 선취보증금
> 　　　　　　　　　　　외환수입수수료(L/G 발급수수료)
> [(난외계정) 미확정 외화지급보증(수입신용장 발행)] → 삭제
> [(난외계정) 확정 외화지급보증(수입화물선취보증)] → 계상
> * 미확정 외화지급보증이 확정 외화지급보증으로 전환됨

난외계정(欄外計定, Off-balance Account)

회계기준에 의하면, 재무상태표(= 대차대조표)에 직접 표시되지 않더라도 장래에 실현될 가능성이 높고 그 금액을 신뢰성 있게 추정할 수 있는 거래는 별도로 주석(註釋, Note)을 통해 재무제표 이용자들에게 알려야 한다. 금융기관은 이러한 주석사항 중 특별히 금융기관의 재무상태를 이해하는 데 필요한 사항을 재무상태표(F/P ; Statement of Financial Position)의 난외계정에 표시하도록 하고 있으며, 난외계정에 표시되는 거래를 통상 부외거래(簿外거래 ; Off-balance sheet Transaction)라 칭한다.

파생금융상품을 이용한 거래들은 장래에 엄청난 손익을 초래할 가능성이 높은 Risky한 거래이지만 거래를 위한 계약 체결시점에서는 재무상태표에 계상되지 아니하고 난외계정에 기록된다. 자본의 충실도를 규제하는 BIS Ratio 산출 시에도 부외자산을 위험가중자산에 포함하고 있으므로 리스크관리 시 주목해야 할 부분이다.

외국환은행의 난외계정에 기록되는 주요거래는 미확정 외화지급보증(수입신용장발행, 내국신용장발행, 기타 미확정외화지급보증), 확정 외화지급보증(인수, 수입화물선취보증, 기타외화지급보증), 배서어음(Re-nego 時), 외화약정(대출약정, 한도거래 미사용분), 외화 대손상각채권, 외화 신용파생상품보증 매입(CDS ; Credit Default Swap, TRS ; Toral Return Swap 등과 관련), 외화 환매조건부대출채권 매각, 외화 파생상품거래 등이 있다.

■ 수입환어음 결제

• 송금(Remittance) 방식

외국환은행 본점에서 네고은행으로 결제대금을 송금하면 외화타점예치계정에서 자금을 이체시키고 해당금액은 외화본지점을 통해 신용장개설 영업점으로 역환 처리한다. 역환을 받은 영업점은 이를 경과계정인 미결제외환 계정으로 계상하였다가 고객이 수입대금을 결제할 때 소멸시킨다. 수입결제를 위해 고객으로부터 원화를 받고 외화를 매도하였다면 매도포지션(Short

Position)이 발생하는 것이므로 영업마감 시 포지션 조정거래를 통해 포지션을 본부로 집중시킨다.

(송금요청을 받은 본점)	외화본지점 /	외화타점예치
(송금요청한 지점)	미결제외환 /	외화본지점
(고객결제)	고객계정 /	미결제외환
	[(난외계정) 미확정 외화지급보증(수입신용장 발행)] → 삭제	
	* 수입화물선취보증서를 발급했던 건이면,	
	[(난외계정) 확정 외화지급보증(수입화물선취보증)] → 삭제	
(포지션 집중거래)	외화본지점 /	본지점(원화)
	* 고객계정에서 출금된 원화와, 포지션집중 시 원가환율로 환산된 원화와의	
	차액이 영업점의 외환매매익으로 남게됨	

• 상환(Reimbursement) 방식

상환방식은 매입은행이 상환은행 앞으로 대금을 청구하여 이미 외화타점예치계정에서 출금이 된 상태에서 고객으로부터 결제자금을 받는 방식이다. 따라서 외타계정에서 출금된 날로부터 고객이 결제하는 날까지에 대해 외국환은행의 자금부담을 보상하는 수수료(= 환가료)를 징수해야 한다. 처리되는 계정들은 송금방식과 같지만, 고객결제 시 외환수입이자가 추가로 계상된다.

(고객결제)	고객계정 /	미결제외환
		외환수입이자(환가료, Grace Charge)
	[(난외계정) 미확정 외화지급보증(수입신용장 발행)] → 삭제	

* 일람불 상환방식 신용장인 경우는, 본점에서 차기통지서를 접수한 날의 익일부터 제5영업일 이내에 결제되어야 한다. 이 때, 차기통지서 접수일 익일부터 제3영업일까지는 환가료를 징수(징수시점의 매매기준율 적용)하고, 제3영업일 이후부터 실제 결제일까지는 Grace day Charge를 징수(징수시점의 전신환매도율 적용)한다(상환은행은 매입은행의 상환청구를 받은 날로부터 3영업일 이내에 결제하도록 되어있고, 선적서류의 우편일수 등도 고려한 처리임).

② 기한부 수입신용장

■ 신용장 개설

> 고객계정 / 외환수입수수료(개설수수료)
>
> 가수금(전신료)
>
> [(난외계정) 미확정 외화지급보증(수입신용장 발행)]

■ 수입화물 선취보증서(L/G) 발급

> 고객계정 / 외환수입수수료(L/G 발급수수료)
>
> [(난외계정) 미확정 외화지급보증(수입신용장 발행)] → 삭제
>
> [(난외계정) 확정 외화지급보증(수입화물선취보증)] → 계상
>
> * 미확정 외화지급보증이 확정 외화지급보증으로 전환됨

■ 기한부 수입환어음 인수

- Shipper's Usance

> 고객계정 / 외환수입수수료(인수수수료)
>
> [(난외계정) 미확정 외화지급보증(수입신용장 발행)] → 삭제
>
> [(난외계정) 확정 외화지급보증(인수)] → 계상
>
> * 수입화물선취보증서를 발급했던 건이면, [(난외계정) 확정 외화
> 지급보증(수입화물선취보증)] → 삭제

- Banker's Usance

Banker's Usance는 기한부 신용장이지만 매입은행은 At Sight Base로 매입하므로 Usance(지급유예) 기간동안 은행이 신용을 공여해야 한다. 신용공여 주체가 국내 개설은행의 본점일 수도 있고, 해외 환거래은행일 수도 있으며, 개설은행의 해외지점일 수도 있다. 신용공여 주체가 어디이든 일단 인수가 되는 시점에서 내국수입유산스 계정으로 난내 차기하고, 상대계정은 신용공여 주체별로 외화타점예치(개설은행 본점의 자금), 기타외화차입금(해외 환거래은행의 자금), 외화본지점(해외지점의 자금)으로 각각 계상한다.

```
내국수입유산스        /    외화타점예치(또는 기타외화차입금, 외화본지점)
고객계정        /    외환수입수수료(인수수수료)
                          [(난외계정) 미확정 외화지급보증(수입신용장 발행)] → 삭제
                          * 수입화물선취보증서를 발급했던 건이면, [(난외계정) 확정
                            외화지급보증(수입화물선취보증)] → 삭제
```

- 해외 인수은행으로부터 청구된 인수 및 할인료(ACDC)결제

  인수 및 할인료(ACDC ; Acceptance Commission & Discount Charge)는 신용을 공여하는 해외 환거래은행이 인수와 동시에 할인하여 신용을 공여한 뒤, 신용장 개설은행의 외타계정에서 ACDC 해당금액을 이미 인출한 상황에서 계정처리가 되는 것이므로, 고객이 동 대금을 결제할 때까지 외국환은행의 자금부담을 보상하는 환가료를 징수하게 된다.

```
(국내 개설은행 본점)    외화본지점    /    외화타점예치
(신용장 개설 영업점)    미결제외환    /    외화본지점
(고객결제)              고객계정      /    미결제외환
                                          외환수입이자(환가료)

(포지션커 집중거래)    외화본지점    /    본지점(원화)
```

■ 기한부 수입환어음 결제

  - Shipper's Usance

```
(본점)    외화본지점    /    외화타점예치
(영업점)    고객계정    /    외화본지점
            [(난외계정) 확정 외화지급보증(인수)] → 삭제
```

  - Banker's Usance

```
(고객결제)                                고객계정    /    내국수입유산스
(영업점의 포지션집중거래)                  외화본지점  /    본지점(원화)
(본점)    외화타점예치(또는 기타외화차입금, 외화본지점)  /    외화본지점
```

○───○ **수입환어음 대지급**

① 대지급 처리시기
- At Sight : 선적서류 또는 차기통지서 도착일 익일부터 5영업일 이내에 결제하지 못한 경우 그 익영업일
- Usance : 만기일의 익영업일

② 대지급 처리

> 외화지급보증대급금 / 미결제외환
> * [(난외계정) At Sight인 경우 : 미확정 외화지급보증(수입신용장 발행)] → 삭제
> 또는 [(난외계정) Usance인 경우 : 확정 외화지급보증(인수)] → 삭제

③ 대지급 정리

> (고객결제)　　　　고객계정 / 외화지급보증대급금
> 　　　　　　　　　　　　　　外환수입이자(대지급 이자)
> (포지션 집중거래) 외화본지점 / 본지점(원화)

PART 02

○───○ **수입신용장 미사용잔액 정리**

수입신용장 미사용잔액 정리는 신용장개설수수료 부담을 줄이고 담보 가용액을 늘리는 것 등을 목적으로 한다. 은행의 입장에서도 난외계정에 우발채무로 계상된 잔액을 정리하는 의미가 있다.

① 정리요건
- 신용장의 유효기일이 15일 경과하고, 개설신청인이 미사용잔액에 대해 취소를 요청하는 경우
- 신용장 유효기일로부터 1개월이 되는 날이 속하는 달의 최종영업일까지 개설신청인의 취소여부나 신용장 유효기일 연장여부를 확인할 수 없는 경우

② 계정처리

> [(난외계정) 미확정외화지급보증(수입신용장 발행)] → 삭제

○━━━━━━○ 수출환어음 매입(Nego)

수출환어음을 매입한 경우 경과계정인 매입외환(Bill bought) 계정으로 처리하고, 수출환어음과 선적서류 등을 신용장 발행은행 앞으로 송부한 후, 수출대금이 해외 환거래은행의 당방계정이나 국외지점에 개설되어 있는 계정에 입금되면 외화타점예치 계정 또는 외화본지점 계정과 대체처리 해야한다. 해당 수출대금이 정확히 언제 입금될지 알 수 없기 때문에 외화자금관리상 일정한 일수(환가료 계산 시 적용하는 표준우편일수)가 경과하면 예정대체(豫定對替) 처리한다.

① 수출환어음 매입 시

> 매입외환 / 고객계정
> 외환수입이자(환가료)
> 외환수입수수료(수출환어음 매입수수료 등)
> 가수금(우편료)
>
> * 환가료 : 외화수표 추심기간에 매입은행이 부담하는 자금조달비용을 보상하는 성격의 이자로서 표준 우편일수(일반적으로 8일, 일본과 홍콩 등 인접지역은 7일, Re-nego 의뢰 예정분은 12일)를 고려한 기간만큼 징수함

② 예정대체일, 입금통지 접수일, 어음기일(기한부)

> (예치환거래은행 계좌) 외화타점예치 / 매입외환(수출환어음) 또는,
> (국외본지점 계좌) 외화본지점 / 매입외환(수출환어음)

예정대체(豫定對替)

외국환은행은 수출환어음을 매입하면, 同 매입대금은 환가료 징수기간인 표준우편일수 이내에서 예치환 거래은행의 외화타점예치계정(Nostro a/c, Our a/c)에 입금될 것으로 기대한다. 정확한 계정처리는 예치환 거래은행으로부터 입금통지를 받고 난 후에 매입외환계정을 貸記하고 외화타점 예치계정(Nostro a/c)을 借記하는 것이 원칙이지만, 수출환어음 매입 건별로 입금일자가 상이하여 업무취급상 번잡할 뿐 아니라 서로 다른 우송기간 등으로 인하여 정확한 입금일자의 예측도 어려우므로 예정 대체일을 정하여 수출환어음 매입 후 표준우편일수(Re-nego는 4일)가 경과하면 외화타점예치계정에 일괄 계상하는 방식을 취하고 있는데 이러한 계정처리를 예정대체라고 한다(이는 외화자금의 운용 및 조달 측면을 고려할 때 불가피한 방법임).

③ Re-nego : 국내의 매입지정은행에 재매입 의뢰

매입은행이 특정은행으로 지정되어 있는 신용장 관련 수출환어음을 매입한 은행은, 신용장에서 지정한 은행으로 재매입 의뢰하고, 해당 대금은 국내 간 외화자금 이체 시 이용하는 국내 외국환은행에 개설되어 있는 외화계정으로 수령하게 된다. 외환은행과 국민은행이 국내은행 간 외화자금 이체를 위한 결제시스템을 운용하고 있으며 국내 외국환은행들은 이러한 은행에 외화계정을 보유하고 있다.

* 지정은행이 아닌 은행이 특정은행으로 매입이 제한된 신용장을 매입하는 경우, 비지정 은행은 개설은행에 대하여 신용장 대금지급 청구권을 갖지 못하며 단순히 수익자(수출상)를 대리하고 환어음의 배서인으로서의 지위만 갖게 됨

Re-nego는 최종지급의무자인 신용장 발행은행에 의해 지급이 거절되면 재매입은행으로부터 이미 지급했던 매입대금의 반환(배서에 대한 소구권 행사)을 요구받을 수 있으므로, 매입외환을 외화타점예치 계정으로 대체 처리할 때 난외계정(欄外計定, Off-balance Account)인 배서어음계정에 기록함으로써 장래에 지급해야 할 수도 있는 우발채무를 계상한다.

■ 매입 시

매입외환 / 고객계정
외환수입이자(환가료)
외환수입수수료(수출환어음 매입수수료 등)
가수금(우편료)

■ 예정대체일, 입금통지 접수일

외화타점예치(국내 환거래은행에 있는 계좌) /	매입외환(수출환어음)
외환수입이자(환가료 8일분 환출)	
외환수수료(대체료)	
가수금(우편료)	
[(난외계정) 배서어음] → 계상	
* 환가료 손익귀속 : 매입은행 4일, 재매입은행 8일	

■ 수출환어음 지급인(신용장 개설신청인)에 의해 결제된 때

[(난외계정) 배서어음] → 소멸

④ 수출대금 입금액에 부족금 발생 시

개설은행 또는 상환은행으로부터 수령한 대금이 매입 시 고객에게 지급한 금액보다 적게 되는 경우(부족금액은 수수료 공제 등으로 인해 발생하므로 Less Charge라 함)에는 해당 금액을 고객으로부터 징수함과 동시에 부족금액에 대해 은행이 부담한 이자 보상조로 환가료를 징수한다.

고객계정 /	미결제외환
	외환수입이자(환가료)

⑤ 매입 시 환가료를 징수했던 기간을 경과하여 수출대금이 입금된 경우

초과일수에 대해 환가료를 징수한다.

고객계정 / 외환수입이자

⑥ 수출환어음 부도 시

예정대체일에 행했던 계정처리를 환원시킨다.

매입외환 / 외화타점예치

⑦ 고객으로부터 부도금액 회수 시

> 고객계정　/　매입외환
> 　　　　　　외환수입이자(부도원금에 대한 이자)
>
> * 부도원금을 원화로 회수하는 경우에는 부도원금(외화)에 전신환매도율을 적용하며, 부
> 　도원금에 대한 이자는, 환가료 징수기간 만료일 익일부터 부도대금 회수일까지의 기간
> 　에 대해 외화여신연체이율을 적용함. 환가료 징수기간 만료일 이전에 부도처리 되는 경
> 　우, 외화여신연체이자를 받는 기간과 중복되는 환가료는 환불함

⑧ 장기 미회수 수출환매입대금의 처리

매입외환 부도 처리 후 6개월이 경과하거나, 부도처리 후 6개월이 경과하기 이전에라도 자산건전성
분류기준에 의해 회수의문 또는 추정손실로 분류되는 경우에는, 매입외환을 전신환매도율로 환산한
금액을 미수금 계정으로 대체처리한다.

　* 부도처리 후 6개월 경과분은 6개월 경과 해당일 익일에, 회수의문 등으로 분류된 경우에는 분류된 해당
　　월의 최종영업일에 계정처리

무역금융의 실행

자금별 구분없이 무역어음대출 계정으로 계상한다. 내국신용장 및 수입신용장을 개설한 경우 난외계
정의 미확정외화지급보증(내국신용장발행 또는 수입신용장발행)에 계상하였다가, 무역어음대출 대금
으로 해당 신용장 관련 대금을 결제할 때 난외계정을 소멸시킨다.

외화보증서 발행

난외계정에 미확정외화지급보증(기타 미확정 외화지급보증)으로 계상하였다가, 보증채무가 확정되는
경우 이를 난외계정의 확정외화지급보증(기타외화지급보증)으로 대체 기표한다.

　* 기타 미확정 외화지급보증 : 수출 관련 선수금 환급보증서 및 보증신용장 등을 발행하였거나 타행이 발행한
　　신용장에 확인하는 경우 등에 부담하게 되는 미확정우발채무를 계상하는 계정임

PART 02 핵심정리

■ 무역금융은 수출업체가 수출물품을 준비하기 위해 필요한 원자재 및 완제품 구매자금, 생산자금을 지원하는 정책금융이 가미된 금융서비스로서 대출(원화) 및 지급보증(해외 원자재 수입을 수입신용장, 국내에서 원자재 및 완제품 구입을 위한 내국신용장) 형식으로 제공된다. 무역금융 관련 대출은 정책금융으로서 각 외국환은행이 취급한 무역금융의 일부를 한국은행으로부터 기준금리보다 낮은 저리의 자금을 지원받기 때문에 일반 대출금리보다 낮은 금리가 적용되는(수출업체들에게는 유리한) 대출이지만 채권보전 조치는 각 취급은행의 책임으로 하는 것이므로 거래업체의 담보력이나 신용도 등이 대출의 중요한 요소로 작용한다.

■ 무역금융은 수출업체에 대한 정책적 지원 성격을 띠므로, 융자신청업체의 수출실적과 수출능력은 물론이고 소요금액 등을 종합적으로 심사하여 적정수준의 융자가 이루어지도록 하여야 하며, 무역어음을 할인받았거나 수출자금대출 등을 융자받은 경우에는 중복금융이 일어나지 않도록 해야 한다. 또한 생산자금, 원자재자금, 완제품구매자금 등과 같은 용도별 금융으로 운용하거나 이들을 구분하지 않고 모두 일괄하여 포괄금융으로 운용할 수 있으며, 포괄금융은 복잡한 무역금융제도를 이해하는 데 애로를 겪는 전년도 수출실적이 미화 2억불 미만인 업체들의 무역금융 이용편의를 도모하기 위한 제도이다. 무역금융은 각 업체가 보유한 수출신용장 등(수출신용장, 수출계약서, 내국신용장, 구매확인서 등)을 기준으로 취급하는 신용장기준금융과 당해업체의 과거 수출실적을 기준으로 취급하는 실적기준금융으로 나눌 수 있다.

■ 무역금융이 실행되면 해당 대출액을 추후 수출환어음 매입 등의 대금으로부터 우선 회수하여야하기 때문에, 하나의 수출신용장 등과 관련된 무역금융의 취급 및 수출대금의 영수는 동일 외국환은행을 통해 이루어져야 하며, 내국신용장의 판매대금추심의뢰서의 매입과 추심도 동 업체에 대한 융자취급은행을 통하여 이루어져야 한다. 이러한 사항을 위반하여 수출 또는 공급대전을 영수한 실적은 해당 업체의 수출실적에 포함하지 아니한다.

■ 내국신용장은 개설 및 통지는 물론 매입 및 추심까지도 모두 전자문서 교환방식(EDI)으로 처리되며, 내국신용장의 수혜자인 물품공급자가 대금을 회수하기 위해서는 물품공급 및 세금계산서 발급, 물품수령증명서 수취, 판매대금 추심의뢰서 송부와 같은 절차를 거쳐야 한다(Local Nego와 관련 환어음 및 어음교환 제도는 폐지됨).

■ 구매확인서는 지급보증 기능이 없다는 것과 실적기준으로 발급할 수 없다는 점이 내국신용장과 다르며, 그 기능이나 혜택(부가가치세 세율 적용, 관세환급, 수출실적 인정, 무역금융 대상)에 있어서는 내국신용장과 동일하다.

■ 무역어음은 무역금융지원을 받을 수 없는 30대 계열기업들에게 수출자금을 지원하기 위해 만들어진 제도이며, 무역금융과는 달리 한국은행의 저리자금지원은 없으나 신용보증서 발급을 용이하게 한다든지 여신한도 규제에서 제외시키는 혜택을 주는 등의 방법으로 수출기업을 지원하는 금융제도이다. 각 외국환은행들은 수출업체가 발행한 무역어음을 할인·매입하는 방식으로 자금을 지원하며, 무역어음 매입에 소요된 재원은 해당어음을 일반고객들에게 할인 매각하는 방식으로 충당하는 방법이 이용된다.

■ 외화대출은 해외에서 사용함을 목적으로 하는 실수요가 있는 경우에만 해당되므로, 국내에서 원화로 환전하여 운영자금으로 사용하기 위한 대출은 허용되지 않는다. 외화대출은 환율변동에 따른 위험이 크기 때문에 외화자산과 외화부채를 Match시키기 위한 거래(즉, 외화운용을 외화차입으로 충당) 이외에는 고객들의 외화대출 이용을 억제하는 것이 바람직하다(외화대출을 제공하는 외국환은행의 입장에서는 외화를 조달하여 여기에 약간의 마진을 가산한 후, 이를 그대로 고객에게 대출하는 형식을 취하므로 환리스크 부담이 없다).

■ 수입신용장의 발행이나 수출환 매입어음의 Re-nego는 우발채무를 수반하는 거래인 바, 주석사항으로 난외계정에 계상하여야 하며, 이러한 난외계정 사항들은 각 외국환은행의 자본충실도 측정 시 고려되는 위험가중자산에 포함된다.

PART 02 핵심문제

01 무역금융 융자대상자가 아닌 것은?

① 수출신용장에 따라 물품을 수출하고자 하는 자
② 수출을 위해 완제품을 수입하고자 하는 자
③ 수출물품 생산을 위해 수출용원자재를 수입하고자 하는 자
④ 직전년도의 수출실적을 기준으로 융자를 받고자 하는 자

02 무역금융을 포괄금융으로 취급할 수 있는 대상은 전년도 또는 과거 1년간 수출실적이 미화 (   ) 불 미만인 업체가 이용할 수 있다. 동 실적에는 타사제품 수출실적이 (포함, 불포함)된다.

03 무역금융의 융자시기에 관한 설명 중 틀린 것은?

① 생산자금 및 포괄금융은 필요할 때 수시로 융자한다.
② 원자재 수입자금은 수입대금을 지급할 때 융자한다.
③ 내국신용장에 의한 원자재 조달대금은 '판매대금 추심의뢰서'를 결제 시 융자한다.
④ 수입화물운임 관련 융자는 수입대금 결제 시에만 취급할 수 있다.

04 이미 물품공급이 완료된 부분에 대하여는 해당 물품대금 결제를 위한 내국신용장을 개설할 수 없다.
(○ / ×)

05 이미 물품공급이 완료된 부분에 대하여는 구매확인서를 발급할 수 없다. (○ / ×)

06 **내국신용장에 관한 설명 중 잘못된 것은?**

① 내국신용장과 관련한 모든 업무(개설, 통지, 매입, 추심)는 전자문서 기반시설을 이용한 전자무역문서로 하여야 한다.

② 내국신용장 수혜자는 해당 내국신용장을 근거로 수출용원자재 및 완제품을 구매하기 위하여 또 다른 내국신용장의 개설을 의뢰할 수 있다.

③ 내국신용장은 결제통화를 원화, 외화, 원화표시 외화부기 방식으로 개설하며, 원화표시 외화부기인 경우 개설신청인은 결제일에 외화로 결제해야 한다.

④ 내국신용장의 유효기일은 물품의 인도기일에 최장 10일을 더한 기일 이내이어야 한다(다만, 원수출신용장을 근거로 하여 개설되는 경우는 해당 신용장의 선적기일 이전이어야 한다).

07 **각 괄호를 채우시오.**

① 내국신용장 개설은행은 판매대금추심의뢰서를 제시받은 날로부터 (   )영업일 이내에 결제하여야 한다.

② 내국신용장 개설의뢰인은 정당한 사유없이 물품인수를 지연 또는 거부하거나, 물품수령증명서를 세금계산서상의 발행일로부터 (   )일 이내에 발급하여야 한다.

③ 포괄금융 이용업체의 부거래 외국환은행은 '수출실적 관리카드'를 매년 1월 (   )일까지 주거래 외국환은행으로 송부하여야 한다.

④ 구매확인서는 재화나 용역의 공급시기가 속하는 과세기간이 끝난 후 (   )일 이내에 발급한 것까지만 인정한다.

08 무역금융과 관련하여 중고품, 농수산물, 자가생산한 원자재 등과 같이 상거래 관례상 내국신용장으로 조달하기 곤란한 수출용원자재 및 완제품을 구매하는데 소요되는 자금은 생산자금으로 융자할 수 있으며, 수출용중고품의 수리 및 수출용 농수산물의 비축에 필요한 자금을 포함할 수 있다.

(O / X)

09 **다음 중 내국신용장과 관련이 없는 것은?**

① 판매대금 추심의뢰서
② 환어음
③ 물품수령증명서
④ 공급자발행 세금계산서

10 외화대출 취급대상이 아닌 것은?
① 해외투자자금
② 원화로 환전하여 사용할 목적으로 제공하는 자금
③ 해외차입금 상환자금
④ 수입결제 대금

11 외화대출과 관련된 설명 중 사실과 다른 것은?
① 환율변동에 따라 상환해야 하는 원리금의 원화환산액이 변동된다.
② 선물환거래로 헤지하면 환리스크 없이 낮은 외화금리를 적용받는 효과를 얻을 수 있다.
③ 외환리스크 평점표에 의거 차입기업의 환리스크 관리능력을 평가해야 한다.
④ 은행은 대출이 실행된 후에도 환율 및 금리변동 정보를 주기적으로 제공해야 한다.

12 외국환은행이 수입신용장을 개설하면 난외계정에 '미확정 외화지급보증(수입신용장 발행)'으로 계상하고, 해당 신용장과 관련하여 '수입화물선취보증서'를 발급하면 '미확정 외화지급보증'을 삭제함과 동시에 (   )으로 계상하여야 한다.

13 수출환어음 Re-nego를 위해 재매입은행으로 서류를 송부한 후 예정대체일이 도래하면 매입외환을 외화타점예치계정으로 전환함과 동시에 난외계정에 (   ) 과목으로 우발채무를 계상한 뒤, 신용장 개설신청인에 의해 수출환어음이 최종결제되면 해당 난외계정 과목을 소멸시킨다.

14 내국신용장을 수취한 수출용물품 공급자로부터 물품을 공급받은 수출자는 물품공급이 완료된 후 (   )를(을) 공급자에게 발급하여야 한다. 물품공급자는 물품대금 회수를 위해 자신의 거래은행에 Local Nego를 의뢰할 수 있으며, 이를 위해서는 매입은행에 (   )를(을) 제시하여야 한다.

15 내국신용장과 구매확인서의 공통점이 아닌 것은?

① 부가가치세 영세율 적용
② 발급 및 개설에 차수 제한 없음
③ 은행의 지급보증
④ 수출실적 인정

16 무역금융은 중소수출기업에 대한 정책적인 자금지원이다. 다음 중 무역금융의 제공형식과 거리가 먼 것은?

① 외화대출
② 수입신용장 발급
③ 내국신용장 발급
④ 수출물품 선적 전 원화대출

17 다음은 어떤 신용장에 관한 설명인가?

> 신용장의 발행통화는 원화이며 결제통화는 외화로서, 결제일에 해당 원화금액을 당일의 환율로 환산한 외화로 결제한다. 국내 수입자가 수입신용장의 통화를 달러화나 엔화와 같은 외화로 개설하는 경우 환율상승에 따라 더 많은 수입대금을 결제해야 하는 위험을 회피할 수 있다.

① 원화 신용장
② 외화결제 신용장
③ 원화표시 신용장
④ 원화표시 외화부기 신용장

18 내국신용장과 구매확인서에 관한 내용으로 공통점이 아닌 것은?
① 무역금융 지원 가능
② 수출실적으로 인정
③ 부가가치세 영세율 적용
④ 지급보증 기능

19 다음 중 경과계정(Tunnel Account)이 아닌 것은?

① 외화본지점

② 매입외환

③ 미지급외환

④ 미결제외환

20 수출신용장을 근거로 한 무역금융 융자금액 산정 시 기준이 되는 가격은?

① FOB 가격

② CIF 가격

③ 공장인도 가격

④ CFR 가격

정답 및 해설

01 ②
완제품 수입에 대해서는 무역금융 지원이 되지 않는다(중계무역 방식에 따른 무역금융은 융자대상에서 제외).

02 2억, 포함

03 ④
수입화물운임을 따로 지급하는 경우 동 운임을 지급할 때 융자할 수 있다.

04 ○

05 ×

06 ③
부기한 외화금액에 결제일의 매매기준율을 곱하여 산출된 원화로 결제해야 한다.

07 ① 3, ② 10, ③ 10, ④ 25

08 ○

09 ②
환어음 이용은 폐지되었다(판매대금추심의뢰서로 대체됨).

10 ②
원화로 환전하여 국내에서 사용할 목적으로 제공하는 자금은 대상이 안 된다.

11 ②
선물환거래로 헤징을 하면 환리스크를 제거할 수 있으나, 외화금리와 원화금리 차이가 선물환율에 반영되므로 적용금리가 원화금리 수준으로 바뀌는 효과를 얻게되어 원화대출을 이용하는 것과 같은 결과가 된다.

12 확정 외화지급보증(수입화물선취보증)

13 배서어음

14 내국신용장 물품수령증명서, 판매대금 추심의뢰서

15 ③
구매확인서는 은행의 지급보증과 무관하다.

16 ①
외화대출은 일반적인 대출이다. 무역금융은 ②, ③, ④ 3가지 형태로 지원된다.

17 ③

18 ④
내국신용장 및 구매확인서에 의해 물품을 공급하는 것은 그 거래가 국내에서 이뤄지는 거래라 할지라도 수출실적으로 인정하며, 무역금융은 물론 관세환급 및 부가가치세 영세율 적용 대상이 된다. 내국신용장은 외국환은행의 지급보증 기능이 있으나, 구매확인서는 단지 해당 거래가 수출을 위한 물품의 공급임을 확인 해주는 서류이다.

19 ①
경과계정은 매입외환, 매도외환, 미지급외환, 미결제외환이 있다. 외화본지점은 차변 계정이 될 수도 있고, 대변 계정이 될 수도 있다.

20 ①
FOB 가격을 기준으로 한다. 전자적 형태의 무체물 수출인 경우에는 신용장 등의 금액을 기준으로 한다. 대금결제조건이 FOB가 아닌 경우에는 해당 가격을 FOB 가격으로 환산하여 적용한다(예 CIF 가격인 경우에는 해당 가격에서 운임 및 보험료를 제외하여 환산).

부 록

최종모의고사

최종모의고사

01 다음 중 중개무역과 중계무역 간의 가장 큰 차이점은 무엇인가?

① 물품운송 시 제3국 개입 여부
② 수출 물품의 직송 여부
③ 대금결제 시 제3국 개입 여부
④ 상품의 소유권이전 과정

02 다음 중 수출입계약절차에 대한 순서로 옳은 것은?

① Inquiry → Offer → Acceptance → Counter Offer → Sales Contract
② Offer → Inquiry → Business Proposal → Acceptance → Sales Contract
③ Inquiry → Circular Letter → Counter Offer → Acceptance → Sales Contract
④ Circulation Letter → Inquiry → Offer → Counter Offer → Acceptance → Sales Contract

03 다음 중 수출입과 관련한 설명으로 옳지 않은 것은?

① 수출상이 발행한 Offer에 대해 수입상이 승낙하면 별도 계약서를 작성하지 않았더라도 계약이 성립된다.
② 수출상이 수출할 완제품을 해외에서 수입하는 경우에도 무역금융을 이용할 수 있다.
③ 신용장은 수출상을 수익자로 하여 수입상이 개설한다.
④ 수출거래도 필요 시 관계기관으로부터 확인서, 허가증 등을 발급받아야 한다.

04 다음 내용에 해당하는 Offer의 종류는 무엇인가?

> An offer which is open for a reasonable time in which the offerer merely states the terms and conditions on which he sells certain merchandise without binding the offeree to accept it within a specified period.

① Free Offer   ② Firm Offer
③ Offer on sale or return ④ Stock Offer

05 목재나 냉동수산물 등의 거래에 적합한 품질조건은?

① COQ
② FAQ
③ USQ
④ GMQ

06 다음 신용장의 기본 당사자에 관한 설명 중 잘못된 것은?

① 수익자와 개설은행은 신용장거래의 기본당사자이다.
② 기본당사자 전원의 동의가 없이는 irrevocable credit은 취소나 조건변경이 불가능하다.
③ 상환은행은 결제를 담당하게 되더라도 신용장 기본당사자가 될 수 없다.
④ 확인신용장의 경우 확인은행은 기본 당사자가 될 수 없다.

07 다음 중 신용장의 조건변경에 관한 설명으로 맞는 것은?

① 신용장 조건변경통지에 포함된 변경에 대한 부분승낙은 허용되지 않는다.
② 확인은행은 신용장 조건변경에 대해 발행은행과 수익자에게 반드시 통지할 필요는 없다.
③ 신용장 조건변경서의 효력은 매입은행이 매입을 행할 때 발생한다.
④ 수익자가 신용장 조건변경에 대하여 승낙을 하지 않은 채 조건변경 내용대로 이행을 한 경우에도 별도의 승낙절차가 필요하다.

08 신용장에서 1인칭 "we, us, our, this, office" 등은 누구를 지칭하는 것인가?

① 발행신청인
② 발행은행
③ 수익자
④ 통지은행

09 무역계약 체결 시 실제의 품질을 사전에 정할 수 없는 물품은 어떤 매매를 하는가?

① 견본매매
② 명세서매매
③ 표준품매매
④ 상표매매

10 다음 중 개설은행이 거래은행 지정권을 수출상에게 위임할 수 있는 신용장은?

① 매입신용장
② 인수신용장
③ 제한신용장
④ 지급신용장

11 다음 중 신용장통일규칙(UCP 600) 및 국제표준은행관습(ISBP 745)에서 규정하고 있는 내용으로 맞는 것은?

① 신용장은 취소 불능이라는 표시가 없으면 취소가 가능하다.
② 어느 월의 전반(First Half)과 후반(Second Half)은 각 해당 월의 1일부터 15일까지, 16일부터 해당 월의 마지막 날까지로 해석되며, 그 기간 중 공휴일을 제외한 모든 날짜를 포함한다.
③ 서로 다른 국가에 위치한 같은 은행의 지점들은 별개 은행으로 간주한다.
④ 선적서류의 서명은 반드시 손으로 직접 해야 한다.

12 다음 중 환어음을 작성할 필요가 없는 결제방법은?

① D/P   ② CAD
③ D/A   ④ 매입신용장

13 신용장거래에서 일자(Date)에 대한 설명으로 옳지 않은 것은?

① 신용장에서 명시적으로 요구하지 않는 경우 환어음, 운송서류, 보험서류에는 일자를 표시하지 않아도 무방하다.
② within 2 days after는 사실발생 일자 후 2일까지의 기간을 나타낸다.
③ 분석증명서, 검사증명서 및 선적 전 검사증명서를 포함한 모든 서류는 선적일 이후의 일자로 발행할 수 있다.
④ 작성일자를 표시하고 해당일 이후 서명일자를 표시한 서류의 경우, 서명일자를 발행일자로 간주한다.

14 신용장의 유효기일과 장소에 관한 설명으로 옳은 것은?

① 신용장의 기일이 연장되면 선적기일은 자동으로 연장된다.
② 운송서류는 어떠한 경우라도 신용장 유효기일 이내에 제시되어야 한다.
③ 신용장의 유효장소는 일반적으로 개설은행이 된다.
④ 신용장의 유효기일이 지나도 개설은행의 지급확약 효력은 지속된다.

15 **복합운송서류에 대한 설명 중 옳지 않은 것은?**

① 화물의 수탁지로부터 최종목적지까지 두 가지 이상의 서로 다른 운송방식이 혼합된 것이다.

② 운송화물에 대한 권리증권의 성격을 갖는다.

③ 배서양도에 의한 유통이 불가능한 유가증권의 성격을 갖는다.

④ 제시된 운송서류상의 수탁지와 최종목적지가 신용장과 일치하면 수리된다.

16 **추심결제방식에 대한 설명 중 틀린 것은?**

① D/P는 대금의 지급을 조건으로 선적서류를 인도하는 형태의 추심결제 방식이다.

② D/P USANCE 거래 시 추심은행은 USANCE 기간 동안 서류를 보관 후, 수입상에게 제시하여 대금의결제가 이루어진 후에 서류를 인도하여야 한다.

③ D/A는 수출상이 거래의 안전성을 확보할 수 없으므로 주로 본지사 간이나 신용이 확실한 경우에 이용된다.

④ D/P USANCE는 D/A거래의 수출상의 위험과 D/P거래의 수입상의 자금 부담이 동시에 노출될 수 있는 거래방식이다.

17 **다음 중 신용장 결제방식 거래에서 자동수리가 되지 않는 B/L은?**

① charter-party B/L

② unknown clause B/L

③ short form B/L

④ switch B/L

18 **신용장결제방식의 수출환어음매입(Nego) 시 하자가 발견되었다. 다음 중 적절한 처리방법이 아닌 것은?**

① 보증부 매입(L/G Nego)

② 조건변경(Amend) 후 매입

③ 수입화물선취보증서(L/G) 발급

④ 추심 후 지급

19 **L/C의 특성에 대한 설명 중 독립성에 대한 설명은?**

① L/C는 여타 대금결제방식보다 안전하여 대금회수 불능의 위험이 적다.

② Contract의 내용이 제대로 이행되었는지 여부와는 별개로 은행은 신용장 내용에 따라 거래하여야 한다.

③ L/C상 요구하는 서류의 내용과 실제 물품의 내용이 상이할 경우 은행은 오로지 서류에 근거하여 대금결제 여부를 결제하여야 한다.

④ L/C라 하더라도 개설은행의 파산이나 정교한 위조서류는 예방할 수 없는 한계가 있다.

20 다음 중 반드시 TR 약정을 체결할 필요가 없는 거래는?

① 기한부신용장에 의한 수입화물 인도 시
② 일람출급신용장에 의한 수입대금의 자기자금 결제 시
③ 수입결제자금 대출에 의한 일람출급신용장의 결제 시
④ 수입화물선취보증서 발급(보증금 적립 면제)에 따른 수입화물 인도 시

21 다음 중 수출상에게 Advance Payment Standby의 제공을 요구할 수 있는 신용장은?

① Red Clause Credit
② Revolving Credit
③ Back to Back Credit
④ Escrow Credit

22 "Upon reimbursement from the issuing bank, we undertake to reimburse you as per your instructions."과 같이 대금결제와 관련된 특별 상환조항을 삽입되는 신용장은?

① 양도신용장
② 확인신용장
③ 상환신용장
④ 매입신용장

23 다음 설명 중 옳지 않은 것은?

① Advising Commission은 통지은행이 신용장 통지 시에 징수하는 취급수수료이며 일반적으로 수익자가 부담한다.
② Negotiation Commission은 매입신용장하에서 매입을 수권받은 은행이 수출환어음을 매입하는 경우에 징수하는 취급수수료이다.
③ Reimbursement Commission은 상환은행이 신용장 대금의 상환업무를 처리할 때에 징수하는 취급수수료이다.
④ Reimbursement Commission의 상환수수료는 일반적으로 개설의뢰인이 부담한다.

24 보험서류에 대한 설명 중 틀린 것은?

① 신용장에서 보험증권을 요구하는 경우는 보험증명서로 대체할 수 있다.
② 신용장에서 보험증명서나 보험확인서를 요구하는 경우는 보험증권으로 대체할 수 있다.
③ 신용장에서 특별히 허용하지 않은 한 보험중개인이 발행한 부보각서는 수리할 수 없다.
④ 신용장에서 보험서류를 명시하지 않고 단순히 보험서류를 요구하는 경우는 보험증권, 보험증명서, 보험확인서에 한하여 수리가 가능하다.

25 Reimbursement claim was received. The Reimbursing Bank :

① Must effect payment on the day claim was received.

② shall have a maximum of two banking days following the day of receipt of the reimbursement claim to process the claim.

③ shall have a maximum of three banking days following the day of receipt of the reimbursement claim to process the claim.

④ shall have a maximum of five banking days following the day of receipt of the reimbursement claim to process the claim.

26 Under UCP 600, which of the following statements regarding the confirming bank is not correct?

① A confirming bank is irrevocably bound to honour or negotiate as of the time it adds its confirmation to the credit.

② A confirming bank undertakes to reimburse another nominated bank that has honoured or negotiated a complying presentation and forwarded the documents to the confirming bank.

③ A confirming bank may extend its confirmation to an amendment and will be irrevocably bound as of the time it advises the amendment.

④ When a confirming bank determines that a presentation is complying, it must honour or negotiate and forward the documents to the nominated bank.

27 Fill the suitable word in the blank.

A credit must state the bank with which it is available or whether it is available with (   ) bank.

① any

② nominated

③ issuing

④ confirmation

28 Under UCP 600, which of the following statements regarding original documents is not correct?

① At least on original of each document stipulated in the credit must be presented.

② Unless a document indicates otherwise, a bank will also accept a document as original if it appears to be written, typed, perforated or stamped by the document issuer's hand.

③ If a credit requires presentation of copies of documents, presentation of originals is not permitted.

④ If a credit requires presentation of multiple documents by using terms such as "in duplicate", "in two fold" or "in two copies", this will be satisfied by the presentation of at least one original and the remaining number in copies, except when the document itself indicates otherwise.

29 Which of the following statements is not correct under UCP 600?

① Applicant means the party on whose request the credit is issued.

② Complying presentation means a presentation that is in accordance with the terms and conditions of the credit, the applicable provisions of these rules and domestic standard banking practice.

③ Confirmation means a definite undertaking of the confirming bank, in addition to that of the issuing bank, to honour or negotiate a complying presentation.

④ Negotiation means the purchase by the nominated bank of drafts (drawn on a bank other than the nominated bank) and/or documents under a complying presentation, by advancing or agreeing to advance funds to the beneficiary on or before the banking day on which reimbursement is due to the nominated bank.

30 In accordance with UCP 600, Fill the suitable word in the blank.

> Even when partial shipments are not allowed, a tolerance not to exceed (   ) less than the amount of the credit is allowed, provided that the quantity of the goods, if stated in the credit, is shipped in full and a unit price, if stated in the credit, is not reduced.

① 1%   ② 5%

③ 10%   ④ 15%

31 An Reimbursement Undertaking can't be amended or cancelled without the agreement of :

① Nominated Bank
② Advising Bank
③ Confirmation Bank
④ Claiming Bank

32 Fill in the blank with a suitable word.

> (   ) has an obligation to pay the bill of exchange accepted for the document collection.

① Buyer   ② Beneficiary
③ Presenter   ④ Principal

33 Which of the following statement is not correct regarding URC 522?

① the "principal" is the one to whom presentation is to be made according to the collection instruction.
② the "remitting bank" is the bank to which the principal has entrusted the handling of a collection.
③ the "collecting bank" is any bank, other than the remitting bank, involved in processing the collection.
④ the "presenting bank" is the collecting bank making presentation to the drawee.

34 In accordance with UCP 600, Fill in the blank with a suitable word.

> If there is no indication in the credit of the insurance coverage required, the amount of insurance coverage must be at least (   ) of the CIF or CIP value of the goods.

① 100%   ② 110%
③ 200%   ④ 220%

35 Which of the following statement is not correct regarding URC 522?

① All documents sent for collection must be accompanied by a collection instruction indicating that the collection is subject to URC 522 and giving complete and precise instructions.

② Banks are only permitted to act upon the instructions given in such collection instruction, and in accordance with these Rules.

③ Banks will examine documents in order to obtain instructions.

④ Unless otherwise authorized in the collection instruction, banks will disregard any instructions from any party/bank other than the party/bank from whom they received the collection.

36 In accordance with URC 522, banks assume no liability or responsibility for consequences arising out of the interruption of their business by :

| 1. acts of god, | 2. civil commotions |
| 3. culture difference | 4. business |

① 1   ② 1 and 2

③ 1 and 3   ④ 2 and 3

37 In accordance with URC 522, Fill a suitable word in the blank.

The presenting bank must send without delay advice of non-payment or advice of non-acceptance to the bank from which the collection instruction was received. On receipt of such advice the remitting bank must give appropriate instructions as to the further handling of the documents. If such instructions are not received by the presenting bank within (   ) days after its advice of non-payment or non-acceptance, the documents may be returned to the bank from which the collection instruction was received without any further responsibility on the part of the presenting bank.

① 10   ② 20

③ 30   ④ 60

38 Fill in the blank.

> Even when partial shipments are not allowed, a tolerance not to exceed (   ) less than the amount of the credit is allowed, provided that the quantity of the goods, if stated in the credit, is shipped in full and a unit price, if stated in the credit, is not reduced or that sub-article 30 is not applicable. This tolerance does not apply when the credit stipulates a specific tolerance or uses the expressions referred to in the UCP 600.

① 5%   ② 10%
③ 20%   ④ 30%

39 In accordance with UCP 600, Fill in the blanks.

> A requirement for a document to be presented in 3 copies means that the beneficiary is to present 1, 2 or 3 (   ) and any (   ) in copies.

① originals, originals
② remainder, originals
③ originals, remainder
④ Do not know

40 In accordance with UCP 600, Fill in the blank.

> Should transhipments be prohibited in accordance with the terms and conditions of a documentary credit, (   ) is a valid discrepancy.

① Marine Bills of Lading evidence the movement of the goods from a vessel to another during the course of ocean carriage from the port of loading to the port of discharge stipulated in the Credit.
② Marine Bills of Lading show that carrier reserves the right to tranship the goods at their own discretion and without prior notice.
③ Marine Bills of Lading evidence the movement of the goods from a vessel to a truck after the sea part of the journey.
④ Marine Bills of Lading indicate that the relevant cargo shipped in a container will or may be transhipped.

41 다음에서 설명하고 있는 것은?

정책적으로 지원되고 있는 금융으로, 신용장 등의 기준과 실적기준으로 구분되고, 자금의 용도도 생산자금, 원자재 구매자금 및 완제품 구매자금으로 구분된다.

① 연불수출금융 ② 실적기준금융
③ 신용장기준금융 ④ 무역금융

42 다음 중 수출실적의 인정시점에 대한 설명으로 옳지 않은 것은?

① 구매확인서 : 해당 물품의 세금계산서 발행 시
② 단순송금방식 수출 : 대응수출이 이행되고 수출대금 전액이 입금된 때
③ 수출신용장 및 내국신용장 : 수출대금전액이 입금된 때
④ 팩토링방식 수출 : 수출대금전액이 입금된 때

43 다음은 A기업이 베트남으로부터 받은 항공운송 수출신용장이다. A기업이 신용장 기준 생산자금을 받고자 할 때 신용장기준 생산자금 최대취급한도는 얼마인가?(단, 조건은 다음과 같음)

- 수출신용장 금액 US \$1,000,000 (CIF)
- 해상운임 및 해상보험료 US \$10,000
- 수출선수금조로 10% 금액을 영수하였다.
- 이 중 US \$200,000은 무역어음 인수취급 되었다.
- 평균원자재의존율 25%
- 5월 평균매매기준율 1,200원, 6월 평균매매기준율 1,250원

① 646,875,000원 ② 621,000,000원
③ 875,000,000원 ④ 656,250,000원

44 다음 중 포괄금융에 대한 설명으로 틀린 것은?

① 기업규모가 영세한 중소수출업체의 수출장려를 위해 도입하였다.
② 수혜업체 선정 기준은 과거 1년간 수출실적이 미화 2억 달러 미만 업체이며, 수출실적에는 타사제품 수출실적을 포함한다.
③ 융자한도는 지급보증한도를 포함하고 주거래은행이 산정한다.
④ 수출실적 보유기간이 1년 미만인 신규업체는 포괄금융을 이용할 수 없다.

45 **다음 중 무역어음의 할인대상 어음의 요건이 아닌 것은?**

① 어음법상 요건을 구비한 어음

② 외국환은행이 인수한 무역어음

③ 단기금융회사가 인수한 무역어음

④ 국제상업회의소가 인수한 무역어음

46 **다음 ㉠에 들어갈 말로 옳은 것은?**

구 분	신용장기준금융	실적기준금융
융자가능 금액	수출신용장 등 자사제품 수출실적 (㉠가격) ×평균매매기준율	은행이 자체산정한 업체별 융자한도금액× 평균매매기준율
융자시기	업체신청에 따라 일관 혹은 수시로 융자 가능함	

① FOB

② CIF

③ CRF

④ DDU

47 **다음 중 내국신용장과 구매확인서에 대한 설명으로 틀린 것은?**

① 내국신용장은 은행의 지급보증이 있지만 구매확인서는 은행의 지급보증과 무관하다.

② 내국신용장은 이미 공급이 완료된 건에 대해 발급되지 않으나 구매확인서는 공급 완료 여부와 무관하게 발급할 수 있다.

③ 내국신용장에 의한 공급은 부가가치세 영세율을 적용하지만 구매확인서에 의한 공급은 영세율을 적용하지 않는다.

④ 내국신용장과 구매확인서 모두 차수 제한 없이 발급이 가능하다.

48 **다음 중 내국신용장에 대한 설명으로 옳지 않은 것은?**

① 관세환급이 가능하다.

② 대금회수에 있어 안정성이 있다.

③ 면세가 가능하다.

④ 실적기준과 신용장기준으로 발급이 가능하다.

49 다음 중 무역금융 융자대상기업에 해당되지 않는 것은?

① 수출신용장(L/C), 수출계약서(D/P, D/A) 또는 수출관련계약서에 의하여 물품, 건설 및 용역을 수출하거나 국내 공급하고자 하는 자

② 내국신용장 또는 구매확인서에 의하여 수출용 완제품 또는 원자재를 공급(수탁가공 포함)하고자 하는 자

③ 위탁가공무역방식 또는 중계무역방식으로 수출하고자 하는 자

④ 융자대상 수출실적(공급실적 포함)이 있는 자로서, 동 수출실적을 기준으로 융자받고자 하는 자

50 다음 중 무역금융융자대상 증빙서류의 뒷면에 기재할 사항이 아닌 것은?

① 무역어음의 인수 취급내용

② 수출 또는 공급대금 입금상황

③ 수출신용장 등에 대한 융자내용

④ 수출실적 산입내역

51 무역어음의 관계인에 대한 설명으로 틀린 것은?

① 무역어음발행인 : 수입업체 및 국외에서 생산된 수출용 완제품을 수입하고자 하고자 하는 업체

② 인수기관 : 무역어음에 인수사실을 기명날인함으로써 동 무역어음의 지급기일에 지급의무를 부담하는 기관

③ 할인기관 : 인수기관이 인수한 무역어음을 발행인의 요청에 의하여 할인 매입하는 기관

④ 매출기관 : 할인하여 보유한 무역어음을 투자가에게 할인 매출하는 기관

52 다음 중 무역어음 발행에 대한 설명으로 잘못된 것은?

① 과거 수출실적 기준으로는 발행할 수 없다.

② 신용장금액 이내에서 인수당일의 전신환매입률로 환산한 원화금액의 범위 내로한다.

③ 수개의 신용장 등을 통합하여 발행할 수 있다.

④ 신용장 등의 금액이 거액인 경우 매출의 원활화를 위해 수개의 무역어음으로 분할하여 발행할 수 있다.

53 무역어음금액이 2억원, 인수수수료율이 1.5%일 때 인수일로부터 지급기일까지 기간이 90일이라면 인수수수료는 얼마인가?

① 750,000원
② 758,333원
③ 739,726원
④ 747,945원

54 다음 중 무역금융 융자시기에 대한 설명으로 옳지 않은 것은?

① 생산자금은 융자한도 산정 후 즉시 가능하다.
② 원자재자금은 내국신용장 어음결제 시 가능하다.
③ 포괄금융은 자금 소요 시 가능하다.
④ 완제품구매는 수입신용장 어음결제 시 가능하다.

55 다음은 외화대출 일반사항에 대한 설명이다. 이 중 틀린 것은?

① 한국은행의 '외국환거래업무 취급세칙'에서는 해외에서 사용함을 목적으로 하는 실수요가 있는 경우에만 외화대출을 허용한다.
② 대출대상은 기업으로 한정된다.
③ 환율이 하락 추세일 때는 환리스크 관리능력에 관한 평가를 생략할 수 있다.
④ 외화를 조달하여 외화로 대출하는 외국환은행은 환리스크 위험이 없다.

56 빈칸에 들어갈 말로 옳은 것은?

외화대출의 경우 운전자금은 (㉠)년 이내의 단기외화대출로 취급하며, 이는 연장 (㉡).

	㉠	㉡
①	1	가능하다
②	2	가능하다
③	1	불가능하다
④	2	불가능하다

57 다음 외화대출에 관한 설명 중 틀린 것은?

① 외화대출시기는 고객의 실제 자금소요시기에 맞춰 이루어져야 한다.

② 외화대출 취급 시 증빙서류는 사본도 가능하다.

③ 외화대출이 이루어질 경우 '외화대출 외환리스크 평점표'를 작성한다.

④ 대출기간은 금융기관이 정한다.

58 다음은 Standby L/C(보증신용장)와 Demand Guarantee(청구보증)에 대한 설명이다. 이 중 틀린 것은?

① Standby L/C는 주로 금융담보 또는 채무보증의 목적으로 이용된다.

② Standby L/C는 상업신용장과 대비되어 유사점이 존재하지 않는다.

③ Demand Guarantee은 은행지급보증이라고도 한다.

④ Demand Guarantee은 주로 유럽에서 사용된다.

59 인삼을 수입하고자 하는 갑을무역은 해당 품목(세번 1211.20)에 관해 다음과 같은 조항을 발견하였다. 어느 것에 관한 것인가?

세 번 ▼		품 명 ▼	수 출 요 령 ▼	관련법령 ▼
1211	20	인삼	1. 다음의 것은 자체검사업체 또는 인삼류 검사기관의 검사를 필한 후 수출할 수 있음 ①수삼 ②백삼(본삼/미삼/잡삼) ③홍삼(본삼/미삼/잡삼)	인삼산업법

① 통합공고

② 수출입공고

③ 대외무역법

④ 전략물자고시

60 Local L/C(내국신용장)에 관한 설명 중 잘못된 것은?

① 이미 공급이 완료된 건에 대해서는 내국신용장 개설을 할 수 없다.

② 개설은행이 지급을 보증한다.

③ 공급자는 Local Nego를 위해 환어음을 발행하여 매입은행에 제시해야 한다.

④ 내국신용장에 의한 공급액은 수출실적으로 인정된다.

61 원산지표시와 관련한 설명 중 잘못된 것은?

① 원산지표시는 소비자보호 측면에서 대단히 중요하다.

② 우리나라에서는 원산지표시 언어를 한글, 영어, 한자로 국한하고 있다.

③ EU에 속한 국가가 원산지인 경우 'Made in EU'로 표시한다.

④ 특정 국가로부터 자치권을 행사하는 특별구역(홍콩 등)은 본국과 구분되게 원산지 표시를 해야한다.

62 다음 중 신용장결제방식의 거래에서 요청되는 필수서류가 아닌 것은?

① 선하증권

② 보험증권

③ 포장명세서

④ 상업송장

63 선하증권(B/L)에 관한 설명 중 잘못된 것은?

① 선하증권은 유통증권이므로 배서에 의해 양도될 수 있다.

② 선하증권은 통상 3통으로 발급되며 그 중 1통만 있어도 물품을 수령할 수 있다.

③ 운임이 선불되었을 경우에는 'Freight Collect'라고 표시된다.

④ 신용장결제방식의 경우에는 지시식(To Order)으로 발행되는게 일반적이다.

64 할부선적(Installment Shipment)에 관한 설명으로 잘못된 것은?

① 특정 Schedule에 따라, 여러개의 정해진 기일에 선적하게 된다.

② 각 기일마다 정해진 수량을 선적해야 한다.

③ 특정기일에 선적해야 하는 수량을 분할하여 선적하는 것은 허용되지 않는다.

④ Schedule에 따른 선적을 미이행 시 그 이후에는 신용장의 보증효력이 상실된다.

65 선적기일과 관련한 설명 중 잘못된 것은?

① 선적기간을 정하기 위해 to, till, until, from, between 가 사용된 경우에는 명시된 일자를 포함하는 것으로 해석하고, before, after 가 사용된 경우에는 명시된 일자를 제외하는 것으로 해석한다.

② 선적기일을 정하면서 'On or about' 을 사용한 경우에는, 명시된 일자를 포함하여 전후 10일 사이를 의미한다.

③ 선적과 관련하여 prompt, immediately, as soon as possible 가 사용된 경우, 이러한 용어들은 무시한다.

④ 신용장 유효기일이 은행의 '통상적 휴무일' 인 경우에는 동 유효기일이 익영업일까지 자동연장되나 선적기한이 '통상적 휴무일' 인 경우에는 자동연장되지 않는다.

66 무신용장 결제방식인 D/A, D/P 거래와 관련하여 잘못 설명된 것은?

① 은행의 지급보증이 없이 수입자의 신용에 의존하는 거래이다.

② 환어음의 Drawee는 수입자이다.

③ D/A는 신용장방식의 Usance, D/P는 신용장방식의 At Sight에 해당된다.

④ 은행은 관련 서류를 면밀히 검토하여야 한다.

67 수출환어음 매입(Negotiation)에 관한 설명 중 사실과 다른 것은?

① Nego는 선적서류와 함께 수출자가 발행한 환어음을 할인매입하는 형식이다.

② 환가료(Exchange Commission)가 발생한다.

③ 선적서류 등에 하자가 있는 경우에는 L/G Nego로 처리할 수 있다.

④ 매입제한신용장의 경우에는 반드시 Re-nego로 처리하여야 한다.

68 다음 중 Overseas Banker's Usance L/C와 관련하여 발생하는 수수료는?

① A/D Charge

② Exchange Commission

③ Less Charge

④ In Lieu of

69 신용장을 이용한 결제방식을 택한 수입상의 입장을 바르게 설명하지 못한 것은?

① 은행의 지급보증을 바탕으로 수출상과의 계약 시 계약조건을 유리하게 이끌어 낼 수 있다.

② 수출상의 '일치된 제시'에 대해서만 지급을 보증하므로 매매계약에서 정한 상품을 정확하게 인수할 수 있다는 보장을 받게된다.

③ 수입대금 결제 이전에 물품이 계약 내용대로 정확히 선적되었는지 여부에 대해 서류상 확인이 가능하며, 제시된 서류가 신용장 조건에 일치하지 않는 경우에는 대금지급을 거절할 수 있다.

④ 신용장에 선적기일과 유효기일이 명시되어 있으므로 수입물품의 도착시기를 예측할 수 있다.

70 상업송장에 관한 설명 중 잘못된 것은?

① 수익자에 의해 발행된 것으로 보여야 하고, 개설의뢰인 앞으로 발행되어야 한다.

② 상업송장에서 여러 곳에 표시한 내용들을 함께 묶어 파악한 상품명세가 신용장의 상품명세를 반영하고 있으면 된다.

③ 신용장에서 거래조건을 "CIF Singapore Incoterms 2010"로 명시한 경우 상업송장에서 "CIF Singapore"나 "CIF Singapore Incoterms"와 같이 표시할 수 있다.

④ 신용장에서 특별히 요구하지 않았다면 수익자가 서명할 필요는 없다.

71 양도신용장에 관한 설명 중 잘못된 것은?

① 신용장의 양도는, 신용장의 수익자가 신용장 사용권의 전부 또는 일부를 제 3자에게 양도하는 것을 말하며, 중계무역상이 양도차익을 취득하고자 하는 경우 등에 이용된다.

② 양도신용장의 근거가 되는 신용장에 반드시 'Transferable'이라는 문구가 명시되어 있어야 한다.

③ 분할선적 또는 분할청구가 허용되는 경우에는 둘 이상의 제2수익자에게 분할양도될 수 있으며, 양도된 '양도신용장 (Transferred L/C)'은 다른 수익자에게 재양도할 수 있다.

④ 무역금융이 취급된 신용장은 양도할 수 없다.

72 Charter-party B/L(용선계약 선하증권)에 관한 내용 중 잘못된 것은?

① 선박회사와 용선계약을 체결하고 운송서비스를 제공하는 운송중개업자인 용선계약자(Charter-party)가 운송서비스를 제공하며 발행한 선하증권을 말한다.

② 용선계약 선하증권은 용선계약자가 용선료를 지급하지 않으면 선박의 소유자가 선박에 적재된 물품을 몰수할 수 있다는 것을 약정하고 있어서 하주의 입장에서 예상치 못한 손실을 당할 염려가 있다.

③ 신용장결제방식에서는, 신용장 내용에 용선계약 선하증권이 Acceptable 하다고 명시한 경우에도 Charter-party B/L은 수리되지 않는다.

④ 유조선이나, 선도유지를 위해 필요한 냉동선 등에 의한 운송 시 주로 이용된다.

73 해상보험증권에 관한 설명 중 잘못된 것은?

① 부보일자는 물품의 본선적재 또는 수탁일과 같거나 그 이전이어야 한다.

② 수출자가 보험금수령인(Assured)로 되어있는 경우에는 수출자의 배서가 있어야 한다.

③ 선박명, 선적항, 양륙항 등 제반사항이 신용장 조건과 일치하지 않더라도 지역적으로 커버범위가 더 넓으면 무방하다.

④ 상품명 및 수량이 상업송장의 내용과 일치하여야 한다.

74 신용장의 해석과 관련하여 잘못된 것은?

① 선적기일이 명시되지 않은 경우에는 신용장 유효기일까지 선적하면 된다.

② 선적과 관련하여 to, until, till, from등에 붙여 표시된 일자는 해당일자를 포함하는 것으로 해석하고, after와 붙여 표시된 일자는 해당일자를 제외하는 것으로 해석한다.

③ 분할선적이 허용되었고, 그에 따라 여러 Set의 선하증권 원본이 일시에 제시된 경우에는 가장 늦은 선적일을 기준으로 선적기일 경과여부 및 서류제시 경과여부를 판단한다.

④ 신용장에서 상업송장을 요구하면서 "Commercial invoice 4 copies"라 명기한 경우에는 원본 1통과 사본 3통을 제시하는 것으로 충족된다.

75 환가료(Exchange Commission)에 관한 설명 중 잘못된 것은?

① 은행이 자금을 선지급 함에 따른 금융비용 성격의 수수료이다.

② D/A, D/P 거래에서는 환가료가 발생하지 않는다.

③ 하자 Nego인 경우에는 Clean Nego의 경우보다 적용하는 환가료율이 높다.

④ 환가료율은 외국환은행의 자금조달 원가에 일정 Spread를 가산하여 결정된다.

76 신용장결제방식 거래에서 발행된 다음 환어음(Bill of Exchange)의 빈칸에 기입하는 내용으로서 잘못된 것은?

```
                        BILL OF EXCHANGE

No._____          DATE _____
FOR _____①_____
AT ____②_____SIGHT OF THIS FIRST BILL OF EXCHANGE (SECOND OF THE SAME
TENOR AND DATE BEING UNPAID)
PAY TO _____③_____ OR ORDER
THE SUM OF _____④_____
VALUE RECEIVED AND CHARGE THE SAME TO ACCOUNT OF ___ __ __
⑤_____
DRAWN UNDER_____⑥_____
L/C NO._____Dated_____
TO _____⑦_____
                                        (발행인의 명칭과 서명)
```

① '60 days after'는 ②에 기입될 수 있다.
② Pay to 다음에 있는 ③에는 매입은행의 명칭을 기입한다.
③ 빈칸 ①에는 숫자금액을, ④에는 문자금액을 기입한다.
④ 빈칸 ⑤에는 개설은행의 명칭 및 주소를 기입한다.

77 다음 중 선하증권에 "Freight Prepaid"로 표기될 가격조건은?
① FOB
② FAS
③ CFR
④ EXW

78 다음 양식에 관한 설명 중 잘못된 것은?

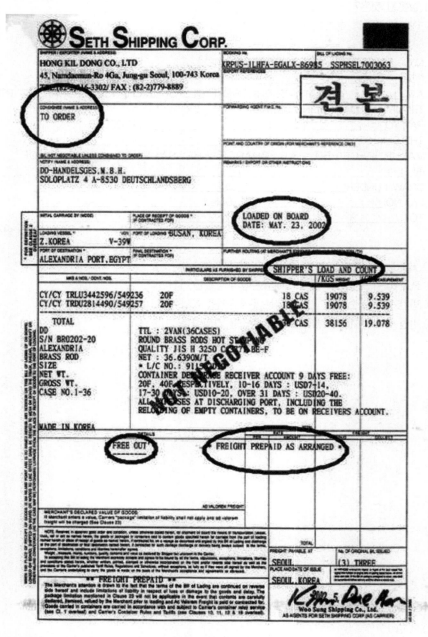

① WooSung Shipping이 운송회사인 SETH의 Agent자격으로 발급한 B/L이다.
② 'Shipper's Load & Count' 문구로 판단할 때 FCL 화물이다.
③ FOB 가격조건인 것으로 추정된다.
④ 본선적재 선하증권이라 칭한다.

79 무신용장결제방식에서 추심은행이 수입상에게 환어음과 선적서류를 제시하는 시기를 선적서류가 도착한 다음 '명시된 기간이 경과한 후'로 정하는 추심결제 방식은?

① D/A
② Usasnce
③ D/P Usance
④ D/P

80 "Upon reimbursement from the issuing bank, we undertake to reimburse you as per your instructions."과 같이 대금결제와 관련된 특별 상환조항을 삽입되는 신용장은?

① 양도신용장
② 확인신용장
③ 상환신용장
④ 매입신용장

CHAPTER 02 정답 및 해설

정답확인

1	2	3	4	5	6	7	8	9	10	11	12	13	14	15	16
④	④	②	①	④	④	①	②	③	①	③	②	①	②	③	④
17	18	19	20	21	22	23	24	25	26	27	28	29	30	31	32
①	③	②	②	①	①	④	①	③	④	①	③	②	②	④	①
33	34	35	36	37	38	39	40	41	42	43	44	45	46	47	48
①	②	③	②	④	①	③	①	③	④	①	④	④	①	③	③
49	50	51	52	53	54	55	56	57	58	59	60	61	62	63	64
③	④	①	①	③	④	③	①	②	②	①	③	③	③	③	③
65	66	67	68	69	70	71	72	73	74	75	76	77	78	79	80
②	④	④	①	②	③	③	③	③	③	②	④	③	③	③	①

01
- 중개무역(Merchandising Trades) : 제3국의 제3자(중개업자)가 개입하여 매매계약이 체결되는 거래형태로서 상품 소유권이 중개업자로 이전되지 않으며, 중개업자는 중개수수료를 취득한다.
- 중계무역(Intermediary Trades) : 수출목적으로 물품을 수입하여 원형 그대로 다시 제3국에 수출하는 것으로 상품 소유권이 중계무역업자 앞으로 이전되는 형태의 무역이며, 수출입가격의 차이가 중계무역업자의 수익이다.

02 수출상의 Circulation Letter → 수입상의 Inquiry → 수출상의 Offer → 수입상의 Counter Offer → Acceptance → Sales Contract

03 ② 해외에서 완제품을 수입하는 경우는 무역금융 대상이 아니다(중계무역은 대상外).
① 낙성계약 : 거래조건에 관한 구두 승낙으로도 계약이 성립한다.
④ 수출입공고, 통합공고에 따른다.

04 without binding the offeree to accept it within a specified period : 피청약자가 특정기간 내에 그것을 승낙하도록 구속하지 않고

05
- GMQ(판매적격품질조건, Good Merchantable Quality) : 인도하는 물품에 대한 판매적격성을 매도인이 보증하는 조건이다. 목재나 냉동수산물에 사용된다.

- FAQ(평균중등품질조건, Fair Average Quality) : 곡물, 과일 등과 같은 농산물, 광산물에 많이 사용하는 조건이다. 일반적으로 적출지에서 당해 계절의 출하품의 평균중등품을 표준으로 하고 선물거래인 경우에는 전년도 수확물의 평균중등품을 기준으로 한다.
- USQ(보통품질조건, Usual Standard Quality) : 주로 원면(섬유 등)거래에서 이용되는 것으로서 공인표준기준에 의하여 보통품질을 표준품의 품질로 정한다.

06 신용장에서 기본 당사자는 수익자와 개설은행이며 확인신용장의 경우에는 확인은행이 추가된다. 상환은행은 개설은행으로부터 상환수권을 받고 대금을 단순히 전달하는 은행에 불과하다.

07 신용장의 조건변경에 대해서는 전부 승낙 아니면 거절 이외의 다른 방법은 없다. 신용장 조건변경서의 효력은 발행은행이 신용장을 발행할 때부터, 확인은행이 통지할 때부터 발생한다. 그리고 확인은행은 신용장 조건변경에 대해 추가확약 없이 수익자에게 변경통지를 할 수 있으며 이때 추가확약을 하지 않았다는 것을 발행은행과 수익자에게 통지하여야 한다. 수익자가 조건변경내용에 승락의사를 밝히지 않은 상태에서 조건변경 내용대로 이행하는 경우에는 해당 조건변경을 승락한 것으로 간주한다.

09
- 명세서매매 : 상세히 설명된 명세서(설명서, 설계도)에 기초하여 거래하는 것으로 기계류, 의료기구, 선박 등의 거래에 사용
- 상표매매 : 생산자의 상표나 상표명에 의해서 거래하는 것
- 견본매매 : 견본을 기준하여 거래
- 표준품매매 : 실제 인수도 할 물건의 품질을 사전에 정할 수 없는 경우 표준품을 기초로 하여 거래

10 매입신용장(Negotiation L/C)으로서 Available with any bank인 경우에는 수출상이 매입은행을 선택

11 ① 신용장은 취소 불능 표시가 없더라도 취소가 불가능하다.
② 어느 월의 전반(First Half)과 후반(Second Half)은 각 해당 월의 1일부터 15일까지, 16일부터 해당 월의 마지막 날까지로 해석되며, 그 기간 중의 모든 날짜를 포함한다.
③ Branches of a bank in different countries are considered to be separate banks. (UCP600, Article 3)
④ A signature need not be handwritten. (ISBP745, 39)

12 CAD(Cash Against Document : 서류인도/상환방식)
- 상품 선적 후 수출국에서 서류와 상환으로 현금결제하는 방식
- 수출자가 선적 후 선적서류(선하증권, 보험서류, 상업송장 등)들을 수출국 소재 수입자 대리인 또는 거래은행에 제시하고 서류와 상환으로 대금을 수령하는 결제방식
- 통상 수입자의 지사나 대리인이 수출국에 있는 경우 활용

13 환어음, 운송서류 및 보험서류에는 비록 신용장에서 명시적으로 요구하지 않더라도 일자를 표시해야 한다.

14 ① 신용장 기일 연장은 선적기일의 자동 연장과는 무관하다.
③ 개설은행 역할을 대신하는 수출지 지정은행(주로 매입은행)이 유효장소가 된다.

15 복합운송서류는 수하인을 지시식으로 기재함으로써 배서양도에 의해 유통이 가능한 유가증권의 성격을 갖는다.

16 D/P USANCE는 D/A거래의 수출상의 위험부담과 D/P거래의 수입상의 자금부담을 동시에 경감할 수 있는 거래방식이다.

18 수입화물선취보증서는, 선하증권이 도착하지 않은 상태에서 수입화물을 찾고자 할 때 은행이 화주를 위해 운송회사 앞으로 발행하는 보증서이며 Nego와는 무관하다.

19 ②는 L/C의 독립성의 원칙에 대한 설명이고, ③은 추상성의 원칙에 관한 설명이다.

20 TR(대도신청서, Trust Receipt) 약정은 개설의뢰인이 수입대금을 결제하기 이전에 미리 화물을 처분할 수 있도록 허용하는 경우에 한하여 체결하며, 이미 수입대금을 결제한 후 서류를 인도하는 경우에는 TR 약정을 체결할 필요가 없다.

21 신용장 금액의 일부 또는 전부를 선수금(선대금)으로 지급하는 경우, 선수금(선대금)에 대해서는 환어음 및 수익자의 영수증만을 발행하여 대금을 청구하도록 하는 것이 일반적이며, 자금선대 후 수출상의 선적 불이행 위험이 있을 수 있으므로 수출상으로 하여금 사전에 그 이행을 보증하는 보증서(Advance Payment Standby, 수출선수금환급보증) 제공을 요구할 수 있다.

22 개설은행의 입장에서는 송금방식이 상환방식보다 유리한 결제방식이다.

23 Reimbursement Commission의 상환수수료는 일반적으로 수출상이 부담한다.

24 신용장에서 보험증권을 요구하는 경우에는 반드시 보험증권이 제시되어야 한다.

26 확인은행은 제시가 일치한다고 결정하는 경우, 확인은행은 인수·지급 또는 매입하고 발행은행 앞으로 서류를 발송하여야 한다.

28 신용장이 서류의 사본의 제시를 요구하는 경우, 원본 또는 사본의 제시가 허용된다.

29 domestic이 아니라 international이다. 일치하는 제시라 함은 신용장조건, 본 규칙의 적용가능한 규정 및 국제표준은행관행에 따른 제시를 말한다.

30 분할선적이 허용되지 아니하는 경우에도, 신용장금액의 5%를 초과하지 아니하는 부족은 허용된다. 다만, 물품의 수량은 신용장에 명기된 경우 전부 선적되고 단가는 신용장에 명기된 경우 감액되어서는 아니된다.

31 A reimbursement undertaking cannot be amended or cancelled without the agreement of the claiming bank.
  * Claiming Bank : Nego 은행

32 D/A방식의 거래에서 환어음의 지급인(Drawee)은 수입상(Buyer)이다.

33 ①은 대금을 지급해야 하는 'Drawee'에 대한 설명이다.
  Principal은 추심을 의뢰하는 수출상을 지칭한다.

34 요구된 보험담보에 관하여 신용장에 아무런 표시가 없는 경우에는, 보험담보의 금액은 적어도 물품의 CIF 또는 CIP 가격의 110%이어야 한다.

35 서류에 대해 검토하지 않는다.

36 Banks assume no liability for the consequences arising out of delay and/or loss in transit of any message(s), letter(s) or document(s), or for delay, mutilation or other error(s) arising in transmission of any telecommunication or for error(s) in translation and/or interpretation of technical terms.

39 서류 3통을 요구한 경우 원본 1통 이상과 나머지 사본 서류를 제시할 수 있다.

40 ① 선적항과 하역항 사이에서 운항 중에 다른 선박으로 환적되었으므로 환적을 금지하고 있는 신용장인 경우 하자사유가 된다.

② 약관에는 환적 관련 사항이 기재되어 있어도 무방하다.

③ 하역항에서 하역된 이후의 환적과는 무관하다.

④ 컨테이너에 적입된 상태의 화물이면, 선하증권 약관상에 환적이 이루어질 수도 있다는 문구가 있다 하더라도, 하자사유에 해당하지 않는다.

42 수출신용장 및 내국신용장 : 수출환어음 또는 내국신용장어음이 매입 또는 추심의뢰된 때

43 • FOB 가격 기준(CIF에서 해당 운임 및 보험료를 제외한 가격) : 990,000

• 선수금 및 기 취급된 무역어음 금액차감 : 990,000 − 100,000 − 200,000 = US \$690,000

　* 과부족 허용조건 (예 5% More or Less)인 경우에는 5%를 차감한 금액을 기준

• 가득액 계산 US \$690,000 × (1 − 0.25) = US \$517,500

• 융자금액 US \$517,500 × 1,250원 = 646,875,000원(전월 평균매매기준율 적용)

44 수출실적 보유기간이 1년 미만인 신규업체는 동 기간 동안의 수출실적이 미화 2억 달러 미만이면 포괄금융 이용업체로 선정할 수 있다.

45 무역어음의 할인은 인수기관이 인수한 무역어음을 발행인의 신청에 의해 할인기관이 할인매입하는 것이다. 할인대상 어음은 어음법상 요건을 구비한 어음으로 외국환은행 · 단기금융회사 · 종합금융회사가 인수한 무역어음이다.

47 구매확인서는 지급보증 기능이 없다는 점과 실적기준으로 발급할 수 없다는 점을 제외하고는 그 기능 및 혜택이 내국신용장과 같다.

48 내국신용장은 부가가치세 영세율 적용이 가능하며 면세와는 다른 개념이다.

49 중계무역방식 수출은 무역금융 융자대상에서 제외되며, 구매확인서에 의한 수출물품의 국내공급의 경우는 무역금융 융자대상에 포함된다.

50 무역금융융자대상 증빙 서류 기재사항

• 수출신용장 등에 대한 융자내용

• 무역어음의 인수 취급내용

• 관련 수입신용장 및 내국신용장의 개설 및 결제내용

• 수출 또는 공급대금 입금상황

51 무역어음발행인이란 무역어음 발행근거가 되는 수출신용장의 수익자 또는 양수인으로서 수출업체 및 국내에서 생산된 수출용 완제품을 내국신용장에 의하여 구매한 후 수출하고자 하고자 하는 업체로 결국 수출업체를 말한다.

52 융자대상 증빙서류를 첨부하여 매 건별로 무역어음을 발행하거나, 과거 수출실적 등을 기준으로 거래은행이 설정한 업체별 무역어음 발행한도 내에서 무역어음을 수시로 발행할 수도 있다.

53 인수일로부터 지급기일까지 기간은 어음기간을 말한다.
인수수수료 = 무역어음금액 × 인수수수료율 × 어음기간/365
= 2억 × 0.015 × 90/365 = 739,726원

54 완제품구매는 내국신용장 어음결제 시 가능하다(완제품 구매는 국내에서만 가능).

55 환리스크 관리능력에 대한 평가는 필수적이다(모범규준).

57 외화대출 취급 시 증빙서류는 원본으로 징구하여야 한다.

58 Standby L/C는 상업신용장의 독립성, 추상성 등의 특성을 갖는 점에서 유사하다.

59 수입물품의 수입요건에 관한 공고이다. 해당 요건을 충족시켜야 수입이 가능하다.

60 환어음은 폐지되고 '판매대금추심의뢰서'로 대체되었다(전자문서로 교환).

61 개별국가가 아닌 지역·경제 연합체(예 EU, ASEAN, NAFTA 등)는 이를 원산지로 표시할 수 없다.

62 Basic Documents에는 선하증권, 보험증권, 상업송장이 있고, 포장명세서는 Extra Documents에 속한다.

63 'Freight Prepaid'로 표시된다.

64 각각의 할부선적수량은 각각의 선적일 이내에서 분할하여 선적할 수 있다.

65 명시된 일자를 포함하여 전후 5일(총 11일)이다.

66 은행은 서류를 검토해야 할 의무가 없으며, 단지 추심거래의 중개자 역할을 할 뿐이다.

67 해당 은행으로부터 'Release'를 받아 직매입(Direct Nego) 처리할 수도 있다.

68 ① A/D Charge ; Acceptance Commission & Discount Charge
    ② Exchange Commission : 환가료
    ③ Less Charge : Nego 시 매입은행이 수출상에게 지급했던 금액보다(수수료 등으로 인해) 상
       환은행이나 신용장개설은행으로부터 수령한 금액이 적은 경우 매입은행이 수출상에게 별도
       로 청구하는 수수료
    ④ In Lieu of : 대체료, 환전이 일어나지 않고 계정 간 이체가 이루어지는 경우의 수수료

69 서류상으로만 '일치' 여부를 심사하므로 매매계약의 진정한 이행여부는 보장되지 않는다.

70 신용장에서 거래조건을 "CIF Singapore Incoterms 2010"으로 명시했는데 상업송장에서
    "CIF Singapore"나 "CIF Singapore Incoterms"와 같이(Source를 생략하고) 표시해서는 안
    된다.

71 양도된 '양도신용장(Transferred L/C)'은 원수익자에게 재양도 하는 경우를 제외하고는 다시
    양도될 수 없다.

72 신용장의 Special Instruction란에 "Charter Party B/L is acceptable"이라고 명시되어 있는
    경우에는 수리 가능하다.

73 실질적으로 지역적인 커버범위가 더 넓다 하더라도 신용장의 조건과 불일치 하면 안 된다(예를
    들어, 물품이 대구의 공장에서 부산항을 거쳐 LA항에 도착하여 Phoenix로 가는 경우, 보험을
    대구에서 Phoenix까지 커버하는 것으로 가입하면 그 커버범위가 더 넓은 것이지만, 신용장에
    서 부산과 LA항을 지정한 경우에는 보험증권 상에 해당 지역명이 정확하게 명시되어야 한다).

74 각각의 선하증권의 선적일 중 가장 빠른 선적일을 기준으로 서류제시 경과여부를 판단하고 가장
    늦은 선적일을 기준으로 선적기일 경과여부를 판단한다.

75 D/A, D/P 거래라 하더라도 은행이 추심 전 매입을 하게 되면 환가료가 발생한다.

76 수입자의 명칭 및 주소를 기입한다. 개설은행의 명칭 및 주소는 ⑥에 기입한다.

78 'Freight Prepaid' 라는 문구가 있는 것으로 볼 때 FOB조건은 아니다(FOB 가격조건에서는 'Freight Collect' 로 표기됨).

79 D/P Usance는, 수출상이 D/A거래 시 떠안아야 하는(수입상이 물품을 먼저 찾아가고 대금을 나중에 받는) 신용위험도 덜어주고, 수입상의 입장에서는 선적서류가 물품보다 먼저 도착하는 경우 발생할 수 있는 불필요한 자금부담(D/P로 하면, 수입상은 추심은행으로부터 서류 도착통지를 받으면 바로 결제해야 하므로)을 덜어주는 결제방식이다.

80 원신용장의 조건대로(몇가지 예외항목은 제외) 양도신용장을 발행한 경우에는 이러한 특별상환 조항을 삽입한다.

참고문헌 및 사이트

■ 한국은행 : www.bok.or.kr

■ 국가법령정보센터 : www.law.go.kr

■ 이창식, 2022, 「손에 잡히는 수출입업무」, 한국금융연수원

■ 박세운 · 정용혁, 2023, 「신용장통일규칙과 국제무역규칙」, 한국금융연수원

■ 김종환 · 김성민 · 김용승 · 신태용, 2023, 「외환관련여신」, 한국금융연수원

■ 신용장통일규칙(UCP 600), ICC

■ 국제표준은행관습(ISBP 745), ICC

■ 추심에 관한 통일규칙(URC 522), ICC

■ 화환신용장 대금상환에 관한 통일규칙(URR 725), ICC

■ 보증신용장통일규칙(ISP 98), ICC

좋은 책을 만드는 길, 독자님과 함께하겠습니다.

한승연의 외환전문역 II종 한권으로 끝내기 + 무료동영상

개정12판1쇄 발행	2025년 05월 15일 (인쇄 2025년 04월 29일)
초 판 발 행	2014년 11월 25일 (인쇄 2014년 09월 30일)
발 행 인	박영일
책 임 편 집	이해욱
저 자	한승연
편 집 진 행	김준일 · 이경민
표지디자인	조혜령
편집디자인	안시영 · 하한우
발 행 처	(주)시대고시기획
출 판 등 록	제10-1521호
주 소	서울시 마포구 큰우물로 75 [도화동 538 성지 B/D] 9F
전 화	1600-3600
팩 스	02-701-8823
홈 페 이 지	www.sdedu.co.kr
I S B N	979-11-383-9283-9 (13320)
정 가	25,000원

행운이란 100%의 노력 뒤에 남는 것이다.

− 랭스턴 콜먼 −

시대에듀

금융시리즈

시대에듀 금융, 경제 · 경영과 함께라면
쉽고 빠르게 단기 합격!

금융투자협회	펀드투자권유대행인 한권으로 끝내기	18,000원
	펀드투자권유대행인 출제동형 100문항 + 모의고사 3회분 + 특별부록 PASSCODE	18,000원
	증권투자권유대행인 한권으로 끝내기	18,000원
	증권투자권유대행인 출제동형 100문항 + 모의고사 3회분 + 특별부록 PASSCODE	18,000원
	펀드투자권유자문인력 한권으로 끝내기	31,000원
	펀드투자권유자문인력 실제유형 모의고사 4회분 + 특별부록 PASSCODE	21,000원
	증권투자권유자문인력 한권으로 끝내기	32,000원
	증권투자권유자문인력 실제유형 모의고사 3회분 + 특별부록 PASSCODE	21,000원
	파생상품투자권유자문인력 한권으로 끝내기	32,000원
	투자자산운용사 한권으로 끝내기(전2권)	38,000원
	투자자산운용사 실제유형 모의고사 + 특별부록 PASSCODE	55,000원
	투자자산운용사 출제동형 100문항 최신 9회분	33,000원
금융연수원	신용분석사 1부 한권으로 끝내기 + 무료동영상	24,000원
	신용분석사 2부 한권으로 끝내기 + 무료동영상	24,000원
	은행FP 자산관리사 1부 [개념정리 + 적중문제] 한권으로 끝내기	20,000원
	은행FP 자산관리사 1부 출제동형 100문항 + 모의고사 3회분 + 특별부록 PASSCODE	17,000원
	은행FP 자산관리사 2부 [개념정리 + 적중문제] 한권으로 끝내기	20,000원
	은행FP 자산관리사 2부 출제동형 100문항 + 모의고사 3회분 + 특별부록 PASSCODE	17,000원
	은행텔러 한권으로 끝내기	23,000원
	한승연의 외환전문역 Ⅰ종 한권으로 끝내기 + 무료동영상	25,000원
	한승연의 외환전문역 Ⅱ종 한권으로 끝내기 + 무료동영상	25,000원
기술보증기금	기술신용평가사 3급 한권으로 끝내기	31,000원
매일경제신문사	매경TEST 단기완성 필수이론 + 출제예상문제 + 히든노트	30,000원
	매경TEST 600점 뛰어넘기	23,000원
한국경제신문사	TESAT(테셋) 한권으로 끝내기	28,000원
	TESAT(테셋) 초단기완성	23,000원
신용회복위원회	신용상담사 한권으로 끝내기	27,000원
생명보험협회	변액보험판매관리사 한권으로 끝내기	20,000원
한국정보통신진흥협회	SNS광고마케터 1급 7일 단기완성	20,000원
	검색광고마케터 1급 7일 단기완성	20,000원

※ 도서의 제목 및 가격은 변동될 수 있습니다.

시대에듀 금융자격증 시리즈

시대에듀 금융자격증 도서 시리즈는 짧은 시간 안에 넓은 시험범위를 가장 효율적으로
학습할 수 있도록 구성하여 시험장을 나올 그 순간까지 독자님들의 합격을 도와드립니다.

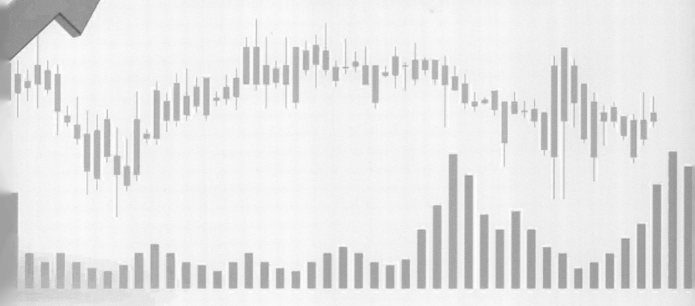

투자자산운용사
한권으로 끝내기 &
실제유형 모의고사 + 특별부록 PASSCODE &
출제동형 100문항 최신 9회분

펀드투자권유자문인력
한권으로 끝내기 &
실제유형 모의고사 PASSCODE

매경TEST & TESAT
단기완성 & 한권으로 끝내기

매회 최신시험 출제경향을 완벽하게 반영한
종합본, 모의고사, 기출문제집

단기합격을 위한 이론부터 실전까지
완벽하게 끝내는 종합본과 모의고사!

단순 암기보다는 기본에 충실하자!
자기주도 학습형 종합서!